D1618952

Elisabeth Otto • Liebes Henrinchen!

Elisabeth Otto

Liebes Henrinchen!

Ein Briefwechsel
vor dem Sturm der Napoleonischen Kriege

FRIELING

Die Deutsche Bibliothek – CIP-Einheitsaufnahme
Otto, Elisabeth:
Liebes Henrinchen!: ein Briefwechsel vor dem Sturm der
Napoleonischen Kriege / Elisabeth Otto. – Orig.-Ausg., 1.
Aufl. – Berlin: Frieling, 1995
(Frieling – Historia)
ISBN 3-89009-839-8

© Frieling & Partner GmbH Berlin
Hünefeldzeile 18, D-12247 Berlin-Steglitz
Telefon: 0 30 / 7 74 20 11

ISBN 3-89009-839-8
1. Auflage 1995
Titelfoto: Archiv Elisabeth Otto
Sämtliche Rechte vorbehalten
Printed in Germany

Das Gossower Gutshaus,
Henrines Heimat, ausgebaut nach 1795 durch Adolfine v.
Levetzow, geb. v. Bredow, erweitert durch den
Reichstagspräsidenten Albert v. Levetzow, jetzt abgebrochen

Carl von Thadden

Adolfine, geb. von Bredow, 1763–1810
Nach einer Miniatur. Der Rahmen ist mit den Haaren ihrer
Kinder ausgelegt

Gerd von Levetzow, 1744–1795
Nach einer Miniatur. Der Rahmen ist mit Haaren gestickt

Verbindungswege zwischen Berlin und der Neumark

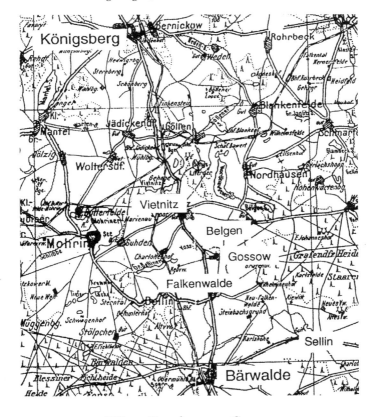

Nähere Umgebung von Gossow

Aus inhaltlichen Überlegungen heraus
wurde der vorliegende Briefwechsel stark gekürzt. Die
Rechtschreibung wurde heutigen Regeln teilweise angepaßt.
Die hier genannten Familiennamen werden im
Alphabetischen Namensregister erklärt.

*

Die Briefe des Brautpaares Carl von Thadden und Henrine von Levetzow aus den Jahren 1803/05 waren, wohl noch von Henriette selbst, zierlich mit Nähfaden zusammengeheftet und im Gutshause zu Gossow, der Heimat der Braut, in einem Paket pietätvoll aufgehoben. Als ich zum letzten Mal vor dem Russeneinmarsch durch das Haus ging, das auch mein Vaterhaus war, nahm ich das Paket mit. Ich vermutete darin Briefe meines Urgroßvaters, die Bewirtschaftung des Guts betreffend. Zunächst war ich enttäuscht, Liebesbriefe vorzufinden. In den Jahren des reinen Überlebens und des Neuanfangs war für dergleichen keine Zeit. Jetzt, da die Briefe zum ersten Mal wieder gelesen werden, stehen sie frisch und unmittelbar auf als Boten ihrer Zeit, der Zeit vor dem großen Sturm der Napoleonischen Kriege.

Goethe schreibt an Knebel (Weimar, den 24.12.1824) über diese Jahre:

„Meine Correspondenz mit Schiller ... endigt 1805, und wenn man denkt, daß 1806 die Invasion der Franzosen eintrat, so sieht man beim ersten Anblick, daß sie eine Epoche abschließt, von der uns kaum eine Erinnerung übrig bleibt. Jene Weise, sich zu bilden, die sich aus der langen Friedensepoche des Nordens entwickelte und immerfort steigerte, ward gewaltsam unterbrochen, alles von Jugend und Kindheit auf ward genötigt, sich anders zu bilden, da es denn auch in einer tumultuarischen Zeit an Verbildung nicht fehlte. Desto reiner steht jenes Zeug-

nis einer Epoche da, die vorüber ist, nicht wiederkommt und dennoch bis auf den heutigen Tag fortwirkt und nicht über Deutschland allein mächtig lebendigen Einfluß offenbart."

Im Jahre 1803 war der junge Herr Carl von Thadden als Forstjunker (Forstamtsanwärter) am Königlich Preußischen Forstamt Driesen im Netzebruch eingesetzt. Er hatte die Taxation (Abschätzung) des Baumbestandes durchzuführen, eine langweilige Beschäftigung, die mehr mit Trigonometrie als mit Jägerfreiheit zu tun hatte. Er unterstand dem Oberförster, in dessen Wohnung er auch seinen Mittagstisch hatte. Im Winter wurden die Forstjunker auf die Forstkammer nach Berlin geschickt, um dort weiter ausgebildet und auf ihre dienstlichen Fähigkeiten geprüft zu werden, wobei die Qualität der familiären Beziehungen und Empfehlungen eine Rolle spielte, wie Thaddens Briefe zeigen. Dies war der Weg zu einer „Versorgung" durch einen Oberförster- oder Forstmeisterposten in der königlichen Forstverwaltung.

Carl von Thadden war der Sohn eines Generals in Halle. Der Vater war nach dem Tode von Carls Mutter wieder verheiratet; Carl stand mit der Stiefmutter nicht gut. Wahrscheinlich auf einer Jagdeinladung lernte er einen Herrn von der Hagen[14] aus der neumärkischen Kleinstadt Bärwalde kennen, der ihn einlud und auf den nächstgelegenen Rittergütern einführte, so in Sellin, das ein Herr von Knobelsdorff kürzlich gekauft hatte, in Falkenwalde, wo ein Herr Christoph August (Florio) von Bredow saß, und in Gossow bei Frau von Levetzow, geborene von Bredow[7]. Herr von der Hagen, dessen Frau eine Schwester von Frau von Levetzow war, verwaltete als Vormund das Vermögen der Gossower Töchter. Deren Vater, Major im Dragonerregiment Schwedt, war früh verstorben. Er hatte drei Güter besessen, in der Reihenfolge der Größe Sellin, Belgen und Gossow.

Zur Zeit von Thaddens Besuch gehörte nur noch das kleine Gossow den Levetzows, und die Witwe lebte dort recht und schlecht in dem geräumigen Gutshaus mit ihren drei Kindern. Der Sohn Wilhelm[19], genannt Ulk, studierte Jura in Halle, Henriette, die Neunzehnjährige, und Sofie, genannt Siefchen, „das Kind", waren zu Hause.

Im Mai 1803 hatten sich der sensitive, musikalische, im langweiligen Driesen vereinsamte Thadden und die muntere, von ihrer Gutstochterrolle wenig ausgefüllte Henriette von Levetzow auf dem Gossower Nachbargut Falkenwalde kennengelernt, möglicherweise nicht ohne Mitwirkung von „Papa", dem Vormund von der Hagen. Im August verlobten sie sich „heimlich", da der Bräutigam noch keine Versorgung hatte. Das „Geheimnis" wird allerdings zur naiven Verwunderung der Betroffenen sowohl von den Standesgenossen als auch von der sonstigen Bevölkerung intensiv besprochen und genossen.

Nun beginnt zwischen den Brautleuten über den Zeitraum zweier Jahre ein schriftlicher Austausch in Tagebuchform von einer Intensität, die selbst in dieser schreibseligen Zeit ungewöhnlich ist. Die Alltagserlebnisse sind unlösbar eingebettet in den Gefühlsüberschwang der jungen Liebe. Sie können von dem täglichen Schreibgespräch, das zweimal wöchentlich zur Post gegeben wird, bald nicht mehr lassen. Der Bräutigam schreibt oft noch nach Mitternacht nach Tagen, die mit angestrengtem Dienst, Geselligkeit und Theaterbesuch angefüllt sind.

Er ist früh verwaist und daher wohl ohne starke Familienbindungen aufgewachsen, so genießt er die freundschaftliche Zustimmung, die ihm Henrines großer Familienclan, der meist aus Bredows besteht, entgegenbringt. In diesem Clan ist die Braut fest verwurzelt. Da hat sie wohl die geschwätzige Leichtigkeit des Ausdrucks im ständigen Gedankenausstausch erworben. Sie hat die üblichen Kenntnisse des Französischen und prunkt bisweilen mit lateinischen Brocken.

Das „Mütterchen", Adolfine[1] von Levetzow, war, nach einem jetzt vernichteten Ölbild zu urteilen, eine intelligente, nicht nur eine schöne Frau. So wird im Hause täglich vorgelesen, nebeneinander deutsch und französisch, und die Notwendigkeit, bei den endlosen wechselnden Besuchen auf den Gütern der Nachbarn und Verwandten zu „conversieren", trainierte wohl die mündliche Ausdrucksfähigkeit.

Im Kreis Königsberg i. d. Neumark ist ein erhebliches geistiges Potential vorhanden: Die Tochter der Selliner Knobelsdorffs spielt später im Kulturleben des Dresdner Hofes, z. B. als Förderin Wagners, eine große Rolle, der Nachbar aus Stolzenfelde, später Vietnitz, ist Protegé Hardenbergs usw. – Henrine selbst wird 1817, als sie bereits Regierungsrätin von Thadden ist, mit dem Luisenorden dekoriert, auf Wunsch der Prinzessin Wilhelm. Der ländliche Hintergrund dieser Lebensläufe ist ja wohl märkisch-preußisch. Mit der Orthographie und mit den grammatischen Fällen steht sie, wie bekannte Zeitgenossen, auf Kriegsfuß, was dem Bräutigam zuweilen auf die Nerven geht (Brief vom 21. März 1804). Wenn Henrine trotzdem spontane Formulierungen gelingen, die den Ausdruck des Bräutigams dagegen geradezu hölzern erscheinen lassen (Brief vom z. B. 5.9.03, 9.9.03 usw.), so liegt das wohl auch an der Sicherheit, die ihr die unbedingte Verehrung des älteren und erfahreneren Mannes gibt.

So stellen sich die beiden im schriftlichen Gespräch vorsichtig aufeinander ein. Sie fühlen widerfahrene Begegnungen lange nach und leben in der Vorfreude auf kommende. Die Intimität reift heran wie das Obst in Henrines Garten und die Bäume in Thaddens Wald, wenn der blumige Ausdruck gestattet ist. Das Ende war eine lange, nach der Familientradition überaus glückliche, aber kinderlose Ehe.

Die Briefe spiegeln viele Seiten des Alltags wider, leider aber wenig von den „niederen Gefilden" der Ökonomie.

Es gibt keinen Hinweis darauf, daß Henrines junger Onkel Bredow in Falkenwalde und Knobelsdorff in Sellin Pioniere der stürmischen landwirtschaftlichen Entwicklung ihrer Zeit waren, wie es sich in ihren Biographien zeigt (s. Namensregister).

Über die wirtschaftliche Situation des Gutes verlautet nichts bei Henrinchen. Kulturhistorisch besonders ergiebig sind die Briefe Thaddens aus der Berliner Zeit. Die Stadt ist im vollen kulturellen Aufschwung, die Junker machen Kammermusik, singen Arien, gefallen sich in anspruchsvollen Maskeraden. Politik scheint nicht gefragt. Das wichtigste Ereignis: Der Durchbruch der deutschen Musik und Oper, Gluck und Mozart.

Der breite Strom des bequemen Alltags treibt den Stromschnellen der napoleonischen Kriege zu, ohne daß die auf ihm Dahinfahrenden es bemerken.

Aus der Sicht späterer Generationen erstaunlich und mit dem Fontane-Bild des bodenverwurzelten Landjunkers nicht vereinbar ist die Freizügigkeit, mit der in der Neumark vor und kurz nach der Wende des 19. Jahrhunderts die Güter von einer Hand zur anderen gehen. Die Tendenz läßt sich generell nachweisen.

Im Bereich der Gossower Familie Levetzow-Bredow sieht das so aus: Gerhard von Levetzow[19], der aus einer in Mecklenburg verbreiteten und begüterten Familie stammte, hatte bis zu seinem Abschied als Major 1781 in Schwedt an der Oder gestanden, der hübschen kleinen Residenz einer Hohenzollernschen Nebenlinie, die 1788 ausstarb. Es gab persönliche Beziehungen zur markgräflichen Familie. Er heiratete 1782 und kaufte in den folgenden Jahren die drei Güter Sellin, Belgen und Gossow. 1795 starb er.

Im gleichen Jahr kauft Carl Adolph Gottlob von Knobelsdorff[17] für 90.000 Rtl. das Gut Sellin, offenbar mit einem Wohnrecht für die Levetzowsche Witwe. Diese baut das Gossower Gutshaus aus, und nun setzt eine Invasion der Bredowschen Geschwister ein, die alle in Prillwitz (Mecklenburg) geboren sind und alten Bredowschen Besitz im Havelland haben (Schwanebeck, Markau). Noch 1795 kauft die Schwester der Adolfine Levetzow, Charlotte Wilhelmine Blandine[2], verheiratet mit dem Leutnant a. D. von der Hagen (Direktor der Feuersocietät des Kreises Königsberg in der Neumark), das „Burglehen" Bärwalde für 9.200 Rtl. Sie verkauft es 1805 für 20.300 Rtl., also mit erheblichem, wohl inflationsbedingtem Gewinn.

Ein jüngerer Bruder Bredow, Carl Wilhelm[4] genannt „der Pole", kauft 1800 das Gossow benachbarte Gut Nordhausen für 72.000 Rtl., verkauft es schon 1802 für 85.000 Rtl. und geht auf das Familiengut Markau. Ein Vetter, Christoph August[7], genannt „Florio", kauft und verkauft das Gossow angrenzende Gut Falkenwalde mit Gräfendorf für 130.000 Rtl., um Schwanebeck zu übernehmen. Der älteste Bruder, Henning[3], der „Oberforstmeister", kauft Zollen im Nachbarkreis Soldin und wird dort Landrat. – Die Bredowsche Invasion bleibt in der Neumark auf lange Sicht ohne Folgen.

Noch intensiver breiten sich im gleichen Zeitraum die Knobelsdorffs in der Neumark aus. Carl Adolph Gottlob von Knobelsdorff kauft, wohl nach Verkauf seiner geerbten Güter in Schlesien, außer Sellin (s.o.) 3/4 Anteil am Gut Klemzow, das Gut Ringenwalde, das er 1800 bereits weiterverkauft, später Belgen und Adamsdorff im Kreis Soldin. Er heiratet die Witwe des Besitzers von Guhden, Mohrin und Nordhausen; das letztere wurde 1800 an Bredow (s.o.) weiterverkauft. Knobelsdorff bewirtschaftet also zeitweise acht Güter auf engem Raum in der Neumark.

Gleichzeitig mit seinen Ankäufen 1795 wird er Landrat des Kreises Königsberg und später Ritterschaftsdirektor und Oberstallmeister. Er stirbt ohne männliche Nachkommen.

Über die wirtschaftliche Lage der Brautleute geben die Briefe nur dürftige Auskunft. Beide rechnen sehr sparsam. Thadden beteiligt sich nicht an der riskanten Spielleidenschaft seiner Standesgenossen, er kann gewünschte dreißig Thaler nicht nach Gossow schicken, weil er die Miete und das Brennholz bezahlen muß. Er spart an seiner Kleidung, gelegentlich auch am Essen (17.4.04), erwägt jedoch den Ankauf eines Gutes.

Sein Vater läßt ihm in Halle Hemden schneidern. Die Kurz-
biographie seines Vaters (Gotha, Adlige Häuser A, Band 2,
1955) sieht folgendermaßen aus (Seite 402 mit Bild):

„Johan Leopold von Thadden, geboren 1735, gestorben 1817
in Halle, Mitherr auf Reddestow und Mittellowitz, auf Diemitz
– Freiimfelde im Saalekreis, kgl. pr. Gen. Lt. v. d. Inf., Chef
des Inf.Rgts von Thadden Nr. 3, General-Insp. der Magdeburger
Inf.Inspektion, Gouv. von Spandau, Domherr von Halberstadt,
Rechtsritter des großen roten Adlerordens und des Pour le mé-
rite. Verheiratet 1. Halle 1775 mit Lucie von Bülow aus dem
Hause Helmsdorf, gestorben Halle 1782. Tochter des kursächsi-
schen Geheimrats Busso Heinrich von Bülow. Verheiratet 2.
mit Rahel Freifrau von Hühnerbein, Harkerode."

Das sieht nicht nach Armut aus. Wahrscheinlich kann Carl
von Thadden einiges Erbe vom Vater erwarten, hätte es wohl
auch ausgezahlt bekommen zum Erwerb eines Gutes, eine Un-
terstützung für seine Ausbildung aber scheint er nicht bekommen zu haben. Das Gehalt der Forstjunker muß sehr knapp gewesen sein, wie eine Bemerkung im Brief vom 4. Nov. 1804
zeigt. Ein Taschengeld von 10 Rtl.?

In der Levetzowschen Familie ist die Gesamtlage wahrscheinlich ungünstiger. Nach dem frühen Tode Levetzows 1795
blieb das „Mütterchen" Adolfine mit den drei sehr jungen
Kindern zurück, und nun wird sich herausgestellt haben, daß es
schwer war, von den Gütern allein zu leben. Belgen und
Gossow hatten meist leichten Boden, dessen Hauptnutzung damals die Schafzucht war. Erst in der nächsten Generation sind
die sandigen Hügel mit Kiefern aufgeforstet und der sumpfige
Boden drainiert worden. In Sellin mit seinem großen Gutshaus
residiert nun der Vormund des Levetzowschen Sohnes Wilhelm,
der Landrat von Knobelsdorff. Die Levetzows scheinen zur Zeit
des Briefwechsels noch eine Art von Wohnrecht dort zu haben,
denn sie halten sich sehr oft, beinah routinemäßig dort auf.
Aber die eigentliche Heimat und schließlich der einzige Besitz

ist das kleine Gossow, wo das bestehende alte Gutshaus geräumig ausgebaut wird. Man lebt dort zwar gemütlich, aber bescheiden mit dem damals üblichen kleinen Hofstaat von Kutscher (Friederich), Diener (Louprage), Kammerzofe (Lotte), dem großen Garten. „Vater Jänicke"[16], der zuweilen Fahrten für die Familie macht und der den Bräutigam Thadden unterwegs ganz getreulich „sin Söneken" nannte (4.11.1893), ist wohl noch erbuntertänig. Die Bauernfamilie Jänike züchtete noch bis 1945 Pferde in Gossow. Andere Gutsleute werden nicht genannt, obgleich auch die spätere Schäfersfamilie schon damals in Gossow arbeitete.

Bargeld war sehr knapp. Wenn Henrine 10.000 Thaler Mitgift bekommt und Siefchen doch wohl ebensoviel (Brief v. Febr. 1805), so ist das für das kleine Gut eine rechte Belastung, und der Erbe Wilhelm hat sich später sehr einschränken müssen. An der Ausbildung der Kinder wurde jedoch nicht gespart, Wilhelm bekam sein Studium (Jura) in Halle mit „Cavaliersreise" nach Italien und Henrine ihre Pensionszeit in Frankfurt/ Oder. Nur für Siefchen scheint es nicht mehr gereicht zu haben.

Die Levetzowschen Kinder haben unter den beschränkten Verhältnissen mit Sicherheit nicht gelitten. Henrine schreibt am 13.9.1803: „O wenn ich das glückliche Loos, welches mir der Himmel von meiner frühesten Jugend an zutheil werden ließ, so recht bedenke, ... so könnte ich aus der dankbarsten Rührung weinen, für diese schöne Vergangenheit."

Erste Verlobungszeit

Verzeihen Sie, theuerstes Henrinchen, daß ich Ihnen diese Zeilen ausschließend zueigne. – Die Wichtigkeit eines Gegenstandes, der Sie und mich allein betrifft, macht diese Vorsicht nothwendig, und Ihnen wahrscheinlich, so wie mir, wünschenswerth. Es ist mir durchaus nicht länger möglich, einen geheimen Wunsch, der schon längst bei mir entstand, und bei näherer Bekanntschaft mit Ihnen immer mehr Festigkeit erhielt, von dessen Erfüllung mit einem Worte das künftige Glück meines Lebens abhängt, in meinem Hertzen zu verschließen. Ich muß mein Geheimnis Ihnen entdecken und bitte Sie meine gütige Freundin, wenn diese Entdeckung – was der Himmel verhüten möge – Ihnen unangenehm sein sollte, mir wenigstens das Zutrauen zu vergeben, das ich in Ihre Güte setzte und welches mich so kühn macht, Ihnen diese Zeilen zuzusenden.

So empfangen Sie denn von mir, bestes einziges Henrinchen, das Geständnis, daß ich Sie innig – liebe und keinen heißeren Wunsch habe, als Sie dereinst meine Gattin nennen zu dürfen. – Mindestens befürchte ich nicht, durch dieses Geständnis Ihren Unwillen auf mich zu ziehen, denn wie sollte wohl das Geständnis einer reinen heiligen Liebe, die sich auf das Gefühl der Vollkommenheit und des inneren Werths des geliebten Gegenstandes gründet und von der höchsten Achtung begleitet ist, ein so schönes gefühlvolles Herz als das Ihrige beleidigen können.

Ich habe freilich keine Reichtümer, sondern nur ein mäßiges Einkommen Ihnen für die Zukunft anzubieten, wohl aber ein Herz, das Sinn hat für das Glück, ein solches als das Ihre sein nennen zu dürfen; das nie aufhören wird, voll der allerzärtlichsten Liebe und Treue für Sie zu schlagen, und dessen ununterbrochenes Bestreben dahin gerichtet sein wird, Ihnen jeden Augenblick Ihres Lebens so angenehm zu machen, als es in seinen Kräften steht. – Meinen Charakter haben Sie Gelegenheit gehabt kennenzulernen; und ich darf nur noch mit der heiligsten Wahrheit hinzufügen, daß Verstellung mir nicht eigen ist, und daß Sie mich gewiß nie von einer anderen Seite werden kennenlernen, als es bisher der Fall war.

Glauben Sie nicht, meine theure Freundin, daß ich diesen Schritt mit Leichtsinn und ohne Überlegung thue. So leidenschaftlich ich Sie auch liebe, so habe ich Sie doch genau beobachtet und mich selbst streng geprüft; allein, ich habe dadurch immer mehr die sichere Überzeugung erhalten, daß ich nur mit Ihnen glücklich sein kann. – Ich weiß sehr wohl, daß ich auch meine Fehler habe, bin aber fest überzeugt, daß, wenn Sie mich so unaussprechlich glücklich machten die Meine zu werden, Sie die mehrsten durch Ihr Beispiel tilgen und alle, solange mir Ihr Herz nicht abgeneigt wird, entschuldigen werden, da bei keinem Verderbtheit oder Bösartigkeit des Charakters zum Grunde liegt. – Auch davon bin ich überzeugt, daß der Rausch der ersten Liebe mit der Zeit verfliegt, weil er zu heftig ist, um dauerhaft zu sein; allein, ich glaube, daß die ruhige Zärtlichkeit, welche nachher in der Ehe an diese Stelle tritt, wenn sie auf gegenseitiger Achtung gesetzt ist und durch das Übereinstimmen und die innige Freundschaft beider Teile genährt wird, immer bleibenderen und reelleren Werth als die erste hat; und diese letztere glaube ich Ihnen wenigstens mit Gewißheit bis zu meinem letzten Pulsschlag zusichern zu können.

Wenn ich Ihnen, bestes Henrinchen, die angenehmen Aussichten, die dieser Schritt für Sie haben könnte, wenn Sie ihn thäten, gezeigt habe, so erfordert es meine Pflicht auch als ehrlicher Mann, Sie auch mit dem Unangenehmen, das hieraus vielleicht für Sie entstehen könnte, bekannt zu machen, denn ich wollte eher tausendmal die Qual ertragen, die Erfüllung meines liebsten Wunsches scheitern zu sehen, ehe ein so engelsgutes Herz als das Ihre in einem Augenblicke seines Lebens eine Thräne vergießen sollte, mich glücklich gemacht zu haben. Prüfen Sie sich also wohl, theure Freundin, ob Sie, wenn

Ihr Herz für mich schlüge, – sich entschließen könnten, mir an einen vielleicht sehr entfernten Ort des Aufenthaltes, wohin mich mein Beruf forderte, zu folgen. Ob Sie sich dort, von allen den Ihrigen getrennt, vielleicht ohne jede andere Gesellschaft als die meinige, glücklich fühlen könnten, und ob Sie für alle diese Mängel in meiner Liebe und Treue hinreichend Ersatz finden würden. Ich selbst würde freilich an Ihrer Hand vor diesem Schlage des Schicksals nicht zittern, weil ich fest überzeugt bin, daß mit Ihnen eine Wüste für mich zum Elysium umgewandelt werden würde; und so schmeichle ich mir denn auch zu meiner Beruhigung, daß, wenn Sie mich lieben könnten, Ihnen dieser Felsen auf unserm Lebenspfade nicht unübersteigbar scheinen würde, da zwei Herzen, die voll Liebe und Freundschaft füreinander schlagen, sich selbst genug sind.

Nach allen diesen Vorrausschickungen lege ich nun die Entscheidung über das ganze Glück meines Lebens in Ihre gütigen Hände und bitte Sie flehentlichst, bestes Henrinchen, mir sobald es Ihnen möglich ist zu sagen, ob ich alles gewonnen oder – alles verloren habe. Ich ersuche Sie aber, mir mit eben dem Vertrauen und der Offenheit, die ich gegen Sie in diesem Briefe bewiesen habe, zu antworten und versichere Sie, daß Sie Ihr Vertrauen an keinen ganz Unwürdigen verschwendet haben sollen, da mein Herz von den heiligsten und wärmsten Gefühlen für Sie erfüllt ist.

Daß ich mit der Entdeckung meines Geheimnisses nicht solange gezögert habe, bis ich im Stande war, Ihnen mit meinem Herzen zugleich auch meine Hand anzubieten, das werden Sie mir gütigst verzeihen, wenn Sie bedenken, wie quälend für mich die Ungewißheit in dieser Lage sein muß, und wären meine Wünsche auch die Ihren, o dann würde ja das schöne Verhältnis, in welches wir bis zur Zeit meiner Versorgung (die nicht mehr sehr fern sein kann) kähmen, nur dazu dienen, uns gegenseitig näher kennenzulernen; wären Sie es aber nicht, – so würde ich wenigstens um so früher aus einem süßen Wahn gerissen, der, je später er mir entrissen wird, um so unglücklicher mich machen muß.

Ihre Frau Mutter ist durch Ihren Herrn Onkel, meinen theuren Freund, von meinen Absichten unterrichtet und ist so gütig gewesen, mir die für mich über alles ehrenvolle Erlaubnis, Ihnen diesen Brief schreiben zu dürfen, gegeben zu haben. Ich glaubte dieser zuerst zu bedürfen, um in Ihrer und Ihrer würdigen Frau Mutter Achtung nicht zu sinken.

Und nun leben Sie wohl, einziges bestes Henrinchen, denken Sie sich gütigst recht lebhaft das Peinliche meiner Lage, und befreien Sie mich ja recht bald, ich bitte Sie herzlich darum, von dieser marternden Ungewißheit.

Sollten Sie mein Herz verstoßen, o so weihen Sie wenigstens dem traurigen Geschick desjenigen eine mitfühlende Träne, der bei den heißesten Wünschen für Ihr stetes Glück und Zufriedenheit sich mit wahrer Achtung nennt,

Ihren
ewig ergebenen
Thadden

Endlich ist es mir möglich, den schönen Augenblick zu gewinnen, wo ich wieder ganz glücklich sein kann; wo ich Dir, mein einzig über alles Geliebter, sagen darf, wie ohne Aufhören ich seit Deiner Abreise an Dich gedacht und mit Betrübnis immer die Weite Deiner Entfernung von mir, Deiner Henrine, berechnet. Mögest Du Ärmster doch jetzt schon in Deinem Hüttchen angekommen sein. Wir haben Dich alle bedauert bei dem kalten, lieblosen Wetter, hättest Du doch nur wenigstens einen bequemen Reisewagen gehabt ...

Sonntag Nachmittag, heute, mein einzig lieber Carl, kann ich Dir nur ein paar Worte sagen, da mehrere Fremden hier sind, denen meine lange Abwesenheit auffallend sein möchte; aber diese wenigen Worte möchte ich auch um keinen Preis nicht schreiben, da jede Stunde, ohne Dich verlebt, mich immer mehr überzeugt, daß nur mit Dir, nur in Deiner Unterhaltung für mich jetzt Vergnügen Glück und Aufheiterung ist. Diese Viertelstunde ist eigentlich die, wo ich mich so über alles erhoben, stolz und glücklich fühle, ...

Eiligst füge ich noch ein paar Worte für mein Tagebuch hinzu. Gestern Abend wurden Karten gespielt, die Damen mit Stich, Whist, und die anderen Herren Lhombre[*], Flörchen[**] verlor wieder viel Geld und war ziemlich niedergeschlagen. Um 11 Uhr gingen wir zu Bette – leider aber hörte mit meinem Wachsein auch der Gedanke an Dich, gewiß zum ersten Mal, auf. Ich träumte gar nichts.

---

[*] Whist und Lhombre sind Kartenspiele
[**] Bitte beachten Sie, daß Personen oft mit Spitznamen genannt worden sind, zuweilen sogar mit verschiedenen, z. B. Flörchen = Christoph August v. Bredow. Im Namensregister folgen auf die Familiennamen die Vor- und Spitznamen.

... Mit welcher Sehnsucht ich einem Brief von Dir entgegensehe, kannst Du Dir wohl denken; heute, glaube ich, ist es noch nicht möglich einen zu bekommen, indes habe ich doch auf jeden Fall einen Boten nach Bärwalde gesandt, vielleicht wird mir diese unsägliche Freude zuteil, sonst darf ich erst übermorgen wieder hoffen.

Lange habe ich bei mir angestanden und überlegt, ob ich Dir dies beinah unleserlich Geschriebene wirklich zuschicken oder lieber noch einmal abschreiben und bis künftigen Posttag hierbehalten wollte. Indes Dein Wunsch, recht bald etwas von mir zu hören, ist mir so heilig, daß ich hoffe, Du wirst in dieser Hinsicht mich entschuldigen und mir lieber diesen Brief, wenn Du ihn gelesen hast und ihn aufheben willst, zum Abschreiben wiedergeben. Zürne nicht meine Eitelkeit, Du Holder, ich möchte Dir ja so gerne immer gefallen.

Gestern abend um 10 Uhr, meine ewig geliebte Henrine, bin ich hier wohlbehalten und glücklich angelangt – mit Gefühlen, die ich nicht auszudrücken vermag, schied ich aus Deinen Armen. Wie könnte es anders sein, ich hatte den Aufenthalt im Elisium seit einigen Tagen genossen, und eine Verbannung, auch nur für wenige Wochen, mußte meine Seele mit der bittersten Wehmut erfüllen. Ich fühlte ganz das Schreckliche des Alleinseins, und nur der Gedanke, daß eines Engels Herz für mich schlägt, mich liebt und meiner denkt, konnte mich trösten. Ich schwärmte in der Vergangenheit, bis mein über alles erbärmlicher Fuhrmann mich aus meinen Träumen weckte. Er wußte nehmlich hinter der kleinen Mühle weder Weg noch Steg, fuhr mich wenigstens sechsmal irre und kreuzte mit mir noch um 11 Uhr in der Berneuchener Gegend umher. Hundertmal hatte ich die lebhafte Neigung umzukehren, wenn mich nicht der Gedanke an eine Übernachtung in Sellin und einen ziemlich embarrassanten Aufenthalt dort abgehalten hätte. Um 2 Uhr war ich endlich in Beyersdorf und durch die Kunst meines hiesigen Fuhrmanns um 10 Uhr hier. – Als ich nach einem frugalen Souper auf meinem Freudenstuhl, den ich vom 23. Aug. an nicht mehr Sorgenstuhl nenne, vorm Kamin saß, war meine Brust von der Fülle wehmütig angenehmer Erinnerungen und freudiger Bilder der Zukunft so angefüllt, daß ich durchaus mich einem menschlichen Wesen mitteilen mußte. Ich annoncierte daher meinem treuen Johan[*] meine Verlobung, schenkte ihm ein Glas Wein ein, und er mußte auf die Gesundheit meiner Henriette trinken. Der Ausbruch der Gefühle dieses treuen Dieners war wirklich sehr rührend, und hat mir ihn erst wert gemacht. Die Thränen stürzten aus seinen Augen, und er versicherte, daß es sein einziger Wunsch gewesen sei den Augen-

---

* s. Peth

blick zu erleben, wo ich eine glückliche Wahl träfe, und daß er es Dir im ersten Augenblick angesehen hätte, daß Du Dich ganz für mich paßtest und mich ganz glücklich machen würdest. Mich rührte seine Freude innig, da sie seine mir bekannte Liebe zu mir beweiset, und ich gelobte mir, wenn Du, meine einzig geliebte Henrine, dazu Deine Einwilligung giebst, ihn, würde er auch noch kränklicher als jetzt, nie zu verstoßen, da man so selten Dienstboten findet, die ihre Herrschaft lieben. Nach dieser angenehmen Scene legte ich mich nieder, träumte von meinem guten Engel, und mein erster Gedanke, als ich erwachte, war meine geliebte Braut. Kaum hatte ich einige Tassen Kaffee getrunken und die erste Seite meines Stammbuchs mit schwimmenden Augen gelesen, als mein alter Oberförster mir seine Aufwartung machte. Ich drechsle ihm sogleich einige kleine Unwahrheiten von gehabten Jagden und erlegten Hirschen mit Marwitz in Charlottenhof und der ungeheuren dabei bewiesenen Jagdpassion von Onkel Hagen. Er notifizierte mir dagegen, daß heute einige Meilen von hier in Bernsee ein brillanter Picknick sei, und daß ich ihn und seine Familie durchaus dahin begleiten müßte. Seine Arbeiter sind nach Hause gegangen, und ich konnte mich daher nicht einmal mit Forstgeschäften entschuldigen. Will ich also nicht mir die hiesigen Menschen ganz zu Feinden machen, so muß ich schon in einen sauren Apfel beißen und mit Mamsell Lottchen und der Holzhauern tanzen, wobei ich noch überdem die Beunruhigung habe, daß mein liebes Bräutchen etwas eifersüchtig werden könnte. In einer Stunde will man reisen, und ich muß daher diesen Brief, eher als ich es wünschte, schließen.

Für heute also Lebewohl, meine einzige, beste und ewig geliebte Henriette. Eben lese ich wieder Deine mich so sehr beglückenden und tief rührenden Verse in meinem Stammbuche und lege noch einmal feierlich das Gelübde ab, von meiner Seite alles zu thun, um bis zum Tode Dein Zutrauen zu mir zu rechtfertigen und meine Henrine glücklich zu machen. Deinem vortrefflichen Mütterchen küsse ich mit kindlicher Verehrung die Hände. Nun adieu, mein bestes Mädchen, tausend Küsse Deinen schönen Lippen und die Versicherung meiner innigsten Liebe Deinem treuen Herzen – an alle tausend Empfehlungen.

Donnerstag sende ich die Beschreibung des Balls und des dort Vorgefallenen an Dich ab. Antworte bald und vergiß nicht

Deinen
über alles glücklichen
und ewig treuen
Carl
In größter Eile.

... Auch ich, mein Henrinchen, erinnere mich besonders mit Vergnügen des schönen, in Falkenwalde verlebten Tags. Ich weiß nicht, mir kam es vor, als wären wir uns an diesem Tage vorzüglich näher gekommen und hätten uns lieb gewonnen. O Gott, wenn doch die schöne Zeit erst wieder da wäre, wo wir allein im Garten oder im Roten Cabinet unsere Herzen einander unverstellt zeigen könnten. Ich glaube gewiß, daß solche Stunden allein den armen Sterblichen ein Vorschmack von paradiesischen Wonnen geben können. Daß aber mein Henrinchen, mein offenes, unverstelltes gerades Mädchen, nachdem sie solche Stunden schon mit mir verlebt hat, noch in Versuchung geraten kann, einen Brief, in dem einige Worte ausgestrichen sind, und der so ganz das Gepräge ihres einzigen Herzens trägt, einen Posttag länger zurückbehalten, um ihn – sauber abzuschreiben und den darin so schön geäußerten Naturempfindungen das Ansehen von Erkünstelung dadurch zu geben, daß sie glauben kann, einem treuen und sie wirklich so recht liebenden zukünftigen Gatten durch ein paar fehlerhaft gesetzte Dichs und Dirs mißfällig zu werden, – darüber möchte ich wohl etwas schelten. Nein, mein Leben – in dem Verhältnis, worin wir stehen, müssen wir, wie ich glaube, so ohne alle gène wie nur möglich miteinander umgehen und das höchste Vertrauen gegeneinander haben. Laß uns also den Vertrag miteinander machen, nie unsere Briefe durch künstliche Redensarten oder wohl gar durch Kopieren schöner machen zu wollen. Die Reinheit und Heftigkeit unserer Liebe entfließt der Feder gewiß im Original schon, das Übrige ist ja leerer Verstand, der für die übrige Welt seinen Wert haben kann, für uns, zwei liebende Herzen, aber nur Nebensache ist.

... Meine Arbeit war heute fatiganter als je, sie führte mich in Wüsten, wo kein Fußtritt als allenfalls der eines scheuen Rehes oder des menschenfeindlichen Wolfs gewiß in langer Zeit hingekommen war. Die allerungeheuersten Berge und Abschlünde mußte ich durchkriechen und habe mir Schuhe und Füße an den Hecken und Dornen, über welche ich hinstieg, zerrissen. Oft wollten mich meine Kräfte verlassen, denn wenn ich zehn Schritt in die Höhe geklimmt war, so schurrte ich auf den glatten Tannennadeln wieder zwanzig hinab. Aber dann dachte ich: Henrine ist das endliche Ziel aller dieser Bemühungen – und sogleich war ich wieder frisch und munter und habe bis heute Abend um 7 Uhr ein solches Stück Arbeit beendet, daß, wenn ich so fortfahre, ich mit gutem Gewissen Ende dieses Monats einige Feiertage werde machen können. – Mein Mittagsmahl hielt ich heute in einem tiefen Thale umgeben von hohen Eichen, in denen der Wind schon ganz herbstlich rauschte. Die ganze Natur schien hier von jedem lebendigen Wesen außer mir und meinen Arbeitern verlassen zu sein. Mir schmeckte mein schwarzes Butterbrot und die paar Tropfen Medoc vortrefflich, denn ich las dabei Deine Briefe, mein gutes liebes Mädchen.

... Verzeih, meine Einzige, daß mein Tagebuch fast nur mit Gedanken angefüllt ist, aber einestheils glaube ich, daß diese für Dich noch das mehrste Interesse haben, anderntheils fehlt es mir auch durchaus an anderem Stoff, denn meine Lebensart ist die eintönigste von der Welt, Menschen sehe ich fast gar nicht, und die ich sehe, von denen läßt sich nicht recht viel sagen. Überhaupt liebe ich jetzt besonders die Einsamkeit. Mein Zimmer ist mein Heiligthum, weil ich hier mit Dir allein lebe. Die Menschen und besonders die hiesigen Weiber sind mir, seitdem ich Deine Freundschaft besitze, recht fatal. Ich fühle zwar, wie unrecht und undankbar das ist, aber ich kann mir nun einmal nicht helfen.

... Gestern Nachmittag sind zu meiner wahren Freude Forstmeisters wieder abgereist, Du glaubst nicht, welch ein eingefleischter Satan die Mutter und welche gemeine nichtswürdige coquette die Tochter ist. Die Mutter sprüht nichts als Gift und Galle, tadelt und legt alles von ihren Nebenmenschen Gethane zum Bösen aus, spricht dabei das allernichtswürdigste Plattdeutsch und ist häßlich wie die Nacht. Ich wünschte, jemand fienge den Schaum von ihrem Munde zur Bereitung von aqua toffana auf, so wäre dies Monstrum doch noch zu etwas auf der Welt nützlich.

... Diesen Nachmittag fieng es endlich gar an zu regnen und so heftig, daß ich ganz durchnäßt nach Hause kam. Johan hatte indes Kaminfeuer bereitet, wobei ich mich wieder erwärmte und umkleidete. Darauf wanderte ich zum Essen und nahm mein Mittags- und Abendmahl zugleich ein. Mein alter Oberförster leistete mir dabei allein Gesellschaft. Nachdem ich die ganze Charakteristik Friedrichs des Großen wenigstens zum hundertfünfzigsten Mal wieder angehört und aus übergroßer Angst meines Herzens ob dieser interessanten Erzählung eine doppelte Portion Milchsuppe und Eierkuchen nebst Erbsen und Mohrrüben verschluckt hatte, so eilte ich wieder hierher nach meinem Museum ... Nachdem ich heute Abend meine schriftlichen Dienstgeschäfte in Ordnung gebracht hatte, setzte ich mich zum Kamin, machte mir Thee und las dabei in der Aglaja. Es ist aber sonderbar, die allerinteressanteste Lektüre ist jetzt nicht imstande, mich auf lange Zeit zu fesseln. Meine Seele ist zu sehr mit eigenen glücklichen Schicksalen, Plänen und Entwürfen für die Zukunft angefüllt ...

... Um 10 Uhr kam ich zu Haus und gieng sogleich zum Essen. Die Oberförsterin fieng sogleich eine gewaltige Litanei an über die Strapazen, die ich mir machte, und die mich noch vor der Zeit invalide machen würden. „Ich beklage niemanden mehr," so schloß sie ihren Sermon, „als Ihr armes Fräulein Braut, die einen vor der Zeit alten Mann bekommen wird." Ich sah sie groß an und versicherte so ernsthaft als es mir möglich war, daß ich ein abgeschworener Feind vom Heiraten sei, keine Braut hätte, und auch nie eine bekommen würde. Sie schmunzelte aber, hob den Zeigefinger mahnend auf und sagte in ihrem Plattdeutsch, „Wer dat globt, wird selig". Sonderbar ist es doch, daß einem die Leute es gleich ansehen, wenn man, qu'est ce qu'on appelle, auf Freiersfüßen geht.

Unbeschreibliches Vergnügen hast Du, mein theurer Geliebter, mir gestern durch Deinen Brief gemacht; o gewiß ist es für mich in Deiner Abwesenheit die seligste Empfindung, so einen Beweis Deines Andenkens und Deiner Liebe zu erhalten.

In der That erlaubte ich mir gestern kaum die Hoffnung und den Gedanken der Möglichkeit, etwas von Dir zu hören, allein der Himmel scheint Dich und alle Deine Handlungen ein für allemal nur zur besonderen Freude und Glück für mich bestimmt zu haben; durch Dich lernte ich das größte Glück des Lebens kennen, Deine Liebe ließ mich den wahren Werth der Liebe erst recht empfinden, und täglich ist sie die Quelle neuer Freuden für mich. O, welch ein Herz ist mein, mögte ich es ewig wert bleiben, dies ist der einzige Wunsch, der mir übrig bleibt.

Deine Briefe mögte ich ohne Aufhören lesen – welch schrecklichen Reisetag hat mein Carl erlebt. Wärst Du doch nach Sellin zurückgekommen; aber ich glaube, ich hätte diese freudige Überraschung kaum ertragen. Wir alle haben Dich unendlich bedauert – indes Du gewiß den folgenden Tag in Bernsee alle Reisestrapazen vergessen und nur an Deine schöne Tänzerin dachtest. Darum eiltest Du also am Sonnabend so – und so will ich mir das Rendez Vous, welches ich mir gestern mit Finkenstein in Falkenwalde gab, auch nicht leid sein lassen – nein, gewiß nicht, denn seine Gegenwart überzeugte mich aufs neue, daß nur Deine Gesellschaft allein Reitz für mich hat und nur Du mich jetzt einzig und allein von allen jungen Herren interessirst, und ebenso gewiß weiß ich auch, daß Du unserer treuen, aufrichtigen Liebe an diesem Abend vielleicht noch öfter gedachtest als sonst, und bist Du recht vergnügt gewesen, so ist Deine Henrine stolz genug zu glauben, dieser Gedanke habe zu Deinem Frohsinn beigetragen.

Wie innig mich die Scene mit Deinem treuen Johan rührt,

kann ich Dir wirklich gar nicht sagen. Im voraus freue ich mich, einen Hausgenossen künftig zu haben, der sein Streben mit mir vereinigt alles Deinen Wünschen und Deiner Zufriedenheit gemäß einzurichten.

Den gestrigen Tag haben wir auf ganz gewöhnliche Weise in Falkenwalde zugebracht. Gegen Abend kam Finkenstein, die Herren sprachen fast immer von der Jagd und wir gingen im Garten spazieren. Wir sind im Begriff wieder hinzufahren, und ich muß mich leider von Dir trennen indem ich Dich in Gedanken herzlich umarme.

Donnerstag vormittag

In aller Eile, muß ich meinem einzig Geliebten, bevor wir unsere Reise nach Falkenwalde wieder beginnen, einen recht freundlichen guten Morgen sagen und Dir nochmals herzlich für die vergnügten Augenblicke danken, die mir eben beim Wiederlesen Deines Briefes wurden. Ich betrachtete dies Lesen heute gleichsam als eine Belohnung für meinen Fleiß, denn ich habe eben eine ganze Weile, in der Küche zugebracht und vorher schon einen langen Brief an der Bredow[*] von Eichhorst geschrieben, und so werde ich es künftig immer machen, der Gedanke an Dich wird mich zu allem Guten aufmuntern, und so jede kleine Arbeit zum wahren Vergnügen für mich umschaffen. – Welch einen herrlichen heiteren Tag haben wir heute, jeder schöne Tag lächelt mich jetzt umso freundlicher an, da ich weiß, daß auch Dir Dein Schicksal dadurch etwas erleichtert wird.

Aber ebenso bange, war mir auch gestern, da um fünf Uhr so ein entsetzlicher Sturmwind entstand, allein die Hoffnung daß mein Carl um seiner treuen Geliebten willen sich jetzt keiner Gefahr aussetzte, tröstete mich. Auch versprachst Du mir bei

---

[*] s. Friederike v. B, Eichhorst[6]

unserem Abschied ja recht gewiß für Dich immer recht besorgt zu sein, und Du weißt zu gut daß mein Wohl, zu innig mit dem Deinen verbunden ist, als daß Du Dich uns nicht zu erhalten suchen solltest.

Von gestern weiß ich Dir wieder nichts zu erzählen, wir waren ziemlich vergnügt, der Oberforstmeister[*] seine Augen sind noch immer nicht besser, trotzdem ist er sehr lustig. Die Bredown[**] hat mir gestern den Auftrag Dich alle Tage so oft ich an Dir schreibe, Dich jedesmal recht herzlich von ihr zu grüßen, gegeben.

Ich thuhe dies also heute, ein für allemal. Du glaubst nicht wie freundlich sie immer alle Deiner gedenken, – adieu mein liebster Carl ich darf heute kein Wort mehr hinzufügen, es ist die höchste Zeit zur Toilette.

Freitag vormittag

Obgleich ich heute eigentlich meinem theuren geliebten Freund, nicht recht viel neues zu sagen weiß, so kann ich mir es doch nicht begeben, Dir zu wiederholen, daß diese Augenblicke wo ich mich, indem ich an Dir schreibe, meinem Geliebten um vieles genähert wähne, für mich zu den glücklichsten des ganzen Tages gehören und will zugleich um Deine Nachsicht bitten, wenn mein Tagebuch am Ende, nicht recht viel mehr enthält als ewige Beteuerungen meiner Liebe – wovon ich immer ohne Aufhören sprechen mögte, und besonders mir Dir, o wenn es mir so gut erst wieder würde, wenn ich Dir erst einmal mündlich wieder sagen könnte, wie herzlich gut ich Dir bin und wie sehr ich wünsche Deiner Liebe ewig werth zu bleiben. Da dieser schöne Zeitpunkt aber noch 22 Tage entfernt

---

[*] Oberforstmeister Bredow-Schwanebeck, Bruder des Mütterchens[3]
[**] Die Bredow, Frau des C. Aug. Bredow, Schwester des „Mütterchens", auf Falkenwalde[8]

ist, so nehme ich Deine Geduld gewiß auch noch 22 mal in Anspruch und sage Dir zu meiner Entschädigung in dieser Zeit noch 22 mal wie lieb ich Dich habe, und dann behalte ich es doch gewiß noch 22000 mal für mich.

Gestern sind wir zu Fuß nach Falkenwalde gegangen, eigentlich hätte uns dies viel Vergnügen machen können, unser Mütterchen die dies noch nie that, so mobile zu sehen, allein es geschah mit aus Verzweiflung, sie leidet seit ein paar Tagen viel an Zahnschmerzen und glaubte, sich dadurch zu zerstreuen, leider aber ist es noch immer nicht besser. Die Herren haben wir, außer bei Tische, gar nicht gesehen, sie waren immer auf der Jagd und die Bredown, Sophiechen[8] und ich fuhren nach Tische auch ein wenig in der Heide um Nüsse zu pflücken. Der Gedanke, ein Stündchen mit Dir auf etwas gleiche Weise zuzubringen, hat mir hierbei den größten Spaß gemacht. Im Walde, den Kopf hinten über gelegt, so denke ich mir meinem Carl so oft. Mir that das Genick sehr bald weh davon, nach den Nussbäumen in die Höhe zu sehen, wie mag es Dir nicht öfters schmerzen. Könnte ich Dir doch immer meinen Arm hinhalten, wo Du Deinen Kopf dann drauflegtest. – Heute aßen Papa und Mama[*] auch in Falkenwalde: Da werde ich wohl mit Papa eine Wallfahrt nach der Stelle, wo er uns vor acht Tagen so glücklich sah, hin beginnen. Nun leb wohl, mein liebster Carl, bis morgen, wo ich Dir dies, nachdem ich noch etwas hinzugefügt, wieder zuschicken werde.

Sonnabend morgen

Freilich meinte Papa wohl gestern, ich möchte Dir meinen Brief erst am Dienstag zuschicken, zweimal in einer Woche sei zu oft, wenn so durchaus nichts besonderes vorfiele – er hat ei-

---

[*] Herr v. d. Hagen[14] ist Vormund der früh den Vater entbehrenden Gossower Kinder. Das Ehepaar v. d. H. lebt in der nächstgelegenen Stadt Bärwalde.

gentlich recht, ich sehe es ein, auch soll es künftig so geschehen, indes heute, da ich selbst die süße Hoffnung nähre, wieder ein Schreiben von Dir zu bekommen, fühle ich zu lebhaft, welche innige Freude uns die öfteren Nachrichten voneinander gewähren, und darum muß ich Dir, mein lieber, lieber Freund, je eher, je lieber diesen Beweis meiner treuen Anhänglichkeit für Dich zukommen lassen. Heute über drei Wochen, o dann sehe ich Dich wieder, möchten sie mir doch nur nicht so lang, wie die eine, die ich nun getrennt von Dir verlebte, werden.

... Mütterchens Zahnschmerzen sind etwas besser, sie grüßt Dich zärtlichst, auch Sophiechen sagt Dir viel Schönes ... Lebe wohl, mein zärtlicher Geliebter, ewig Deine treue Henriette.

Als ich diesen Morgen, meine einzig geliebte Henrine, nach der Forst gehen wollte, fing es an zu regnen, ich mußte daher umkehren, setzte mich vor meinen traulichen Kamin und überließ mich den süßesten Gedanken an mein geliebtes Mädchen. Nachdem ich einige Stunden ganz in der Ideenwelt gelebt, so setzte ich mich hin, um diesen Morgen auch dadurch zu feiern, daß ich Dir einige Worte schreibe. Zuerst muß ich Dich von dem fürchterlichsten Traum benachrichtigen, den ich diese Nacht gehabt habe. Du kamst zwar auch darin vor, aber er war dennoch schrecklich. – Mir träumte, ich war in Gossow, und Flemming war auch dort. Ihn mußte meine Liebe zu Dir verdrießen. Genug, er begegnete mir so unartig, daß mir endlich auch die Geduld riß. Wir veruneinigten uns dergestalt, daß wir uns auf fünfzehn Schritt auf Pistolen zu schießen vornahmen. Mein Kummer war unbeschreiblich, gegen Dich mußte ich mich, um Dir die Angst zu ersparen, froh und unbefangen stellen, und doch sah ich nur zwei Auswege, entweder mein Leben zu verlieren oder jemandem das Leben zu rauben, wodurch das meinige auch auf immer verbittert sein würde. Alle die Vorbereitungen träumte ich durch. Fix* war mein Sekundant. Flemming hatte einen aus Frankfurt verschrieben, da ihm von meinen Freunden niemand sekundieren wollte. Der Schauplatz war auf dem geliebten Gräfendorfer Damm. Ich machte mein Testament, und vermachte Dir, mein Leben, alles, was ich habe. – Die Pistolen wurden geladen, und als es eben zum ersten Schuß kommen wollte, erweckte mich mein guter Genius. – Obgleich ich nun einen Duell mit F. nicht fürchte, so wäre es mir doch sehr unangenehm, ihn diesmal in Gossow zu treffen. Denn es ist mir unerträglich, im Paradies, wo alles so gütig ist mir wohlzuwollen, eine Person zu wissen, der ich ein Dorn im Auge bin.

---

* Fix ist Thaddens Freund Fritz von Burgsdorff[9]

Diesen Nachmittag bin ich entschlossen, wenn ich Pferde bekommen kann, nach Regenthin zu reisen. Ich habe dort einige Geschäfte, wozu ich heute und morgen am schicklichsten anwenden kann, da das schlechte Wetter meine Arbeit doch behindert.

Und ich bin auch wirklich ganz gern auf kurze Zeit bei Landjägers, denn es sind meine wahren Freunde, die ich wirklich liebe. – O mein Henrinchen, könnte ich statt nach Regenthin nur heute zu Dir fliegen. – Die böse weite Entfernung – wäre Gossow um sechs Meilen von hier, so hätte ich Dich diesen Mittag überrascht. So aber muß ich meine Wünsche unterdrükken – und kann nur dies kalte, fühllose Papier mit den heißesten Versicherungen meiner Liebe zu Dir anfüllen.

Montag früh, 10.00 Uhr

Statt gestern von Regenthin zurückzukommen, bin ich, meine Einzige, erst diesen Morgen zurückgekehrt. Die Ursach dieser Verzögerung war, daß es mir gestern zu gut in Regenthin gefiel, hauptsächlich aber weil des Landjägers Schwester, eine Frau schon bei Jahren, mit mir hierher zum Besuch bei Oberförsters fahren wollte. Ich habe daher gestern nicht an Dich schreiben können, meine Theure, und ich versichere, daß es mich ordentlich schmerzte, und daß, da die gewöhnliche Schreibstunde kam, ich ordentlich unrastig wurde. Desto mehr aber habe ich mich durch immerwährendes Denken und Reden von meiner besten, theuersten Freundin entschädigt.

Doch nun zur Fortsetzung meines Tagebuchs. Sonnabend nachmittags um drei Uhr fuhr ich von hier weg und kam um sieben Uhr ganz unvermutet in Regenthin an. Landjägers freuten sich herzlich mich zu sehen, wir aßen und setzten uns nachher um den traulichen Kamin. Der Landjäger lenkte das Gespräch auf meine letzte Reise zu Marwitzens, die er erfahren hatte; und die ihm, da er mich ziemlich kennt, etwas unwahr-

scheinlich vorkam. Ihm, meinem teilnehmenden und interes-
sierten Freunde und seiner Frau, machte ich daher unter dem
Siegel des Stillschweigens mein Glück und den Endzweck meiner letzten Reise bekannt. Nun hättest Du die Freude dieser
guten Menschen sehen sollen, der Landjäger, der sonst sehr
ernst und solide ist, wurde ganz ausgelassen, er ließ eine Flasche sehr schönen Burgunder heraufholen, die wir drei noch auf
Dein Wohl leerten. Landjägers wünschen nun nichts mehr, als
daß ich ihr Forstmeister werden sollte, und ich gestehe, daß
nach Cartzig es mir hier auch am liebsten wäre. Wir haben
schon den Fleck zur Erbauung eines Hauses nebst einigem Ak-
ker ausgesucht und entwarfen die schönsten Pläne für die Zukunft. Gestern früh fingen wir das Gespräch wieder an, wo wir
abends um zwölf aufgehört hatten.

Unvermutet kamen zu Mittag Fremde, die uns bei diesen
Umständen vorzüglich unangenehm waren.

Gegen Abend haben wir indessen noch das Kapitel über den
Ehestand abgehandelt. Der Landjäger gab mir die weisesten Regeln für den Ehestand, seine Frau klagte ihn aber an, daß er sich
sehr gegen die ersten Jahre ihrer Ehe geändert und jetzt vor lauter Geschäften wenig Zeit ihrer Unterhaltung schenkte. Sie behauptete, ich würde einmal ein ganz anderer Ehemann in dieser
Hinsicht werden, – und ich nahm mir auch heilig vor, diese
Prophezeiung dadurch wahr zu machen, daß, wenn ich auch
noch so viele Geschäfte haben sollte, ich mich doch einige
Stunden des Tages mit Gedanken und Handlungen losreißen und
diese ganz meiner Henrine geben werde. Der Landjäger hat mir
noch aus wahrer Affection ein kleines Flacon voll köstlichem
Rosenöl für Dich, mein geliebtes Leben, geschenkt, das er aus
Frankreich mitgebracht und bis jetzt als Reliquie aufbewahrt
hat. Ich wage es nicht der Post anzuvertrauen, will es Dir daher
lieber selbst überbringen. Diesen Morgen vor einer Stunde
langte ich wieder hier an und war noch willens, nach der Forst
zu gehen. Meine Arbeiter haben aber, da sie mich diesen Mor-

gen nicht fanden, andere Arbeiten übernommen, und ich sah mich daher genötigt zuhause zu bleiben. Das ist mir vorzüglich deshalb unangenehm, weil Frau Forstmeisterin H. mit ihrer Tochter hier ist, in deren Gesellschaft ich mich nun diesen Mittag langweilen muß. Heute abend mehr, mein guter Engel.

Montag abend

Dank Dir, meine einzige, prächtige allerliebste Henrine, für die lieben Zeilen, womit Du mir heute ganz unverhofft eine ganz unsägliche Freude gemacht hast. Zwar hatte ich so eine kleine, ganz schwache Hoffnung, als ich den Johan nach der Post sandte. Aber sie war wirklich sehr schwach. Daß Du Gute so oft für meine Freude hier sorgen würdest, das konnte ich wirklich nicht so eitel sein zu erwarten, aber meine Henrine kennt mich und nährt gleiche Gelüste mit mir – das zeigt mir ihr tägliches Schreiben ... und ich hoffe daher auch, daß mein prächtiges Mädchen sich nicht durch Papas kalte Einwendungen verleiten wird lassen, wenn es ihr sonst Vergnügen macht, mir nur alle acht Tage einmal Nachrichten zuzusenden. Papa muß die schöne Zeit, wo er in meiner Lage war, schon ganz vergessen haben, sonst würde er nicht so urteilen. – Da habe ich nun wieder Deinen theuren Brief gewiß zwanzigmal hintereinander durchgelesen, und dennoch bleibt er mir neu, rührend und interessant. Was können denn Deine Briefe für mich interessanteres enthalten als die Versicherung Deiner Liebe; nicht nur 22 mal, nein jede Stunde meines Lebens könnte ich das lesen, ohne Langeweile zu empfinden. Sei daher nicht bange, mein Bräutchen, für den Stoff zu Deinen Briefen. Ähnlich werden sie sich freilich, so wie die meinigen, immer sein, aber ... Das Herz und die Gedanken sind ja überdem ein so weites Feld der Unterhaltung, und wenn man vom Herzen zum Herzen schreibt, so ist der Stoff immer interessant.

An dem Übel Deines vortrefflichen Mütterchens – ach, dürfte

ich sie auch erst mein Mütterchen nennen – nehme ich den wärmsten Anteil und wünsche ihr von ganzem Herzen Besserung. Meinem guten lieben Falkenwalder Tantchen sowie auch Sophiechen versichere ich ebenfalls ein für allemal täglich meine herzlichste Empfehlung. Ich kann mir Gossow nie ohne diese beiden vortrefflichen Seelen denken und erinnere mich ihrer stets mit den heißesten Wünschen für ihr Wohl.

Daß Du Dich meiner im Walde so lebhaft erinnert hast, und für den liebevollen Wunsch, mir beim Abschätzen immer den Arm unter den Kopf legen zu können, danke ich Dir, mein theures Jettchen, mit gerührtem Herzen. Was würde aber das Forstdepartement dazu sagen, denn wie würde meine Arbeit ausfallen, wenn Du Engel mich durch Deine Gegenwart beständig von diesem ekelhaften Geschäft weg und in den Himmel zaubertest.

... Papa und Mama meine beste Empfehlung. Morgen geht dieser Brief mit der fahrenden Post ab, Du erhältst ihn also wahrscheinlich erst Donnerstag. Freitag gebe ich eine neue Sendung zur Post.

Nun Lebewohl, Einzige, über alles Geliebte. Wohl mir, daß ich mich mit unaussprechlicher Liebe nennen darf,

Dein
ewig treuer
Carl

O mein Himmel, in drei Tagen konnte ich meinem über alles Geliebten nicht ein Wörtchen sagen, Dein theures geliebtes Bild, welches mich jeden Augenblick umschwebte, könnte die Seufzer, die dies Deiner Henrine entlockte, bezeugen. In der That, ich habe in diesen Tagen viel gelitten, ich fühlte eine solche Leere und bange Sehnsucht, von denen mich jetzt, ohne Unterhaltung mit Dir, keine Zerstreuung der Welt mehr befreit, glaube ich. Heute halte ich mich nun aber auch für mein Stillschweigen schadlos, ich hole alles Versäumte nach und fahre in meinem Tagebuch, welches am vorigen Sonnabend aufhörte, fort. Erst aber muß ich meinem Engel für den gestern erhaltenen Brief danken, tausendmal küsse ich Dich in Gedanken für die große Freude, welche Du mir damit machtest. So lieb habe ich noch kein Papier gehabt, wie oft habe ich diesen Zeugen meines Glücks schon an mein Herz gedrückt.

Am Sonnabend, nachdem ich Deinen Brief abgeschickt hatte, fuhren wir unserem Vorsatz gemäß nach Falkenwalde und von dort aus nach Sellin. Eigentlich war ich an diesem Tag zwar wohl etwas betrübt, da ich mich in der schönen Hoffnung, einen Brief von Dir zu bekommen, getäuscht fand. Ich glaubte mich durch Dein Versprechen, am Donnerstag wieder ein Schreiben an mich abzusenden, zu dieser süßen Erwartung sehr berechtigt und bedachte in meinem frohen Wahn nicht die Langsamkeit der Posten. Denke Dir den gütigen Papa, der, um mir eine Freude zu machen, am Sonntag einen Boten nach Küstrin schickte, um Deinen Brief von dort abholen zu lassen. Er war aber auch da noch nicht angekommen, und so war jede Hoffnung dazu für mich bis zum Dienstag dahin. Sophiechen und die kleine Frau Tanten machten sich in dieser Zeit manchen Spaß und prophezeiten mir wegen des berufenen Picknicks noch sehr lange keinen Brief von Dir. Die Holzhauern und Lottchen sollten mir durchaus Sorgen machen. Aber Dein Mäd-

chen ist sehr stolz – meine unaussprechliche Liebe läßt mich
so fest an der Deinen glauben, daß mir das Gefühl der Eifersucht gewiß dadurch ewig fremd bleibt ...

Aber nun höre, gegen Abend bekam mein Mütterchen einen
Brief von unserem Wilhelm*, worin er ihr seine und Flemmings Ankunft am 8. meldet.

Er schreibt, Flemming müsse am 8. zuhause sein, und da er
so sehr wünschte, in seiner Gesellschaft zu reisen, und da er
denn wegen seiner verspäteten Ankunft nur ein Collegia mit
Nutzen habe hören können, wenig versäumte dadurch. Morgen
also ist unser Brüderchen bei uns, wozu ich mich wirklich diesmal doppelt freue, da ich weiß, welch herzlichen Teilnehmer
mehr ich durch die Einweihung in unserem Geheimnisse an ihn
habe. Er wird sich sehr freuen, zwar wird uns Flemmings Gesellschaft etwas bei unserm Vergnügen hierüber stören, da er
gewiß nicht zum confident erwählt wird, indes kann er ja höchstens nur zwei Tage bei uns bleiben, wenn er zur bestimmten
Zeit zuhause sein will. O wie unglaublich oft werde ich in diesen Tagen seines Hierseins an Dich, meinen treuen Geliebten,
denken, mit erneuter, doppelter Herzlichkeit werde ich die Vorsicht für das schöne Los danken, welches mir zu Theil ward,
und gewiß wird der leichtsinnige Flemming mir Dein schönes
treues, liebevolles Herz, das Du mir, Deinem beglückten Mädchen schenktest, noch mehr schätzen lehren.

Mit der möglichsten Aufrichtigkeit werde ich Dir auch in
diesen Tagen mein Tagebuch schreiben.

Den Montag fuhren wir von Sellin wieder zurück nach Falkenwalde. Auch hier war mir das Schreiben unmöglich. Die
Herren gingen wegen dem üblen Wetter an diesem Tag nicht
auf die Jagd. Auf welch eine unwürdige Art wurde ich da an
Dich durch Anspielungen der Onkels erinnert. Pfui, noch heute
könnte ich mich darüber ärgern. Denke Dir den häßlichen, ab-

---

* Henrines Bruder, siehe Namensreg.[19]

scheulichen Anblick, den wir hatten. Der Schreiber Vogel hatte seine Frau fürchterlich geprügelt, und diese lief nun einer Furie ähnlich mit fliegendem Haar und ganz blutigem Gesicht im höchsten Zorn auf den Hof umher. Es sah wirklich schrecklich aus. Wie schon gesagt, meinen Onkels gab dies zu manchem Witz Anlaß, sie sprachen von Warnungen und ähnlichem Schicksal, worauf ich ihnen endlich versichert habe, daß in dem Augenblick, da ich drei sich blutig und halb tot geschlagene Ehepaare gesehen, ich dennoch mit Dir mich glücklich schätzen würde, vor den Traualtar zu treten. Wirklich war außer Mitleiden bei diesem Anblick der Gedanke an mein Glück, mein erstes Gefühl, es scheint mir unmöglich, Dich je böse auf mich zu sehen. Ein ernster Blick von meinem sanften Carl wird mich immer an meine Pflicht erinnern und jede böse Neigung in mir unterdrücken. Ich bin gewiß für so ein hartes Schicksal gesichert, und das einzig und allein durch Dich, wer weiß ob ich an der Hand eines weniger guten Gefährten nicht ebenso schlecht geworden wäre, wie ich jetzt durch Dein Beispiel gut sein werde. Siehst Du, so mahnt mich alles an meinem Glück, beinahe möchte ich sagen, jene tragische Scene trug zu meinem Frohsinn noch bei, vergnügt war ich ohnehin schon mehr wie gewöhnlich, da ich am andern Tag wieder einen Brief von Dir erwarten konnte.

... Ich eile Dir dies zu schreiben, um meinen Brief mit einer Gelegenheit noch heute nach Bärwalde zu besorgen. Dein Wunsch, recht oft von mir zu hören, verleitet mich heute wieder, dem Verbot des Papas zuwiderzuhandeln. Allein, ich mußte Dich ja von der Ankunft meines Bruders benachrichtigen. Das einzige, was mich heute sehr in Verlegenheit bringt, ist, daß Papa, der heute und morgen in Sellin ist, wo mehrere Fremden sind, nicht die Adresse auf diesen Brief machen kann. Ich wage es selbst zu thun, einmal wird ja den Leuten so auffallend nicht sein.

Ganz traurig und in wehmüthiger Erinnerung eingewiegt saß
ich, mein Henrinchen, diesen Nachmittag vor meinem Schreibtisch und sah Sturm und Regen an meine kleinen trüben Fenster schlagen. Ich hatte zwar Johan nach der Post geschickt, allein ohne Hoffnung, heute schon einen Brief von meiner über
alles Geliebten zu bekommen. Schon auf seinem Gesicht auf
dem Hofe las ich bei seinem Zurückkommen, daß er mir eine
fröhliche Botschaft zu bringen hatte. Frohlockend trat er ins
Zimmer, und auf meine Frage, ob Briefe da wären, antwortete
er schmunzelnd, ja, und noch dazu recht was Schönes, – ich
kenne bereits das Wappen. Dabei legte er mir Deinen Brief auf
den Tisch ... Deine Bemerkung über die Vogelsche Ehestands-
scene haben mich innig gerührt. Nein, meine Theure, solche
grasse Scenen können Dich gewiß nicht mit Mißtrauen gegen
die Zukunft erfüllen, denn was müßte ich wohl für ein Scheusal
sein, wenn ich meinem gütigen Engel je ohne Liebe und Achtung begegnen sollte. Daß Du aber so güthig bist, meinem
Beispiele Dein zukünftiges Gutbleiben zuschreiben zu wollen,
daran ist wirklich eine zu große Bescheidenheit schuld. Nein,
laß mir den Glauben, der felsenfest bei mir eingewurzelt ist;
hätte mein Jettchen auch einem Satan ihre Hand gegeben, er
wäre an ihrer Seite zum wohltuendsten, tugendhaftesten Wesen
geworden. Ja, ich fühle stündlich, wie mich Dein Besitz besser
macht und meine Gedanken und Handlungen läutert.

... In aller Eile muß ich Dir nun noch erzählen, daß unser guter Wilhelm und Flemming heute um 2 Uhr angekommen sind. Beide äußerst wohl und munter, jedoch ist es Flemming weniger wie gewöhnlich. O hättest Du doch Dich heute mit mir über die freundliche Theilnahme meines guten lieben Bruders freuen können. Der alte solide Herr gerieth, da ich ihn, sobald uns Flemming nach Tisch einen Augenblick allein ließ, von meinem Glück unterrichtete, ganz in Extase und fiel mir gerührt um den Hals. Mehr muß sich noch niemand zu seinem Schwager gratuliert haben wie ich, meinte er.

Der heutige Tag ist mir sehr schnell vergangen. Vormittag bin ich sehr fleißig gewesen und Nachmittag gab es manche Zerstreuung. Papa kam von Sellin her und brachte einen dort anwesenden Frankfurter Officier mit her, ach, und dann bekam ich Deinen Brief. Jetzt ist es sehr spät, ich darf Dir heute nicht mehr als die süßeste Ruhe wünschen, die mir, wenn ich mit dem Gedanken an Dich einschlafe, gewiß nicht entgeht. Morgen wirst Du viel von mir hören.

Freitag vormittag

Freilich hatte ich gestern sehr recht, wenn ich auf einer schönen Nacht rechnete, zwar schlief ich sehr wenig, denn ich war sehr echauffiert und hatte Kopfschmerzen, desto mehr Zeit hatte ich aber, Deinen Brief immer wieder von neuem zu rekapitulieren. Gern entbehrte ich einige Stunden Schlafs, um mir alle die Beweise Deiner Liebe zu wiederholen, womit Du heiliger Engel mich zur Schwärmerin machen könntest. Unendliches Vergnügen gewährte mir besonders wieder die Bemerkung, wie unsere Gedanken und Gefühle auch sogar beim Schreiben immer simpathisieren. Mir deucht, ich sagte Dir so manches auch in meinem Briefe, was Du zu derselben Zeit vielleicht auch dachtest, und so auch umgekehrt, so z. B. die innere Unruhe, mit der auch ich zu Bette gehe, wenn es mir den ganzen Tag nicht vergönnt war, mich Deiner Liebe aufs neue durch Beteuerung der meinen zu vergewissern. Ich komme mir dann wieder so gewöhnlich vor, das unbeschreibliche Gefühl von Stolz, Dankbarkeit und innerer Zufriedenheit, das mir durch Deine Liebe wird, finde ich gleichsam dadurch beleidigt. Nein, ich kann es um meiner selbst willen nicht lassen, mich alle Tage einmal innigstens in meiner ganzen Glorie zu sehen, das heißt mit einem Engel von der reinsten innigsten Liebe zu sprechen und sie Dir immer aufs neue, für die Ewigkeit zu geloben ...

Sonnabend morgen

Soweit war ich gestern gekommen, als ich abgerufen wurde. Unmöglich war es mir, nachdem noch wieder ein glückliches Viertel Stündchen mit Dir zu verleben. Gleich nach Tische kamen Sydow und Arnote aus Bärwalde zu uns. Auch Papa, Mama und die Falkenwalder Gesellschaft besuchten uns. Um 11 Uhr waren wir erst wieder allein ... Auf den Abend haben wir eine ganze Weile getanzt. Mütterchen, Sophiechen und Flemming haben abwechselnd dazu musiziert. Letzterer war gestern sehr unwohl und daher noch stiller als vorgestern. Mein Brüderchen ist dafür umso lustiger ...

Flemming erkundigte sich gleich vorgestern sehr höflich bei mir nach Dich. Überhaupt scheinen sich seine Gesinnungen gegen Dich sehr geändert zu haben ... Der Himmel weiß, woher diese plötzliche Änderung kommt, oder was er damit sagen will – ich weiß nur so viel, daß es mir doch zu einer großen Beruhigung dient, wenn es auch nicht so ganz sein Ernst wäre, wie es scheint. Die Erzählung Deines Traumes, versichere ich Dich, verursachte mir einen eiskalten Schauder – nein, zusammen darf er nicht mit Dir sein, dies Glück hat er sich durch sein erstes unverzeihliches Betragen verscherzt ... Zum Wiederkommen wird er mit keinem Wörtchen geladen.

Gestern morgen erzählte er uns beim Frühstück, er habe das Glück gehabt, Deinen Vater in der Entfernung von einigen Schritten, wie der König jetzt das letzte Mal durchgefahren sei, zu sehen. „Wirklich, ich habe noch nicht einen alten Mann mit einem so ehrwürdigen schönen Gesicht gesehen, sein Äußeres soll aber ganz dem Inneren entsprechen, es soll ein außerordentlich guter Mann sein. In Halle liebt ihn jedermann. Auch der König muß viel von ihm halten, er schlug allen anderen seine Unterhaltung ab, mit ihm hat er aber eine ganze Weile gesprochen. Der General Renouard hat dieses sehr übel genommen."

Hättest Du nur die stolzen Blicke Deines Mädchens hierbei gesehen, womit ich eben eigentlich jedesmal um mich sehe, wenn nur von Dir die Rede ist ...

Seitdem ich Deinen letzten Brief las, worin Du Dich einen Tag so über Augenschmerzen beklagst, bin ich eigentlich sehr in Sorgen. Ich fürchte, das viele Schreiben ist besonders nachteilig für sie, und so mag das Tagebuch, womit Du mir zwar unendliches Vergnügen machst, sehr zu ihrem Verderben beitragen. Diese Besorgnis veranlaßt mich zu dem wirklich heroischen Entschluß, Dich recht ernstlich anzuflehen, mir nur täglich einige Zeilen zu schreiben, mir dies wenige aber recht oft zuzuschicken, und ich werde in der Beruhigung, Dir für jetzt und künftig viel Schmerzen erspart zu haben, gewiß Entschädigung für dieses Opfer finden; auch übrigens erzählst Du mir, wenn Du bei uns bist, dafür desto mehr.

Flemming reist morgen früh ab. Von unserer heutigen Lebens-
weise weiß ich dir garnichts zu sagen. Wir haben vorm Kaminfeuer wie gestern gelebt. F. ist den Vormittag fast immer auf
die Jagd gewesen. Nachmittag hatten wir wieder auf kurze Zeit
Besuch von Sydow und Arnote. Zu meiner Freude bleiben sie
aber nicht lange. Übrigens glaubst Du nicht, wie gut diese eigentlich doch etwas gefürchteten Tage uns hingegangen sind.
Ich weiß nicht, wir sind in dieser kurzen Zeit gar nicht recht bekannt wieder geworden. Die Unterhaltung war immer allgemein, und so hatte unser Gast garnicht Gelegenheit, seine Her-
zensgesinnung gegen einer oder der anderen zu äußern – er hat
sich gegen uns beide, glaube ich, ohne alle Auszeichnung betragen – sozusagen recht nach Wunsch.

Sellin, Dienstag nachmittag

Eiligst danke ich, mein süßes Thadchen, noch für Deinen Brief,
den ich kurz vor Tisch erhielt – mein Brief muß fort.

Heute, mein einzig bestes Jettchen, habe ich auf einen recht fleißigen Tag einen recht traurigen Abend erlebt. Deine gütigen, immer so pünktlich eingetroffenen schriftlichen Beweise Deines Andenkens haben mich so verwöhnt, daß ich die feste Hoffnung hatte, einen Brief von Dir diesen Abend vorzufinden. Den ganzen Tag nährte ich diesen süßen - Wahn und mußte mich ordentlich zwingen, bis gegen Sonnenuntergang bei meiner trockenen Arbeit zu verweilen. Endlich schlug die Stunde meiner Erlösung, und nun hättest Du, mein Engel, sehen sollen, wie ich nach Hause lief. Die anderthalb Meilen [= 12 km], welche ich von hier entfernt war, endigte ich in 1 1/4 Stunde. Ganz athemlos stürzte ich auf den Hof, schon hatte ich die Handschuh im voraus ausgezogen, um Deinen lieben Brief desto schneller erbrechen zu können, mit der äußersten Heftigkeit öffnete ich mein Zimmer, schon strecke ich die Hand nach dem Tische aus, worauf gewöhnlich Deine Briefe liegen, aber der Tisch war – leer. Da stand ich mit einem innigst betrübten Gesicht über die Fehlschlagung meiner noch vor einer Minute so sicheren, süßen Hoffnung. Meine erste Empfindung war der heftigste Zorn gegen die Nachlässigkeit der Postoffizianten, da ich fest glaube, daß Du, mein Henrinchen, Dienstag gewiß etwas für mich auf die Post gegeben hast. Mein zweiter, aber nur ganz flüchtiger Gedanke, muß ich zu meiner Schande bekennen, war, daß meine Geliebte über Flemmings Gesellschaft etwas ihren Carl vergessen habe – jetzt aber, da ich zu mehr ruhiger Überlegung gekommen bin, scheint es mir wahrscheinlich, daß der Brief nicht mit der reitenden Post gegangen ist und ich ihn daher erst Sonntag erhalten werde, oder daß mein gütiger Engel durch Zerstreuungen abgehalten worden ist, an diesem Tage einen Brief abzusenden ...

Diesen Tag habe ich wieder unter gewöhnlichen Arbeiten und unaufhörlichem Denken an Dich, meine Vielgeliebte, zugebracht. Diesen Morgen war ich etwas melancholisch gestimmt und muß mich heute abend, da ich zu ruhiger Besinnung gekommen bin, vor Deinem Richterstuhl anklagen.

Sollte ich auch befürchten müssen in Deiner Liebe zu sinken, so ist es mir durchaus unmöglich, irgendeinen Fehler oder eine Tugend von mir vor Dir, meiner Einzigen, versteckt zu halten. – Ich war also diesen ganzen Morgen niedergeschlagen und voll kummervoller Gedanken. Indem ich so recht ernstlich über die Ursach Deines Stillschweigens nachdachte, fiel mir nehmlich plötzlich die Idee auf, Du wirst doch Deiner Henrine nicht etwa Gelegenheit gegeben haben, etwas übelzunehmen. Nun überdachte ich alle Äußerungen in meinen Briefen und fand endlich dreierlei heraus, was Dich hätte beleidigen können. Erstens die Bitte, Deine Briefe an mich nicht zu kopieren, die ich in einem Anfall von froher Laune etwas satirisch eingekleidet hatte. Zweitens, daß ich Landjägers unser Verhältnis anvertraut habe. Drittens, was mir am wahrscheinlichsten schien, daß Dein Mütterchen über den zu vertraulichen Ton in meinen Briefen gezürnt und Dir das Antworten untersagt habe. – Jetzt schien mir Dein Stillschweigen auf einmal erklärbar, und ich fühlte mich in der That höchst unglücklich. – Zürne nicht, mein theures Leben, über dieses Mißtrauen, ich liebe Dich zu sehr, um nicht bei dem kleinsten zweifelhaften Ereignis zu zittern, aber sei versichert, ich werde mir diesen Fehler abgewöhnen. Ich bin gar zu oft in meinem Leben von Menschen, die ich für meine besten Freunde hielt, betrogen worden, und da hat sich eine Art von Mißtrauen in meinen Charakter eingeschlichen, das im ganzen mich gegen die zu voreiligen Freundschaften schützt, oft aber, wie heute, sehr übel angebracht ist. Zwei Stunden vergingen, ehe mein Herz den Sieg über die düsteren

Eingebungen einer kalten Vernunft davontrug, dann aber siegte das Vertrauen und der Glaube an meines Jettchens Liebe vollkommen, und ich lachte zuletzt über diese einfältigen Vorstellungen. So wird auch Deine himmlische Liebe mich dadurch besser machen, daß sie mir Vertrauen zu andern Menschen wiedergibt. Hätte ich nun vollends meinem Jettchen nur einmal diesen Morgen in ihr unschuldiges wahrheitssprechendes Auge gesehen, so wäre meine Melancholie gewiß gar nicht zur Herrschaft gekommen. Kurz, meine Theure, vergib mir diese Fehler und entziehe mir wegen des reuevollen Bekenntnisses Deine Liebe nicht – ich will mich gewiß bessern, das verspreche ich Dir.

... Heute habe ich zwölf Stunden gearbeitet und bin völlig abgespannt, ich eile der Ruhe entgegen.

Sonnabend abend, d. 17.

Vorige Woche machte mir ein glücklicher Traum eine recht große Freude. Ich träumte, ich erhielte einen Brief von Dir, meine beste Henriette, der vom Mittwoch den 14. September datiert und zwei ganze Bogen lang war. Meine Freude war unbeschreiblich, als ich aber eben zu lesen anfangen wollte, erweckte mich ein unglückliches Gestirn. Es war noch ganz finster, und ich fühlte sehr heftige Kopfschmerzen. Einige Stunden lag ich ohne einschlafen zu können, und überdachte in dieser Zeit alle die Freuden, die mir in der kommenden Woche bevorstehen. Endlich schlief ich wieder ein und befand mich diesen Morgen wieder besser. Beim Frühstück las ich – darauf spielte ich ein wenig Clavier und arbeitete darauf. Um 11 Uhr kam der Landjäger und der Oberförster, und wir fingen ein Trio zu rauchen an. Bald darauf kam auch die Landjägerin und Madame Enig, vor denen ich Cour bei der Toilette machen mußte, denn ich befand mich noch im äußersten Negligé. Du siehst, mein Henrinchen, daß die Damen große Stücke auf mich halten,

nicht einmal des morgens bei der Toilette lassen sie mich ungestört. Doch befürchte nichts, mein Engel, ich sehe alle Damen
außer einer nunmehr mit gleichgültigem Herzen an ...

Für heute muß ich schließen, mein Henrinchen, meine fata-
len Augen nehmen gar keine Rücksicht auf die Sehnsucht meines Herzens, sich mit Dir zu unterhalten. Sie thun mir so weh,
daß ich heute das Schreiben einstelle und mich mit dem Denken
an mein einziges geliebtes Mädchen begnügen muß.

... In der That, ich glaube, trotz unserer bösen Trennung sind unsere Seelen wie unsere Herzen ewig vereint. Könnten es unsere Hände und Lippen doch auch nur alle Tage einmal sein – so innig ich die Unmöglichkeit dieses letzten Wunsches bedauere, so süß ist mir doch auch der Gedanke, daß doch mit der Zeit auf die Erfüllung desselben fest zu hoffen ist, und daß mir alsdann, glaube ich, gar nichts zu wünschen übrig bleibt.

O wenn ich das glückliche Loos, welches mir der Himmel von meiner frühesten Jugend an zu Theil werden ließ, so recht bedenke, wenn ich denke, wie mir alle meine Jahre bis jetzt eigentlich in ewiger Freude und Zufriedenheit, in der Gesellschaft und zartesten Freundschaft meiner geliebten vortrefflichen Mutter, vergiengen, so könnte ich aus der dankbarsten Rührung weinen, für diese schöne Vergangenheit; blicke ich nun aber gar in die Zukunft, – sehe mich auf immer unzertrennlich mit meinem angebeteten Freunde vereint – so ganz glücklich –, dann weiß ich die Vorsicht auf keine würdigere Art für dies beneidenswerthe Schicksal zu danken, als mich dem Bestreben, recht gut zu sein und nur für Dein Glück zu leben, ganz zu ergeben ...

Doch jetzt die Fortsetzung meines Tagebuchs.

Bis Montag abend hast Du uns in Deinem letzten Brief begleitet. Gestern Morgen gegen 10 Uhr fuhren wir hierher. Flemming reiste mit uns zugleich ab. Wir schieden, wie es schien, obgleich die Aussicht, uns bald wiederzusehen, uns gänzlich fehlte, alle ohne besondere remords voneinander. Vom Wiederherkommen war gar nicht die Rede, als das Mütterchen beim Abschied sehr höflicherweise sagte: Wenn Sie einmal vielleicht wieder in die Gegend kommen sollten, so hoffe ich, Sie reisen uns nicht vorbei. Unsere Reise nach Markau ist ihm schon Ende September angekündigt. Er soll meinem Geliebten keine Stunde bei uns trüben. Ob er übrigens von unserem Verhältnis etwas gemerkt hat, habe ich nicht ergründen können. Er ist fort, und ich darf jetzt hoffen, daß mein Carl an unseren Zirkel freundlicher denkt, wie es vielleicht seit einigen Zeiten geschah. – Auch ich kann in unserem friedlichen heiteren Gossow wieder ungestört von Dir, unserer Liebe und der Zukunft mit unseren Vertrauten sprechen, ich darf endlich wieder einmal sagen, was ich immer denke.

Gossow, Freitag vormittag, d. 16.9.

Obgleich Deine Henrine sich heute äußerst schwach befindet, so kann ich mir es doch nicht begeben, ein Wörtchen mit Dir zu reden; da mein Körper leidet, muß ich das Herz dafür desto besser pflegen, vielleicht läßt Deine Nähe, die Wonne Deiner Unterhaltung, mein Theuerster, mich jeden Schmerz vergessen, umso leichter wird dies sein, da es gar so arg mit meinem Übel nicht ist. Im Geist sehe ich Dich neben Deiner freundlichen Theilnahme bei der Erzählung meiner Krankheit auch lächeln. Höre die tragische Geschichte: Mein Mütterchen hat mich seit einigen Tagen schon immer wieder zugeredet, mir Ohrlöcher stechen zu lassen, da sie glaubt, Du möchtest es lieber leiden. Sowie wir heut von Sellin zurückkommen, eile ich es zu thun, damit zu Deiner Ankunft die Ohren wieder besser sein sollen. Mit vieler Angst im Herzen aber großer Standhaftigkeit ließ ich mir das erste stechen – und fand, daß es gar nicht so sehr weh that, wie ich mir einbildete, indes war mir doch so besonders zu Muth, und denke Dir Dein weichliches Mädchen, wie das zweite gestochen ist – überfällt mich eine solche Ohnmacht, daß ich zehn Minuten ganz bewußtlos blieb und mich erst in einer Stunde wieder ganz erholte. Ich schäme mich unglaublich dafür – und würde es noch mehr, wenn ich nicht fest überzeugt wäre, daß der Schmerz wirklich zu klein war, um die eigentliche Ursache allein davon zu sein. Eher messe ich es der gewaltigen

Angst, die ich vorher hatte, bei und dem Fahren, welches ich nie recht gut vertragen kann. Jetzt befinde ich mich außer etwas Mattigkeit und Kopfschmerzen besser, und der Gedanke, daß mein Carl mich doch gewiß bedauert, wenn Du dies liest, läßt mich alle Ohnmachten vergessen, besonders wenn Dir meine Ohrlöcher gefallen werden.

Noch diesen Morgen habe ich zu meinem Vergnügen Dein letztes Schreiben gewiß zum zehnten Mal wieder durchgelesen. – Besonders schmeichelte mich aber wieder Dein Zutrauen, womit Du mir das ungünstige Verhältnis mit einem Teil Deiner Familie meldest, umso mehr, da ich mir fest vorgenommen hatte, Dich bei unserem nächsten Zusammensein danach zu befragen, weil ich durch Florio so etwas davon gehört habe.

O mein Geliebter, ich will Dich für alle diese Unwürdigen mitlieben, vielleicht verbannt die unbegrenzte Achtung Deines Mädchens die trüben Stunden, die Deinem zartfühlenden Herzen hierdurch zuweilen entstehen mögen.

Gossow, Sonntag vormittag,
                              den 9. Oktober 1803
              (nach einem Zusammensein vom 22.9.–9.10.)

... Mögtest Du, mein theurer Geliebter, mich doch heute nicht
so vermissen wie ich Dich. Krügerchen* fühlt sich heute sehr
verlassen. Morgen hoffe ich schon etwas getrösteter zu sein,
und dann wird Dein starkes Mädchen Dir mehr sagen als heute,
da ich zwar sehr sehr schwach, sehr wehmütig, aber doch beneidenswerth glücklich bin.

                                        Montag vormittag

Beinah ist es heute noch ebenso mit Deiner Henrine. Das Herz
geht mir noch immer so ängstlich und sehnt sich vergebens
nach dem über alles Geliebten – indes finde ich doch schon eine
süße Beruhigung in der Rückerinnerung an die vergangenen
Tage, und mit dem innigsten Vergnügen will ich Dir heute
Deinem Wunsch gemäß von jedem der herrlichen, mit Dir hin-
gebrachten Tage etwas erzählen.

Donnerstag mittag, den 22. September, war mir die schönste, freudigste Überraschung meines Lebens durch Deine Ankunft – nach Mittag kam Papa auf ein Stündchen, und Sydow
vertrieb uns eine ganze Weile im roten Kabinett. Abends spieltest Du etwas Clavier, und hernach saßen wir am Kamin und
aufs Sofa. Mütterchen und Wilhelm spielten Karten. Freitag zu
Mittag kamen die Falkenwalder – wir hatten uns sehr mit dem
Anziehen verspätet. Nachmittags spieltest Du viel Clavier –
ich saß zum ersten Mal dabei auf Deinem Schoß –, Du sangst
unter anderem auch die Maria Stuart. Gegen Abend kamen Papa
und Mama. Sonnabend halfst Du mir noch etwas Wein im Kel-

---

* „krügern", das Verb hat die Bedeutung „schmusen".

ler abziehen*. – Michel überraschte uns hernach in der Logier-
stube, wo wir uns auf den großen Stuhl gesetzt hatten. Nachmittag machten wir die abscheuliche Fehlpromenade nach Falkenwalde. Sonntag morgen war erst Sophiechens Geburtstags-
feier, dann kam der wichtige Actus in der Schlafstube mit Papa.
Zu Mittag kam Stich[25]. Nachmittags mußtest Du viel musizieren. Abends tanzten wir erst etwas – Ulkchen** holte der Teufel
im Saal, und hernach spieltest Du Whist. Montag morgen
giengen wir spatzieren, den Nordhäuser Weg, Papa entgegen.
Nachmittags giengen wir mit Stich auf die Jagd. Den Abend
brachten wir so als den vorigen zu. Dienstag morgen wurde
wieder promeniert und vormittag Stich entgegengegangen.
Abends, deucht mir, wieder Whist gespielt. Mittwochs vormittag den Belgenschen Weg herauf spatzieren gegangen, und
Nachmittag brachten wir in dem Ellern Gebüsch am Falkenwalder Weg zu. Unterwegs ereignete sich auch die petit-tour-
Geschichte mit Sophiechen. Gegen Abend kamen die Eichhor-
ster.***

Donnerstag vormittag brachten wir etwas steifer als gewöhnlich hin. – Nachmittag saßen wir eine ganze Weile in unserm
Toilettenzimmer, zuletzt kam Stich zu uns und flunkerte Dir
gewaltig viel vor. Abends tanzten wir sehr viel. Stich erteilte
uns den Quadrille-Unterricht. Hernach wurde Pharo gespielt.
Freitag vormittag sangst Du uns viel Schönes vor. Jedem eine
erbetene Arie. Zu Mittag kam der Hofrath Picht. – Wir saßen
sehr lange bei Tische und ließen Lanken und Sydow vergebens
auf uns harren. Wir beide begaben uns nach Tisch lange Zeit in
die Steinstube. Hernach setzten wir uns aufs Sofa und Du un-
terhieltest Dich sehr artig mit Sydow. Auf den Abend war Dir
nicht wohl. Du meintest, der Wein sei Dir nicht bekommen,
auch wurde ich von meinem bösen Buben beschuldigt, zuviel

---

* Wein wurde im Faß gekauft und auf Flaschen „abgezogen".
** „Ulk" = Bruder Wilhelm
*** Bredow-Eichhorst, s. Namensreg.[5 u. 6]

getrunken zu haben – man irrte sich aber. Sonnabend weiß ich mir wenig zu erinnern, Sydow erfreute uns nachmittags eine Weile mit seiner Gegenwarth – wir entfernten uns wieder ein Viertelstündchen. Gegen Abend giengen wir im Dorfe spatzieren und aßen, da wir wiederkamen, sehr viel Pflaumen und Weintrauben. Auch sangst Du in der Dämmerung mit von der Hagen die Arie Nous nous aimions dès l'enfance. Sonntag morgen lasen wir die Zeitungen zusammen. Der Nachmittag vergieng größtentheils schon unter Zurüstungen zu unserem schönen Schauspiel. Am Abend, nachdem die Cleopatra aufgeführt war, verlebte ich noch recht ein zärtliches süßes Stündchen mit der kleinen Kammerjungfer in unserem Wohnzimmer. Montag vormittag spielten wir Federball. Nachmittag machten wir dem armen Mylord[*] , der sehr an Zahnschmerzen litt, einen langen Besuch. Abends conversierten wir beide sehr solide am Clavier und wurden durch den kleinen Prologus sehr überrascht. Dienstag war ich nicht wohl und mußte mich nach dem Rath meines theilnehmenden liebenswürdigen Arztes zu Bette begeben. In der That ist mir dies der angenehmste Krankentag, den ich je zugebracht. Noch heute rührt mich Deine freundliche Theilnahme, die Du für meine kleinen Leiden äußertest, bis zu Tränen. – Mittwoch machte ich Dir eine sehr lange Visite in Deinem Zimmer und ward daselbst von meinem Herrn Bruder sehr beleidigt. – Nachmittag lasest Du uns die Glicera aus, und abends spielten wir allerlei Kartenspiele – Commerce – und –, ich nenne nichts, weils mir zu schmerzlich ist. – Donnerstag vormittag wurden wir durch Nieskowskys[**] Ankunft grausam überrascht. Ein in der Steinstube hingebrachtes Stündchen mußte uns für den Zwang, worin wir beinah den ganzen Tag lebten, entschädigen. – Außerdem trübte noch manch böser Mußmoor meinem Liebling den Abend sehr. Freitag vormittag

---

* „Mylord" = Bruder Wilhelm
** Nieskowsky ist ein Arzt

schwelgten wir in der Zukunft und arrangierten unsere Wirtschaft. Den Nachmittag und Abend verlebten wir noch recht traulich und vergnügt mehrentheils aufs Sofa. – Und so waren sie dahin – die schönen Tage, deren Andenken mir die Aussicht der glücklichsten Zukunft eröffnet, wo ich nicht, wie heute, die Tage, die ich mit Dir, mein Geliebter, zubringe, so ängstlich berechnen darf und ihr Dahinsein beweinen. – Abends haben wir uns ein Schauspiel von Kotzebue, Johana von Mont Faucon, vorgelesen ...

... Abends haben wir die Braut von Messina halb ausgelesen, die uns stellenweise sehr gefallen hat, und ich freue mich ordentlich zum heutigen Abend, wo wir sie wohl beenden werden.

Den ganzen heutigen Vormittag haben wir mit allerhand kleinen Zurüstungen zu Tante Hagens morgendem Geburtstag hingebracht. Mylord hat unter anderem auch ein kleines Gedicht angefertigt, welches Sophiechen für Dich abgeschrieben und zu Deiner Recension mitkommt. Ich fabricire ein Paar sehr zierliche Strumpfbänder. – Alles schicken wir morgen sehr früh nach Sellin, wo sie seit einigen Tagen ist, und denken sie noch im Bett damit zu überraschen.

Unendlich viele Grüße und Schönes soll ich Dir von allen, von meinem Mütterchen, Mylord, Sophiechen und der kleinen Frau bestellen. Da ich nicht genau weiß, ob Papa heute abend wieder hinkommt nach Baerwalde, so werde ich, damit Du ihn gewiß erhältst, diesen Brief selbst convertieren.

Und nun lebe wohl, Du liebstes einziges Jüngchen – bald hörst Du wieder von

Deiner
Dich unaussprechlich liebenden
Henrine.

Da bin ich wieder, mein süßes, liebes Bräutchen, ganz wohlbehalten in dem öden, einsamen Driesen, der Schutzgeist der heiligsten wärmsten Liebe leitete mich durch Nacht und Nebel
glücklich hierher . – Gott, mit welchen bitteren Gefühlen fuhr
ich gestern von Gossow ab, mit unbeschreiblicher Sehnsucht
blickte ich nach Deinen Fenstern, bis hinter den unbarmherzi-
gen Belgenschen Bergen die entfernte Gestalt meines einzig besten Mädchens verschwand. In düsteres Schweigen versunken,
worin mein diskreter Fuhrmann mich nicht störte, fuhr ich bis
Berlinchen, wo ich um halb acht Uhr in stockfinsterer Nacht
ankam. Ein ödes kaltes Zimmer empfing mich, ich ließ einhei-
zen, machte mir Thee und erwartete unter süßen Träumen der
Vergangenheit das Abendbrot. Es kam, bestehend aus einer es-
sigsauren Biersuppe und versalzenem, aufgebratenem Schöps-
braten. Meinem verwöhnten Gaumen mochte dies gar nicht behagen, ich fastete, las in der „Eleganten Zeitung", dachte dabei
an meine Henrine, bis mich ein wohltätiger Schlummer aus der
schmerzhaften Gegenwart hinwegzauberte.

Diesen Morgen erwachte ich durch einen Trompetenstoß und
einen Kuhreigen, der mich lebhaft an die letzte hier zugebrachte
Nacht und den darauf folgenden schönen Morgen meines Verlo-
bungstages erinnerte. Dieser Gedanke stimmte mich etwas heiterer, doch ward ich bald darauf wieder verstimmt durch den
fürchterlichsten Kaminrauch, der mich beinah erstickte. Um 7
Uhr fuhr ich ab. Mein stummer Fuhrmann war heute gesprächi-
ger; – nachdem er mir mancherlei von seinen Thaten erzählt
hatte, fiel er mir auf einmal mit der verfänglichen Frage an die
Flanken: Wird Ihr Frölen Liebste nicht bald einmal Sie in Driesen besuchen? Beschämt fragte ich ihn, wen er damit meine –
allein er ließ sich nicht irre machen, versicherte, E. von Hagen
habe ihm alles gesagt, und er habe übrigens recht gut an meinem gestrigen Zögern bei der Abreise gesehen, daß ich nicht

fortkommen könne und verliebt sei. Er wisse recht gut, wie einem in solchen Fällen zumuthe sei, denn er habe auch einmal ein Mädchen gehabt. – Und nun kam die Geschichte seiner ersten Liebschaft; – unter diesen und ähnlichen Gesprächen langten wir wohlbehalten, obgleich etwas durchnässt, um 4 Uhr hier an ... Darauf ging ich zu Oberförsters. Die Alte war allein zuhause. Ich drehte ihr eine tüchtige Nase von Umwerfen und Fußverletzen, und sie bedauerte mich herzlich, fand ich sehe sehr elend und krank aus von den überstandenen Schmerzen, tractierte mich aber mit sehr schönen Fischen, die ich mir trotz aller Unpässlichkeiten, die ich affectierte, sehr wohl schmecken ließ.

Montag, den 10. Oktober, abends

... O mein einziges, bestes Mädchen, was ist das Leben mit all seinen Freuden und Zerstreuungen ohne Dich für mich. Selbst das Mangelhafte des Briefwechsels empfinde ich jetzt herber als je, da ich 18 wonnige Tage bei Dir verlebt habe ... Jedes Wort, jeder Ausdruck klingt mir so abgenutzt, so alltäglich für die Darstellung meiner heiligen reinen Empfindung, und doch wäre ein einziger gewöhnlicher Kuß, den ich Deinen schönen Lippen aufdrücke, gewiß vermögend, diese Empfindung stärker und richtiger auszudrücken als tausend ausgesuchte Worte.

... Den Nachmittag machte ich, um mich zu zerstreuen, einen Besuch bei Herzberg, der in der Zeit meiner Abwesenheit angekommen war und mich wiederholendlich aufgesucht hatte. Ich fand dort das ganze Corps hiesiger Offiziere versammelt in der Absicht, einen armen durchreisenden Infanterie-Officier unter den Tisch zu trinken. Es gelang ihnen vollkommen, mittlerweile wurden sie aber alle, insbesondere der Wirth, mit betrunken und ich allein blieb, dank sei es meinem guten Vater, völlig nüchtern. Das Betrachten der mannigfaltigen Arten, nach welchen sich der Rausch jedes Individuums mehr oder weniger äußerte, amüsierte mich auf kurze Zeit sehr. Im Grunde ärgerte ich mich aber doch recht tüchtig über die Mittel, welche diese Menschen, um heiter zu werden, anwenden. Wenn ich dagegen bedenke, welche stille, häusliche und minder kostspielige Freuden meiner an Deiner Hand, mein guter lieber Engel, warten, so kann ich nicht umhin, diese Vergnügungen umso ekelhafter und abgeschmackter zu finden.

... Besonders diesen Morgen beim Erwachen fühlte ich das schmerzliche meiner Verbannung sehr tief. Die süße Stimme meiner Henrine tönte nicht vor meiner Tür, meine Knie fühlten schon seit zwei Tagen nicht mehr ihre süße Last, meine Lippen empfinden nicht mehr den sanften herzlichen Druck der Deinigen, meine Hand greift – Luft, statt Dein weiches Händchen zu umarmen, Dein süßes, seelenvolles Auge strahlt mir nicht mehr, Dein Köpfchen ruht nicht mehr an meiner Brust, kurz ich bin verlassen, verwaist – allein.

Dienstag abend, 11 Uhr

Diesen Morgen um 6 Uhr ging ich an meine Arbeit. Es war sehr unangenehm kalt ... Zum Mittag konnte ich es nicht mehr aushalten, ich ließ mir daher ein ungeheures Feuer anmachen, woran ich eine halbe Stunde gehörig bratete und so wieder Kräfte und Geschmeidigkeit der Finger für den Nachmittag erhielt. Ich arbeitete bis 4 Uhr und kam um halb sechs nach Hause, wo mich ein warmes Stübchen und lieber Thee empfieng. Kaum hatte ich meine schriftlichen Arbeiten angefangen, so kam Hertzberg. Er hatte seinen Rausch von gestern ausgeschlafen, und war heute wieder völlig enthusiastisch für Poesie und Musik. Er teilte mir einige neue erhaltene Scharaden und Gedichte mit, die mitunter recht hübsch waren, philosophierte vortrefflich über Liebe etc., und so verplauderten wir ein paar Stündchen recht angenehm.

Künftigen Sonntag wird Oberförsters ganze Familie auf mehrere Wochen verreisen, da habe ich mir denn einen Plan entworfen, den ich Dir, meine Henrine, zur Prüfung vorlegen will. Erstens komme ich nehmlich mit meinen Arbeiten bis auf einen gewissen Punkt zustande, zweitens, erlaubt es unser gütiges, verehrungswerthes Mütterchen, so mache ich einen Desperationscoup, benutze den Mondschein Anfang November, bestelle mir ein relais in Cartzig, säusele ganz incognito des Nachts hier weg, mache die Tour bis Gossow ohne anzuhalten, bleibe zwei Tage bei Dir, und bin, ehe man es sich versieht, wieder hier. – Was sagst Du zu diesem Vorsatz, mein liebes Mädchen. Vermutlich belächelst Du die Schwäche Deines Geliebten, der nicht einmal sieben Wochen bei seinen Geschäften von Dir entfernt auszuhalten imstande ist ... Wenn ich meine Arbeit in der Zwischenzeit mit verdoppelter Kraft fördere, so daß man ihr die kleinen, durch den Trieb meines Herzens bewirkten intermezzos nicht ansieht, so hoffe ich auch als Geschäftsmann nicht erröten zu dürfen und in Deiner Achtung, mein Mädchen, zu sinken.

... Ja, meine Theure, ich fühle immer bestimmter, daß mein Herz an das Deine mit unauflöslichen Banden gekettet ist ... nie hätte ich geglaubt, ein Wesen so unaussprechlich lieben, verehren und anbeten zu können, als es bei Dir, meine Einzige, der Fall ist.

Heute mittag, mein lieber süßer Thadden, erhielt ich endlich Deinen Brief und mit ihm die froheste Beruhigung, da ich Dich nun wenigstens glücklich angekommen in Deiner eremitage weiß ...

Du armes Jüngchen mußt doch aber viel auf der Reise gelitten haben, da Dich die Oberförsterin so blaß aussehend gefunden hat. – Dein Herz litt mit dem meinen bei unserer Trennung, gestehe es mir nur – und womöglich noch mehr durch Dein Starkscheinen, womit Du vergebens Deine betrübte Henrine zu trösten gedachtest ...

Dein Fuhrmann mit seinen Fragen ist mir außer allem Spaß, ich glaube wirklich beinah, unser Geheimnis ist der ganzen Welt verraten – wodurch aber, ist mir unerklärlich. Dein überraschtes Gesicht hätte ich aber recht wohl sehen mögen. Ich kann mir Deine Verlegenheit bei dieser Erinnerung an die Frölen Liebste denken.

... Gestern abend haben wir die Braut von Messina ausgelesen. Im Ganzen ist mir das Stück zu grausam und schrecklich – ich liebe es daher, trotz einiger schöner Stellen, nicht besonders. Du erhältst es, doch mit der Bitte, es, so bald Du es gelesen hast, wieder zurückzuschicken, weil Flörchen es selbst noch nicht gelesen hat. Er wünscht so sehr, es seiner Frau vorzulesen ... Er ist noch immer in seiner guten galanten Stimmung, wie uns seine Frau gestern erzählt hat.

Donnerstag morgen, den 13. Oktober

Geschwinde will ich meinem theuren Geliebten noch einen recht schönen guten Morgen wünschen, ehe ich dies zur Post befördere, welches spätestens in einer Stunde geschehen muß – o könnte ich denn doch statt der Braut von Messina die Braut von Gossow mit absenden – außer dies erhälst Du auch noch die Müffchen[*], ein Stoßband und eine Schnur an der kurzen Pfeife. Wie süß und angenehm sind mir die wenigen Stunden hingegangen, die ich hieran für Dich arbeitete. Gönne mir ja so oft es Dir an irgend etwas fehlt, welches ich durch meine Hände für Dich schaffen oder doch besorgen kann, dies frohe Gefühl. Du glaubst nicht, wie angenehm und beruhigend der Gedanke ist, jemanden, für den man alles thun möchte, wenigstens durch eine Kleinigkeit nützlich zu sein; – und hierzu brauche ich nicht erst Deine Frau zu werden, Deinem Mädchen ist jedes Geschäft für Dich auch eine wahre Wonne. Bitte, bitte, mein Einzige,r laß mich recht oft für Dich arbeiten.

Auch von Mylord findest Du heute ein Briefchen und einige witzige Geschenke in dem Päckchen. Dieser ist ganz ausgelassen jetzt. Gestern Abend hat er uns „Das Schreibepult" von Kotzebue mehr handelnd als redend vorgetragen. Sonst gefiel uns diese Lektüre sehr schlecht auf der vom vorigen Abend. – Indes was ist zu thun, wenn man nichts besseres hat.

---

[*] Pulswärmer

... Diesen Mittag kam der Oberförster von Regenthin zurück und brachte mir einen Brief vom Landjäger, der die Nachricht enthält, daß der Geheime Forst Rath Barthels auf seiner Rückreise von Preußen morgen nach Regenthin kommt. Um diesem die schuldige cour zu machen, muß ich wohl oder übel Sonnabend dahin reisen.

... Noch obendrein bin ich auch Sonntag in Regenthin zur Hochzeit gebeten, es heiratet nehmlich ein ziemlicher Honoratior die dortige Witwe im Kruge, und da soll dann ein gewaltiger Ball sein, wobei die entrepreneurs sehr auf meine Beine Rechnung machen, die aber aller Wahrscheinlichkeit nach sich sehr passiv verhalten werden. – Heute ist auch noch etwas sehr merkwürdiges vorgefallen. Zu Mittag kamen auf zwei ungeheuren Erntewagen eine Bande herumziehender Schauspieler vor meinem Hofe durch, welche in Driesen vom künftigen Sonntag an ihr Wesen treiben werden. Du siehst, mein Jettchen, es geht hier hoch her. Nun schlägt Thalia sogar ihren Tempel in Driesen auf, was geben wir nun Berlin nach. Mir ist es ziemlich angenehm, daß diese Nomaden hierhergekommen sind, denn es geht das Gerücht, daß sie unerträglich schlecht spielen sollen, und ich gestehe so eine über alle Beschreibung schlechte Aufführung hat für mich auch ihre Reize ...

Freitag abend

Von dem heutigen Tage weiß ich weiter nichts zu sagen, als daß ich recht ordentlich von früh bis spät in der Forst gearbeitet habe. Das Wetter war für die jetzige Jahreszeit so schön als möglich, die schwachen Strahlen der Herbstsonne wärmten noch etwas, so daß ich nicht nöthig hatte Feuer machen zu lassen. Dabei machte das gelbe Laub der Eichen gegen die grünen

Nadeln der Kiefern, einen sehr angenehmen und malerischen Kontrast. Alle diese Reitze eines heiteren Herbsttages machten mir meinen Aufenthalt heute in dem Walde besonders angenehm; dazu kam, daß ich Deinen lieben Brief erstmals beim Mittagessen überlas und mich durch den Gedanken an unser baldiges frohes Wiedersehen erheiterte. Ja, meine Henriette, selbst in den traurigsten Tagen meines Lebens stehst Du mir als ein tröstender Engel zur Seite, des Morgens beim Hinausgehen beschäftigt sich meine Fantasie unaufhörlich mit Dir, und während der Arbeit freue ich mich schon auf das Hereingehen, wo ich in der schauerlichen Dämmerung des Waldes mich wieder ungestört mit Dir unterhalten kann. – Ich hoffe, es soll morgen wieder schön Wetter sein, und jetzt ist mir besonders jeder schöne Tag theuer, um weiterzukommen und mit desto ruhigerem Gewissen ein paar Feiertage künftigen Monat wieder machen zu können.

Das Driesensche Theater ist, wie ich höre, heute schon eröffnet worden, man hat „Ludwig den Springer" gegeben, und ich habe zu meiner großen Verwunderung auf dem Comödienzettel zwölf Acteurs und eine Actrice gefunden. Die ganze Bande soll aus 17 Mitgliedern bestehen, es läßt sich daher schon etwas Ordentliches erwarten.

Sonnabend, den 15. Oktober, abends

Diesen Morgen hatte ich beim Frühstück die Freude, einen alten Bekannten wiederzusehen. Es trat nehmlich ein Mann in blauem Rock in mein Zimmer und hatte an einer Leine meinen ehrlichen, fast verlorengegebenen Lebel. – Als ein Erbtheil von dem biederen Stich ist mir dieser Hund besonders wert und ich bin daher heute ordentlich froh, ihn wieder um mich zu haben. Er hat die ganze Zeit auf der Hohen Schule beim Oberförster in Cladow zugebracht und die besten Testimonia von seinen Professoren mitgebracht. Unter der Zeit habe ich auch einen kleinen roten Dachshund aus Regenthin erhalten, den ich vor einigen Tagen Azor genannt habe. Erst sollte er Krügerchen heißen, allein da ich ein so liebes herrliches Krügerchen in meinem Bräutchen besitze, so wollte ich diesen Namen nicht entweihen. Sei nicht bange, mein Henrinchen, über meinen Reichtum an Hunden und befürchte nicht, daß ich mich an ihre Gesellschaft zu sehr gewöhnen werde. Nein, diese Tiere haben nur so lange ich unverheiratet bin Zutritt zu meinem Zimmer, als Ehemann soll keiner weder über meine noch meines Weibchens Türschwelle kommen.

Nach Lebels Ankunft begab ich mich in die Heide, lief mich in den allerschrecklichsten Bergen ganz matt und müde und wurde von dem eintretenden Regen um 4 Uhr nach Hause gejagt. Kaum hatte ich mich trocken angezogen, so kamen Hertzberg und Golz (der von Berlinchen hierher versetzt ist) angefahren, um mich einen Augenblick zu besuchen. Hertzberg hat sich auf seiner Reise ein wenig in eine Cousine verliebt, die ihm unter anderem auch Himmels[15] Gesellschaftslied vorgesungen hat. Dieses liebt er nun ebenfalls leidenschaftlich und kann gar nicht müde werden, sich es von mir singen zu lassen. Ich, der ich jetzt ein erklärter Schutzpatron aller Verliebten bin, singe es ihm denn auch gutmüthig zehnmal hintereinander vor. Dies war auch heute großentheils unsere Unterhaltung. – Die Herren baten mich inständigst, sie morgen nachmittag zu besuchen und den Abend mit ihnen ins Schauspiel zu gehen, wo man den „Winamar" [?] aufführen wird. Ich gestehe, ich thäte dies lieber als in dem zu erwartenden ganz abscheulichen Wetter nach Regenthin zu reisen, besonders da, wie die Herren versichern, das Schauspiel ganz erträglich sein soll; indes erfordert es meine Schuldigkeit, einem durchreisenden Geheimenrat von unserem Departement meine Aufwartung zu machen, weil man sich allen diesen Herren nicht genug für das bevorstehende Examen und Placierung empfehlen kann. Da nun beides meine Verbindung mit Dir, mein Leben, befördert, so reise ich auch mittelbar wieder um Deinetwillen morgen nach Regenthin, und welches Wetter kommt da in Betracht, wenn ich etwas für meine Henrine thue.

Die Hochzeit in Regenthin ist, wie ich höre, noch acht Tage ausgesetzt. Die Braut ist nehmlich umgeworfen und hat sich ihr ohnehin ziemlich häßliches Antlitz noch ärger zugerichtet.

So heiter wie den heutigen Tag denke ich mir meinen geliebten Carl heute in der Heide, wenigstens um vieles froher als sonst, da der Himmel Dir endlich einmal Deine Arbeiten in etwas durch das schöne Wetter erleichtert. Auch ich bin es von Herzen, in diesem Gedanken – besonders aber beglücken mich die süßesten Hoffnungen für morgen, wo ich vielleicht in derselben Stunde einen Brief von Dir lese. Es ist und bleibt doch ein schöner Trost, das Schreiben – so jämmerlich es mir auch in besseren Zeiten vorkam; – noch heute vor 8 Tagen erpreßte mir der Gedanke, mich hiermit begnügen zu müssen, ebenso bittere Tränen, wie ich morgen, wenn ich keine Nachrichten von meinem Geliebten bekäme, weinen würde.

Sonnabend vormittag, 15. Okt.

Unmöglich war es mir, gestern noch ein Wörtchen mit Dir zu reden, da Stich uns erst kurz vorm Mittagessen verließ. Er kam eigentlich her, um mit Wilhelm das Nähere über ihre Reise zu beschließen, die denn ganz bestimmt auf künftigen Mittwoch früh festgesetzt ist. Mit Stichs weiterer Reise nach Wien scheint mir es aber schon wieder sehr ungewiß zu werden. Die Nachricht der großen Theuerung daselbst aus den Zeitungen hat ihn sehr nachdenklich gemacht. Er sprach gestern schon wieder davon, lieber in Paris den Winter zuzubringen – am Ende verlebt er ihn nach alter Weise in Berlin.

Sellin, Sonntag vormittag, 16. Okt.

Geschwinde eile ich, bevor ich meine Toilette mache, meinem allerliebsten Carl endlich den herzlichen Dank zu sagen, wovon mein Herz seit gestern nachmittag, da ich Deinen Brief erhielt, so voll ist. Daß Dein Schreiben mir ein großes Vergnügen bereiten würde, wußte ich ganz gewiß vorher; aber daß es mich so unbeschreiblich glücklich machen würde, erlaubte ich mir nicht zu ahnden.

Jungchen, welch süße Hoffnungen machst Du Deiner Henriette. In 14 Tagen wird mir also vielleicht schon der schöne Augenblick, da ich Dich wiedersehe, wo ich ganz glücklich sein werde. Könntest Du meine unmäßige Freude hierüber sehen, gewiß Du überzeugtest Dich, daß Dein Mädchen lange nicht so vernünftig ist als Du glaubst, daß mir die Wonne, Dich an mein liebevolles Herz zu drücken, keinen Gedanken an Geschäfte und Pflichten zuläßt.

Nie im Leben, hoffe ich, wird es mir einfallen, einen von Dir gemachten Plan zu mißbilligen – und wie könnte nun wohl gar eine so für mich unzählige Freuden schaffende Idee mich anders wie entzücken. Nein, mein Geliebter, Dein Mädchen lebt nur einzig und allein in Deiner Liebe – und tausend dankbare Küsse mögen Dich für die Aufopferung belohnen, die Du mir wieder durch die Strapazen der Reise bringst. O wie stolz machst Du Dein Mädchen mit dieser lieblichen Sehnsucht, die Dich so bald wieder in meine Arme führt. Gewiß, mein Geliebter, bedürfte es dieser nicht, um Dich in meinen Augen zum Heiligen zu machen – Deine Henrine betete Dich längst an und hat jede Gemeinheit eines Engels, die Du in meiner Gesellschaft zu finden wähnst, ebenso gewiß nur diesem hohen reinen Gefühl zu danken ...

Gossow, Mittwoch vormittag, 19. Okt.

Da sind wir seit einer halben Stunde wieder zu Hause, gleich fühle ich mich so unwiderstehlich zu meinem Schreibtisch hingezogen, daß ich es mir nicht versagen kann, die Fortsetzung meines Tagebuchs, die Unterhaltung mit Dir, mein erstes, süßestes Geschäft und Vergnügen sein zu lassen. Zwar kann ich

Dir wohl so recht eigentlich viel von gestern nicht erzählen, da Du wohl niemanden aus der Gesellschaft kennst oder Dich interessiert. Auch war außer Papa Tresckow[27] aus Schmarfendorf und sechs von seinen Söhnen, worunter der schöne Berliner Charles* auch war, niemand als ein paar Herren von der Regierung aus Küstrin, die Falkenwalder, Stich und uns da. Nachmittag kamen Lanken und Sydow noch hin. Wir haben lange bei Tische gesessen, wo mir die Zeit, wenn meine gefällige Phantasie mich nicht mit anderen Gegenständen unterhalten hätte, ziemlich lang geworden sein würde. Meine Nachbarn waren der alte Regierungsrath Hoffmann und der älteste Leutnant Tresckow aus Schönfließ, der, wenn Du dich noch erinnerst, auf dem Nordhäuser Ball nach Tische so brav und angetrunken war. Beide wahrlich nicht zum amusement geschaffen, besonders wenn man so wie Deine Henrine verwöhnt ist, die eigentlich nur ein Vergnügen in der Welt jetzt hat, dessen Andenken allein mich aber auch schon froh und heiter macht und beinahe jedes andere entbehren lehrt. An ihrem guten Willen, mich zu unterhalten, fehlte es übrigens gar nicht, beide waren sehr gesprächig, besonders der Alte, Deine kleine gottlose Schwester Siefchen bedrohte mich einige Male, Dir etwas von seiner galanterie zu melden, hauptsächlich weil er mir durchaus Schach spielen lehren wollte und ich also da ein Weilchen am Abend mit ihm allein am Tisch saß. Doch Jüngchen, ahnde keine Gefahr für mich, ich sage Dir, er war, alles übrige abgerechnet, gewiß ebenso alt als die ältliche Dame, mit der Du einst die Reise von Regenthin machtest, und gewiß könnte ich das Wörtchen alt mit ebenden Gefühlen als Du damals unterstreichen. Nach Tische wurden Pferde vorgeritten. Gegen Abend empfahlen sich sämtliche Tresckowiter. Die Herren spielten hernach, und ich strickte außer der kleinen Schachpartie, die höchstens eine Vier-

---

* Carl Tresckow, „der Schöne", s. unter Tresckow Schmarfendorf

telstunde währte, als mich der Konsul[*] davon losmachte, den ganzen Abend. Carl Tresckow ist lange so hübsch nicht mehr, als er sonst war, indes verhinderte er doch Siefchen beinahe, hin und wieder ganz so aufmerksam auf meine Aufführung zu sein, wie sie es Dir eigentlich ihrem Versprechen gemäß schuldig ist. (Diese kleine revange für ihre böswilligen Anmerkungen, sollte ich glauben, könnte man mir wohl erlauben.)

... Bleib nur Deinem Vorsatz ja getreu, komm recht bald und laß Dir ja keine Grille von einem ernsten Geschäftsmann durch den Kopf gehen. Dem König hast Du wirklich lange genug gelebt, jetzt bist Du mein – mein einzig über alles Geliebter.

Dienstag vormittag

Heute Morgen ist der Prediger sehr lange bei uns gewesen. Auch habe ich schon einen langen Brief an meinen Schneider nach Berlin geschrieben.

Ulkchen empfiehlt sich Dir mit einem musikalischen Lebewohl, welches ich mit einlegen soll. Seine Abreise wird uns morgen früh recht schmerzhaft sein.

---

[*] Der Konsul, s. unter Fr. Wilhelm Knobelsdorff

Denk Dir, meine englische Henrine, bis jetzt bin ich abgehalten worden Dir zu schreiben; wie wehe mir dies that, und welche Herzensangst mich zuletzt ergriff, kannst Du Dir daraus vorstellen, daß ich, obgleich Mitternacht schon vorbei ist, heute noch die Feder ergreife, um Dir doch wenigstens einmal wieder schriftlich die heißen Liebesversicherungen zu wiederholen, die ich in Gedanken wenigstens 100.000 mal Dir seit Sonnabend gemacht habe. Montag wurde ich noch auf vieles Bitten des Geheimraths Bartels in Regenthin zurückgehalten; diesen Morgen fuhr ich früh nach Merenthin, fand Fix ganz wohl und munter, und er reisete heute Abend mit mir hierher. Bei meiner Ankunft fand ich Deinen lieben Brief mit den vielen Geschenken, womit mich Deine sorgsame Güte so reichlich beschenkt. Dank, mein Mädchen, für die herzliche Freude, die Du mir dadurch verursachst, ich küsse Deine lieben Müffchen [Pulswärmer], sooft ich sie sehe, und sind sie mir beinah zu schade, um sie für die Heide aufzuopfern.

Mittwoch früh, 6 Uhr

Alles ruht noch sanft um mich her, und ich fliege beim Erwachen an meinen Schreibtisch, um das Versäumte nachzuholen und, während das déjeuner bereitet wird, mein Tagebuch mitzuteilen.

... Montag früh wollte ich fort, allein der Geheimrath bat mich so angelegentlich, diesen Tag zu bleiben, daß ich nicht wohl abreisen konnte. Den Morgen fuhr er auf die Jagd und ich mit den anderen nach dem Donenstieg*, wo wir einen sehr ansehnlichen Fang machten ... Nachmittags hielt ich ein sehr ern-

---

* Vogelfang

stes Gespräch mit Barthels über meine künftigen Aussichten. Er meinte, ich hätte gar nichts von der Änderung des Forstwesens, die jetzt im Werke wäre, zu befürchten, vielmehr könnte selbige wahrscheinlich zu meinem Vorteil und noch schnellerer Anstellung beitragen. Die Mitglieder des Forstdep. und vorzüglich er hätten eine zu gute Meinung von mir immer bewährt gefunden und würden sich meiner bei vorkommenden Fällen, selbst wenn das Departement umgestellt werden sollte, annehmen.

Ob ich nun zwar wohl weiß, daß die mehrsten dieser Versprechungen leer und nichtig sind, so bin ich doch durch das, was ich von den nunmehrigen Änderungen in unserer Sache gehört habe, um vieles getröstet und beruhigt.

Nun zur Beantwortung Deines zuletzt erhaltenen lieben Schreibens. Es ist, als hättest Du, mein herrliches Mädchen, die Kunst ausgelernt, Dich in Deinen Briefen in ewig neuen und immer schöneren Ausdrücken der herzlichsten, zärtlichsten Liebe gegen mich zu übertreffen. So schön, so rührend, so liebevoll und zärtlich als Dein am Sonntag erhaltener Brief scheint mir keiner Deiner Vorgänger zu sein.

Ich habe mich längst in Ausdrücken der Zärtlichkeit erschöpft und sage Dir gewöhnlich die bekannten und oft schon gesagten Worte. Du, mein Engel, besitzest dagegen die seltene Gabe, ein und dieselbe Empfindung immer wieder neu auszudrücken, so auch wieder in Deinem letzten Brief ... Besonders hat mich die Stelle in Deinem Briefe entzückt, wo Du mich bittest, Dich recht oft für mich arbeiten zu lassen. Gutes, liebes Mädchen, mein gerührtes Herz dankt Dir für diese Liebe – Worte vermögen es nicht. – Wie sehr ich mich freue, Dich beim nächsten Mondschein wiederzusehen, bist Du gewiß überzeugt. Noch muß ich erwähnen, daß ich gestern einen Brief von meinem Revisor bekommen habe, worin er mir schreibt, er werde schwerlich in diesem Jahre nach der Neumark kommen. Dies ist mir sehr angenehm, denn nun bin ich um so ungenierter und brauche mich, da ich ein hinlängliches Stück Arbeit fertig habe, nicht so sehr zu fatigieren.

Jetzt ist es fünf Uhr, und ich denke, diesen Abend das Driesensche Schauspiel zu besuchen; daher breche ich für einige Stunden ab und sage meinem liebsten Krügerchen diesen Abend noch zum Schluß dieses Briefes, wie dieses besondere Abenteuer abgelaufen ist.

Mittwoch, den 19., abends 9 Uhr

Soeben komme ich aus dem brillanten Schauspiel. Ein Theater von der Größe meines Schreibtisches, ein nicht viel größeres Parterre, ein horribles Orchester und erbärmliche Erleuchtung war ein nicht sehr empfehlender Umstand. Man gab Kotzebues Silberne Hochzeit, eines seiner ennuyantesten, ältesten Stücke. Das Personal spielte mittelmäßig, und dadurch ward diese Vorstellung für mich eine der langweiligsten, die ich je gesehen habe. Wohl mir, daß ich wieder in meinem Stübchen an meinem Schreibtisch bin und durch nichts in meinen Gedanken an mein süßes Mädchen gestört werde ... Auch mir ist es, als wäre ich meiner Henrine näher, wenn meine Feder Buchstaben bildet, die das Auge meiner Einzigen treffen, und deren Sinn ihr schöner Geist denkt. Denke ich nun gar an das Glück des Wiedersehens, welches mir vielleicht bald blüht, o so mögte ich vor Freude fast vergehen.

... O Gott, womit habe ich Dich, meine Henrine, verdient – wodurch ist es mir gelungen, unter der zahllosen Menge Mädchen, die sich nicht für mich passen, gerade einen solchen Engel, wie Du bist, zu treffen, von dem ich mit Wahrheit sagen kann, daß er ganz für mich geboren ist.

... Den heutigen Tag habe ich unter unaufhörlichem Lesen und Schreiben auf meinem Zimmer verlebt. – Die Braut von Messina habe ich ganz durchgelesen, sosehr mir auch einige Stellen gefallen, so finde ich doch das ganze Werk den übrigen Schillerschen Werken nicht gleichkommend.

Dein heutiger Brief hat mir wieder viele heitere Augenblicke an diesem Tage gewährt, ... besonders habe ich darin wieder einen Beweis gefunden, welche große Übereinkunft in unseren Gedanken stattfindet. Noch gestern sprach ich mit Fix über den großen Nutzen, den ein Tagebuch, wenn man es mit solcher Gewissenhaftigkeit, als ich das meine gegen Dich führte, für den Schreibenden hätte; und wie ich dadurch von jedem bösen Gedanken abgehalten werde, aus Furcht durch Mitteilung desselben in Deiner Liebe und Achtung zu sinken. In Deinem letzten Schreiben erwähnst Du diesen nehmlichen Gedanken. – O mein Jettchen, eine solche Liebe als die unsrige, die uns nicht allein glücklich, sondern auch besser macht, kann nicht anders, als das Wohlgefallen des höchsten Wesens nach sich ziehen, und ich habe auch wirklich Gelegenheit zu bemerken, wie diese Liebe und alle Handlungen, die ich ihretwegen unternehme, von der gütigen Vorsicht besonders begünstigt sind. – Die frohe Aussicht, Dich bald wieder zu umarmen, verursacht mir ebenfalls schon jetzt frohe Minuten. Daß Du, kleine Sirene, mich aber nun gleich verführen willst, meinen König und Herren ganz zu vernachlässigen, ist nicht halb recht. Ich will zwar mir keine relais für meine Rückreise bestellen, doch bitte ich Dich herzlich, dieses Wiedersehen nur als eine kurze Freude anzusehen und Dich mit mir ganz auf den glücklichen Dezember zu verlassen ...

Diejenigen Personen, welche am erbärmlichsten vom Froste ausstehen, sind offenkundig die Chorschüler um Neujahr, und die Königs Taxanten im Spätherbst, diese Erfahrung habe ich heute wieder auf Unkosten meiner Finger bestätigt gefunden, welche, roth wie die Krebsscheren, am Ofen und Kamin noch nicht völlig aufgetaut sind. Es ist auch wahrhaftig eine starke prätention, bei jetziger Jahreszeit den ganzen Tag langsam draußen umherzugehen, und zu schreiben; da erwärmen die schönsten Müffchen nicht völlig, nur der Gedanke konnte mich heute erwärmen, daß ich bald wieder mit meiner Henrine im Arm den Stürmen und kaltem Wetter am traulichen Kamin in Gossow Trotz werde bieten können.

... Die Hauptnachricht ist, daß die Lotti seit dem Nordhäuser Ball ganz auffallend garstig geworden ist, dieses sonst so niedliche Figürchen ist jetzt ganz breit und auseinandergeflossen und beinahe ebenso dick als lang geworden. Ich habe mich über ihre fatale Corpulenz sehr betrübt und fange nun selbst an, den heiligen Schutzpatron Andreas für ihr zeitliches Wohl anzurufen. Übrigens war sie sehr discret gegen mich, ich erwähnte zufällig in Merenthin des Nordhäuser Balls, doch sie war so höflich, durchaus nicht nach dem Fräulein Levetzow zu fragen. Lanken hat indes, wie mir Fix versichert, ganz öffentlich in Berneuchen von unserer Verlobung als etwas ganz ausgemachtem gesprochen. – Wo der Mensch doch mal auf die Idee gekommen sein muß? Wir sind doch beide so caché. – Fix hat sich mit seinen Verwandten auf einen solchen Fuß gesetzt, daß sie ihm nicht recht trauen und als einen Literatus und belle esprit verehren. – Wegen unserem Verhältnis hat er sie durch einige sottisen auf zudringlige Fragen so in Respect versetzt, daß niemand in der dortigen Gegen die Namen Gossow, Levetzow und Thadden zu nennen wagt.

... Denk Dir, mein Henrinchen, was der ehedem in Spandow

gewesene, jetzt als Forstkommissarius angestellte Burgsdorff wieder für schlechte Streiche gemacht hat. Es fehlt ihm vor kurzen wie gewöhnlich an Geld, er geht also zu einem Forstbedienten, giebt fälschlich vor, er habe den Auftrag, die Casse zu revidieren, und findet, wie er vermutet hat, 200 Rtl. defect. Der Mann, der viel Familie hat, entschuldigt sich mit unvorhergesehenen Ausgaben, die er in diesen Tagen gehabt habe, und versichert, er werde das Geld binnen 24 Stunden wieder zur Casse herbeischaffen. Burgsd. behauptet, er müßte dies anzeigen, und da der Forstbediente in Verzweiflung geriet, so versprach er ihm endlich zu schweigen, wenn dieser ihm noch 500 Rtl. aus der Casse borgen wolle. In der allerschrecklichsten Verlegenheit bleibt dem Förster kein anderer Ausweg, er giebt sie B., und dieser eilt davon. Nach wenigen Tagen kommt der wirkliche Revisor der Casse, findet den ungeheuren Defect. Der Forstbediente wird daher cassiert, mit Frau und Kindern ins Elend gestürzt; B. aber arretiert und in das gemeinste Gefängnis in Byalystock geworfen, wo er noch sitzt. Fix hat zwar die Nachricht, er sei nach Rußland entflohen, ich glaube aber die erste Nachricht, da mir diese von Barthels, welcher eben daher kam, mitgeteilt ist. Was sagst Du zu dieser schrecklichen Geschichte, welche besonders die arme Mutter niederbeugen muß. Erwähne ihrer aber gegen niemand als gegen Dein Mütterchen. Gott, wie tief kann der Mensch doch sinken, wenn er sich nur mit einem Schritte vom Wege des Rechts entfernt.

Sonnabend, den 22. Oktober 1803

Heute, mein bestes Bräutchen, habe ich eine ganz ungeheure Forstpromenade gemacht. Ich hatte nehmlich an dem äußersten Ende des Reviers Geschäfte, hatte dort den conducteur hinbestellt und wollte von hier hinfahren. Gestern abend aber, als ich nach Pferden ausschaute, wollte sich niemand bereitwillig finden lassen, und ich mußte mich daher zum Gehen entschließen.

Ich wanderte vor Tagesanbruch von hier weg und die zwei Meilen nach dort hin. Meine Geschäfte daselbst, wobei ich immer im Gange blieb, waren zu Mittag schon beendigt, und um nicht so früh nach Hause zu gehen, gieng ich noch eine Meile bis nach dem Orte, wo ich gewöhnlich jetzt arbeite. Hier zählte ich noch drei Stunden und legte danach noch eineinviertel Meile bis nach Hause zurück, so daß ich also fast viereinhalb[*] Meilen, ohne das was ich bei der Arbeit selbst gegangen bin, zurückgelegt habe. – Ungeachtet dieser motion fühlte ich mich doch gar nicht ermüdet und wollte mich anheischig machen, die ganze Nacht den schottischen Triller zu tanzen, wenn es mit – Dir, meine Einzige, sein könnte. – Heute habe ich ebenfalls eine große Einladung zur Hochzeit nach Regenthin erhalten. Dienstag nachmittag fängt die fête an und wird wahrscheinlich bis Mittwoch dauern ... Die kleine hübsche Pröbstin ist zwar auch da, doch fürchte nichts, mein bestes Henrinchen, und sollte ich auch den ganzen Tag mit ihr Schach spielen müssen, so werde ich bei dieser jungen Dame ebenso wenig Gefahr laufen als ein gewisses Fräulein mit einem ältlichen Herrn beim Schachbrett.

Nachschrift am Sonntag, den 24. Oktober, früh

... Hat sich denn meine Liebe und selbst der Himmel gegen die arme Abschätzung verschworen? Mir scheint es beinahe so, denn kaum ist der verliebte Taxator eingelaufen, so regnet es unaufhörlich, kaum segelt er aber zu seinem Liebchen, so lächelt der Himmel freundlich. In der That, dies ist um melancholisch zu werden, und ich würde es auch schon, ... wenn ich nicht ein so ansehnliches Stück Arbeit bereits beendigt hätte, daß ich es nun mit ziemlicher Gleichgültigkeit ansehen kann, wenn der Himmel meine Arbeit behindert. Ich will mich daher auch durch mein heute fehlgeschlagenes project nicht mißmutig

---

[*] 30 km

machen lassen und diesen heutigen Morgen auch dadurch feiern, indem ich meinem theuren Mädchen in der Entfernung den schönsten, lieblichsten Morgen und Tag wünsche ...

Was ist ein guter Mann doch für eine elende Creatur gegen ein gutes Weib, diese ist ein Engel, jener nur ein schwacher Mensch, der immer kämpfen und streben muß, sein Herz von den angebohrenen, gefühllosen irdischen Schlacken zu reinigen. Wohl mir, ich habe einen Engel gefunden und rufe mit der Beatrice aus

> O mein Empfinden nennen keine Worte.
> Fremd kam sie mir aus einer fremden Welt,
> Und schnell, als wäre es ewig so gewesen,
> Schloß sich der Bund, den keine Menschen lösen.

> Nicht hinter mich begehr ich mehr zu schauen,
> In keine Heimat sehn ich mich zurück,
> Der Liebe will ich liebend mich vertrauen.
> Giebt es ein schöneres als der Liebe Glück?

> Mit meinem Loos will ich mich gern bescheiden.
> Ich frage nichts nach andern Lebensfreuden.

Diese Stelle scheint wirklich ganz für meinen Zustand gedichtet zu sein, und sind Worte imstande, solche erhabenen Empfindungen schildern zu können, so machen Dich, mein Leben, diese Verse des erhabensten Dichters gewiß am besten mit meinen Gefühlen bekannt.

Nun zu meinem Tagebuche. – Nach dem Erwachen und nachdem ich das Wetter in Betracht gezogen hatte, setzte ich mich ans Clavier und componierte zwei Ecossaisen. Darauf las ich im Nathan, den ich aufgetrieben, und so wie die Braut von Messina meinem Gossower Bräutchen zu Füßen legen werde. Heute Nachmittag denke ich Thaliens schmutzigen Tempel zu besuchen. Was meiner für ein Drama wartet, weiß ich nicht, da in dem abscheulichen Kothe keiner von den Schauspielern und zugleich Zettelträgern sich nach unserer Vorstadt wagt.

Mittwoch reiste ich früh ab von Regenthin, war zu Mittag hier, fand eine Einladung für den Nachmittag zum Leutnant Golz. Dort brachte ich den Nachmittag bei einem Glase Wein hin, welches mich aber glücklicherweise nicht betrunken machte. Von da giengen wir ins Theater, wo man die Räuber gab. Ein gräßliches Stück, das nicht schlecht genug gegeben wurde, um einen widrigen Eindruck zu vermeiden.

(Es folgt die Blitzreise nach Gossow.)

Sellin, Sonntag vormittag,
den 23. Okt. 1803

Wir sind gestern nachmittag bei guter Zeit hierhergekommen und werden einige Tage hier bleiben, da Knobelsdorfs künftigen Sonntag auf 14 Tage nach Schlesien reisen und wir sie also hernach lange nicht wiedersehen. Anfang Dezember reisen sie wieder nach Berlin ...

Montag nachmittag

O Jüngchen, morgen um diese Zeit habe ich Deinen Brief ganz gewiß, ... Papa hat mir gestern versprochen, um 11 Uhr, wenn die Post ankömmt, selbst herausgeritten zu kommen, um mir die glücklichen Augenblicke, die meiner beim Lesen Deines Schreibens warten, noch etwas eher zu verschaffen. Du, mein Carl, ahndest gewiß in Deiner kleinen Klause nicht, wie besorgt eigentlich doch Dein Mädchen um Dich ist in diesen Tagen. Meine größte Beruhigung enthält Dein Versprechen, mit dem Du von uns schiedst, uns im Fall Du krank werden solltest, gleich durch einen Boten davon benachrichtigen zu lassen, damit ich meinen treuen Geliebten pflegen und in seinem Anblick mich trösten könnte. Ein fremder Mann in einer grünen Jacke setzte mich heute nicht wenig in Schrecken. Jüngchen, ich gestehe Dir meine Schwäche und Ängstlichkeit – ich fürchtete schon so einen Hiobsboten aus Driesen in ihm zu sehen. Wie ein Stein fiel es von meinem Herzen, da ich hörte, daß er uns nicht suchte.

Gestern zu Mittag haben les Trossinois et les Falkenwaldois* hier gegessen. Ich hatte einen herrlichen Platz am Tische zwischen Florio und dem Konsul, wo ich nicht recht viel reden brauchte und mich ganz meinem lieblichen Gedankenspiel über-

---

* Finkenstein u. Bredows

lassen konnte. Rätst Du, mein Einziger, es, an wen ich am mehrsten und liebsten dachte, so bin ich imstande, – Dich bei unserem nächsten Zusammensein mit einem Kuß für diese Aufgabe zu lohnen.

Flörchen war wieder gänzlich neu equipiert, bis auf den wohlbekannten schwarzen Rock – ein ganzer Kasten mit neuen Kleidungsstücken ist angekommen. Dabei ist er noch über die Maßen galant gegen seine Frau, liest ihr des Abends immer etwas vor, geht mit ihr spazieren, kurz, hat alle die attentions vor ihr, die er bisher gar nicht zu kennen schien. Mir ist es bis jetzt unerklärlich, was er mit diesem Betragen sagen will. Du wirst herzlich über diesen jungen Cour Macher lachen müssen.

Heute sind wir mit der Konsulesse ganz allein. Der Landrath läßt in Bärwalde sein sämtliches Viehinventarium verauktionieren, welches er, glaube ich, verbessern will. Papa giebt bei der Gelegenheit ein großes diner an sämtliche Herren aus der Nachbarschaft, welche sich dort zum Kauf eingefunden haben ...

Dienstag, gleich nach Tische

Bei Tische bekam ich Deine Briefe – freilich nicht der erwünschte Zeitpunkt für mein neugieriges, ungeduldiges Herz –, indes habe ich mich nicht sehr geniert und unter der Serviette einen herrlicheren Seelengenuß gepflogen, als alle Speisen und der Rehbraten, den wir gerade speisten, mir jemals gewähren können.

Zwar bestimmt mir mein Engel noch immer nicht den Tag, dem ich schon längst Flügel gewünscht habe, auch soll ich ihn nicht erfahren, indes habe ich doch so viel entzückende Gewißheit, daß ich von künftigem Sonntag an jeden Tag Dich erwarten darf, denn Jüngchen, glaube mir, jetzt ist Dir der Mondschein am allergünstigsten mit seinem Auf- und Untergang. In meinem Leben bin ich nicht so empfindsam als jetzt gewesen – nie hat mich Lunas Lauf so interessiert: Jeden Abend begrüße ich ihn freundlichst und denke mit neuem, unbeschreiblichem Vergnügen an den Tag, wo er Dich auf dem Wege zu Deines Liebchens Hütte recht lieblich leuchten wird.

Gewiß, nie wardst Du mit mehr Liebe, Freude und Entzükken erwartet als von

Deiner

treuen

Henrine.

Seit ein paar Stunden, mein Geliebter, sind wir wieder hier, ich
eile, Dir noch vorm Schlafengehen einen freundlichen Guten
Abend zu sagen; vergebens habe ich mich bis jetzt nach Deiner
Unterhaltung gesehnt, es war heute vormittag nicht möglich,
der Konsullesse ihrer Gesellschaft zu entkommen. Nach Tische
sind wir noch etwas spatzieren gegangen im Stall und im Garten und dann sind wir fortgefahren. Wie wir noch weit von Falkenwalde entfernt waren, kamen uns Florio und seine Gemahlin
schon entgegengegangen und baten uns so inständigst, ein
Stündchen bei ihnen zu verweilen, daß Mütterchen nicht widerstehen konnte. Wir blieben da, bis es anfing finster zu werden,
– doch finster kann man nicht sagen, unser lieblicher Freund,
der Mond, giebt es bis jetzt nicht zu, und wirklich erhellte er
auch heute, indem er uns sorgsam auf unserem Weg leuchtete,
auch mein Herz mit den süßesten Hofnungen wieder für Dein
Herkommen ...

Donnerstag abend

... Dein Mädchen war heute den ganzen Tag ungewöhnlich fleißig und geschäftig. Um 7 Uhr stand ich auf und brachte den
ganzen Vormittag in der Küche beim Quitteneinmachen und anderen kleinen häuslichen Geschäften hin ... Hernach schrieb ich
bis jetzt einen langen Brief an die alte Nogier in Frankfurt.
Dies mußte ich der Betsi[*] in Sellin zu gefallen thun. Diese will
während Knobelsdorffs Abwesenheit eine Reise nach Leipzig
machen. Da sie der Post wegen einen Tag in Frankfurt verwei-

---

[*] Betsi = Haushälterin bei Knobelsdorffs

len muß, so wünscht sie, um nicht so allein zu sein, diesen bei der Nogier* zuzubringen, da sie keine anderen Bekannten dort hat. Nun habe ich ein förmliches Empfehlungsschreiben für sie ausgefertigt, womit sie erscheinen kann. Mir war dies ein höchst unangenehmes Geschäft, ich hatte schon seit einem Jahr gar nicht ans alte Dämchen geschrieben und mußte nun so einen langen Brei machen.

---

* Henrinchens Pensionsvorsteherin

Einen ganzen langen Tag bin ich nun wieder von Dir, mein über alles Geliebter, getrennt – wie froh bin ich, daß sie verlebt sind, diese schrecklichen 24 Stunden, in denen ich das harte Entwöhnen der süßesten Freuden Deiner mich einzig beglükkenden Gesellschaft mit tiefster Wehmuth fühle ... Zu meiner Zerstreuung bin ich hernach sehr fleißig gewesen. Ich habe eine Stunde vormittags und den ganzen Nachmittag unaufhörlich genäht – und so viel wie möglich an gar nichts gedacht, nur zuweilen habe ich zu meinem ganz besonderen Trost meine Hände in meiner neuen Muffe gesteckt und mir dabei eingebildet, ich legte sie in der Deinen. Jüngchen, dies Geschenk von Dir macht mir wirklich viel Vergnügen, und der Gedanke, daß Deine treuen lieben Hände auch einst darin ruhten, läßt mich ihn immer mit einem ganz eigenen freudigen Gefühl berühren ...

Nachdem der liebe lange gestrige Nachmittag endlich vorbei war, lasen wir abends im Nathan weiter, der uns zwar sehr angenehm unterhielt, doch saß ich dabei nicht auf Deinem Schoß, ich konnte nicht krügern, Dein liebender Arm umfaßte mich nicht, kein leiser Kuß berührte sanft dabei meine Lippen – kurz, auch hierbei fehltest Du Deinem Mädchen, auch hierbei war ich allein ...

So oft die Uhr schlägt, muß ich jedesmal denken, wie ganz anders und schöner es gestern um diese Zeit war. So auch heute morgen wieder, als ich hereinkam und statt der Eil, somit ich sonst hinaus auf den Flur zum Heizen* und zu Dir eilte, mich traurig und langsam zum Ofen hinbegab. O, es war eine ganz andere Sache um den gestrigen guten Morgen, als wie ich ihn Dir heute freundlichst in Gedanken wünsche ...

---

* Die Gossower Kachelöfen wurden von außen, vom Flur her beheizt.

Bis nach 1/2 10 Uhr habe ich gearbeitet[*], gefrühstückt und in der Iphigenie gelesen, dann begab ich mich hierher am Schreibtisch ...

Morgen werden wir die Gänseschlachterei vornehmen, da wird mir wohl leider nicht viel Zeit übrig bleiben hier noch etwas hinzuzufügen ...

Sonnabend, kurz vor Tisch

Der Bote, der meinen Brief für Dich mit zur Post nehmen soll, ist schon da, in aller Eile sage ich Dir, wie fleißig wir schon heute den ganzen Morgen beim Gänsezerlegen gewesen sind. Wie gern schneide ich heute die Spickgänse[**] zu, die wir im Dezember mit meinem lieben Jüngchen zusammen verspeisen werden – Viel lieber als sonst.

Gestern Nachmittag haben wir nach gewöhnlicher Weise mit Arbeiten zugebracht, auch Deine eccosaise versuchte ich aufs Clavier zu spielen, jedoch schien sie mir sehr schwer – abends haben wir den Nathan ausgelesen – noch einmal wiederhole ich Dir meinen Dank, daß Du ihn uns angeschafft hast. Es ist wirklich ein sehr schönes Stück, und doppelte Bewunderung muß man dem Verfasser der schönen Sprache wegen zollen, wenn man denkt, daß es schon vor vierzig Jahren geschrieben ist. Wir werden es nun, wenn es Dir so am liebsten ist, mit nächstem an Burgsdorf zurückschicken.

... Jüngchen, erfriere Dir nur nicht die Hände, laß doch lieber die alte Abschätzung gut sein – Du glaubst nicht, wie von ganzem Herzen ich Dir diesen Rath gebe.

---

* „arbeiten"= Nähen
** Spickgans = geräucherte Gänsebrust

Vor einer Stunde bin ich, mein englisches, süßes Mädchen, glücklich hier angekommen: Nachdem der Gevatter Jänike[16] wenigstens hunderttausend Mal seinen Wallach zum Gehen ermahnt, so hat er mich noch ziemlich geschwind in meinen sicheren Port hingebracht. Die Kälte war gestern und heute unerträglich und läßt mich befürchten, daß ich nun wenig noch in diesem Monat bewerkstelligen werde; ... Ganz erfroren kamen wir in Staffelde an, wo wir, während gefuttert wurde, unsere Butterbrötchen verzehrten und uns in einer von Bauern vollgepropften Stube vom Tabacsrauch durchräuchern ließen. Hier küßte ich auch wieder einen weiblichen Mund – doch erschrick nicht, mein Jettchen, es war der Mund eines allerliebsten kleinen, zweijährigen Mädchens, der Pächterstochter, welche auf dem Arm ihrer Großmutter in der Stube war. Fix machte mich auf dies kleine, allerliebste Wesen aufmerksam und brach in Tiraden über die Niedlichkeit des kleinen Engels aus. Er umarmte das Kind im Feuer seiner Rede, und ich, von seinem pathos angesteckt, that eben dasselbe. Freue Dich, meine Geliebte, und lobe mich wegen meiner anfangenden application in dieser Hinsicht. – Von Staffelde fuhren wir in der Dämmerung ab ... Durch B.'s genaue Kenntnis des Weges kamen wir ungeachtet der Finsternis und des beinahe gänzlichen Mangels an Spur um 9 Uhr wohlbehalten auf dem Hüttchen an. Fix machte sogleich Anstalten zum souper, und in Zeit von einer Stunde stand eine recht gute Crème-Biersuppe und ein Gänsebraten nebst Aprikoseneingemachtem vor uns. Ich veranschlage dieses souper schlecht gerechnet zu zwei Rtl. und bedaure den armen Fix, der nun noch vier Wochen von 8 Rtl. leben soll. Nach Tische trank B. noch eine Menge Fliederthee und legte sich zu Bett. Ich saß noch ein Stündchen vorm Kamin, trank ordentlichen Thee, rauchte dazu ein Pfeifchen und dachte an mein Mädchen.

Die Nacht ruhte ich recht sanft, ob auch gleich Fix durch heftiges Husten und Tiradieren im Schlafe etwas störte. Mit Tagesanbruch trennte ich mich von B., der höchst unglücklich und kränklich diesen Morgen war.

Die Reise hierher legte ich ohne irgend etwas erhebliches zurück, unterhielt mich zuweilen ganz angenehm mit meinem Fuhrmann, der jedoch die äußerste discretion über einen gewissen Punkt beobachtete, mich aber immer ganz getreulich „sin Sönecken" nannte.

... Die Neuigkeiten, welche während meiner Abwesenheit vorgefallen, sind folgende. 1) ist mein kleiner Azor an Krämpfen und Schwindel gestorben. 2) sind Oberförsters gestern von ihrer Reise zurückgekehrt. Das interessanteste, was aber unter der Zeit vorgefallen ist, ist ohnstreitig folgendes. Mein Johan geht heute nach der Stadt und begegnet auf der Parade einem Trompeter hiesiger escadron, dessen Frau aus Bärwalde ist, und der mein Clavier stimmt. Dieser grüßt Johan freundlich und ruft ihm en passant zu, er habe ihm und mir viel complimente von seiner und meiner Braut aus Gossow zu bestellen. – Wehe uns, mein Henrinchen! – Papa muß die ganze Bärwalder Bürgerschaft zu confidence haben, daß er aber den armen Johan mit der Lotte so unschuldig ins Gerede bringt, ist nicht halb recht.

... O könnte ich statt meines Briefes mit Jänicke zurückeilen.

... Heute habe ich denn auch erfahren, wodurch das Gerede von unserer Verlobung hier entstanden ist. Der Trompeter Schindler ist nehmlich ein Schwager von Lotte*. Seine Frau ist kürzlich in Schönflies gewesen, hat bei der Gelegenheit ihre Schwester in Gossow besucht und von dieser die ganze Geschichte haarklein erfahren. Johan hat heute dem Schindler, welcher mein Clavier gestimmt hat, die Sache ausreden wollen, dieser ist aber ihrer zu gewiß gewesen. Die Brautschaft zwischen der Lotte und Johan ist eine bloße Geburt der schöpferischen Phantasie des witzigen Trompeters gewesen.

Sonntag abend

Den heutigen Bußtag habe ich in der Heide durch meine gewöhnlichen Geschäfte gefeiert und bin wegen dieses Vergehens von Frau Oberförsterin ein Türke, Heyde und Sabbatschänder genannt worden. Ich ließ sie mit vieler Kaltblütigkeit schimpfen und dachte in meinem Sinne, daß ich nichts weiter als ein getreuer Verliebter bin, der, um bei seinem Mädchen einige Tage zu verleben, gern alle übrigen Sonntage arbeitete. Wenn man über dem immerwährend an einen Engel denkt, so ist man ja wohl ebenso gottesfürchtig, als wenn man in die Kirche geht. Ich konnte daher der Oberförsterin mit gutem Gewissen versichern, daß ich den heutigen Tag höchst religiös verlebt habe.

---

* Lotte = Zofe in Gossow

Heute, mein bestes Mädchen, habe ich Dir mancherlei zu erzählen. Fürs erste muß ich Dich mit einem höchst angenehmen Traume unterhalten, den ich vorige Nacht hatte. Mir träumte, ich kam nach Gossow, und Mütterchen stellte mir recht angelegentlich vor, es sei wirklich am besten, wenn ich mich ganz kurz entschlösse Hochzeit zu machen, es wäre alles bereit und wir sollten den anderen Tag getraut werden. Ich stellte dagegen zwar vor, daß ich noch nicht placiert sei und meine Eltern noch gar nicht um mein engagement wüßten, doch endlich besiegte ich alle meine Skrupel, und der andere Tag erschien. Als ich in das Gesellschaftszimmer kam, fand ich eine große Gesellschaft versammelt, worunter auch viele von meinen Halleschen Bekannten waren. Dies war mir zwar unangenehm, und ich befürchtete, daß meine Eltern es wirklich übelnehmen würden, daß sie nicht zur Hochzeit gebeten waren. Endlich vergaß ich aber alle Schwierigkeiten über den Anblick meines süßen Bräutchens, welches den Tag wunderhübsch in einem ganz schwarzen Kleide mit der Myrthenkrone im braunen schönen Haar war. Die Rede des Predigers über unsern auserwählten Trautext entzückte und rührte mich ungemein. Wir fanden uns beide sehr glücklich, doch embarrasierte uns beide die große Gesellschaft. Nachmittag war eine ganze Schauspielergruppe angekommen, die eine Vorstellung geben sollte, auch war ein zahlreiches Orchester versammelt, an dessen Spitze sich der vortreffliche blinde Flötenspieler Duton befand. Eben begann ein sehr schönes schmelzendes Adagio vor dem Schauspiel, da erwachte ich ...

Ich gieng um 4 Uhr nach der Stadt zu Hertzberg. Er empfing mich mit einem deliciösen Cardinal von Rheinwein, ... nun kam das Abendessen, bestehend aus einem Frikassee von Kalbsfleisch, Omelett mit Himbeergelee gefüllt, ein Hasenbraten mit Gurken und dessert. Ich habe Hertzberg versichert, daß wenn er noch einmal so viele Umstände meinetwegen machte, so würde ich ihn nie wieder besuchen. Er sagte, es geschehe alles aus revanche für meine eingemachten Aprikosen. Du siehst also, mein Jettchen, was mir Gossow nicht alles einbringt ...

Gestern hat man in unserem Städtlein den Herodes von Bethlehem mit nicht sonderlichem Beifall aufgeführt, und morgen ist der Große Bandit angekündigt, den ich auch vielleicht einmal wieder sehen werde.

Mittwoch abend, 12 Uhr

Ich bin bis 5 Uhr abends nicht von meinem Schreibtisch aufgestanden, und da ich ziemlich abgespannt durch dieses ewige einerlei Rechnen war, so entschloss ich mich, den Aballino zu sehen. Dies Stück ward wie gewöhnlich verhunzt, doch war die Hauptrolle noch ziemlich erträglich besetzt.

Ich werde immer ungenügsamer, und Deine Briefe werden mir immer theurer ... In der That, Du bist mein Alles, in Dir lebe und webe ich, keine Freude genieße ich ohne Dich, und jedes Leiden würde mir gewiß mit Dir erträglich sein. Von Tag zu Tag werde ich heiterer durch diese Liebe, alles lacht mich froher und schöner an. Stets denke ich, meine Liebe und Achtung für Dich auf den höchsten Punkt gestiegen zu sehen, und täglich kommt es mir vor, als würdest Du mir immer theurer, mein angebetetes Mädchen.

Donnerstag, den 10. November, abends

Wirklich, Deine Briefe, mein Mädchen, sind Muster eines schönen, immer natürlichen Styls. Einer jeden Seite weißt Du das Gepräge Deines vortrefflichen Herzens unverkennbar aufzudrükken. – In der That, ich habe eine recht eifersüchtige kleine Braut. – Nicht einmal ein kleines unschuldiges Kind darf ich küssen, so heißt es gleich: Küssen mußt Du Bube doch immer.

– Ist mir das aber wohl zu verdenken – verwöhnt mich mein Bräutchen nicht selbst? Noch immer einige Tage nachher, wenn ich von Dir entfernt bin, spitzt sich mein Mund von selbst, er kann ja doch sich nicht sogleich von einer so süßen Speise entwöhnen ... Schmerzhaft ist es mir, daß Du mir wegen der bewußten aplication statt des vermuteten Lobspruches einen „dummen Jungen" an den Kopf wirfst. Für diese unverdiente Schmähung sollst Du mir, da ich über dies sujet noch keine Worte verlieren darf, wenigstens hundert Küsse im Dezember geben ...

Was wird wohl heute in dieser Stunde meine einzig Geliebte machen? Wahrscheinlich tanzt sie einen Wiener Walzer mit Finkenstein oder tändelt mit dem witzigen Sydow. – Da siehst Du, daß ich auch eifersüchtig sein kann. – Doch fürchte nichts, mein Mädchen, sondern sei immer so heiter und froh, als Du nur willst. Dein entferntes Jüngchen freut sich herzlich darüber und ist fest überzeugt, daß die liebe Partie Deines Unterhalses ihm doch erb- und eigenthümlich zugehört und bei allen Bärwalder Lustbarkeiten für mich voll Liebe und Freundschaft schlägt.

Freitag abend, 11 Uhr

Nachdem ich mich heute bis 5 Uhr abends auf die gewöhnliche Art in der Forst beschäftigt hatte, trank ich zu meiner Erquikkung einige Tassen Thee und gieng nachher ins Schauspiel. Mich lockte die Ankündigung einer ganz niedlichen Operette: Der reisende Student oder das Donnerwetter, und ich war begierig, wie sich das miserabelste aller Orchester und der Musik völlig unkundige Acteure und Actricen aus der affaire ziehen würden. Als ich in die Halle Thaliens trat, erblickte ich mit freudigem Erstaunen den Schindler und die beiden anderen Trompeter. So große Begriffe ich auch von den Talenten des ersteren hatte, so befürchtete ich doch, daß die Musik etwas schlecht ausfallen würde. Indes statt der ouvertüre tischten die drei musici einige Ecossaisen auf, und die Gesänge wurden, bis auf zwei Bierarien des Bettelstudenten, wozu in Ermangelung einer Zither eine erbärmliche Geige pizzicato geklimpert wurde, sämtlich weggelassen. Von diesen hätte ich mich nun wohl durch meinen Platz etwas entschädigt gefunden, denn ich saß neben der kleinen Marwitz, doch heute machte diese Nachbarschaft keine Wirkung auf mich. Ich sprach der Höflichkeit wegen einige Worte von dem Wetter, der Vorstellung etc. und dachte immerwährend an meine Henrine.

Sonntag früh, 6 Uhr

Da ich mir heute morgen viel Arbeit vorgenommen habe, so bin ich früher als gewöhnlich aufgestanden und befriedigte eben meine Lieblingsneigung, nehmlich des morgens bei Licht zu arbeiten. Zu meinem ersten Geschäft muß ich aber, wie sich's gehört und gebührt, die Unterhaltung mit meinem Liebchen machen und Dir den allerfrohesten und heitersten Morgen wünschen, den Gott den Engeln im Himmel nur immer verleihen kann. – Bald sage ich ihn Dir vielleicht mündlich einmal wieder, so recht im eigentlichen Verstande mündlich, wie mein loses Mädchen sagt ... Ich bin seit meiner Rückkunft sehr fleißig mit meinen Stubenarbeiten, der Gedanke, daß alles, was ich jetzt schreibe, im Dezember nicht braucht gethan zu werden, läßt mir die Arbeit noch einmal so rasch vonstatten gehen. Diesen Nachmittag werde ich wahrscheinlich ins Schauspiel gehen, wo man den Grafen von Burgund giebt.

... Diesmal, mein Engelchen, erfährst Du aber nicht vorher, welchen Tag ich komme, ich will wenigstens einmal Gelegenheit haben, Dich zu überraschen, und sollte ich mich deshalb auch der Unannehmlichkeit aussetzen, das Gossower Haus leer und die Damen nach Sellin gereiset zu finden. Da werde ich ja sehen, ob mein Bräutchen so ganz alltäglich ihr blau-englisches

Kleid anzieht, ob sie des Abends noch sich die kleinen cro-
chete* vor dem Spiegel in Ordnung bringt, oder ob alles dies
neulich seinen verborgenen guten Grund hatte.

---

* crochet = Haken

Gestern habe ich eine sonderbare Einladungskarte erhalten; ein Schauspieler macht auf den Donnerstag Hochzeit und hat alle Honoratiores und ganz Driesen und auch mich zu dieser Festlichkeit gebeten. Der Neuheit wegen werde ich, wenn es meine Gesundheit zuläßt, hingehen. Ich begreife aber nicht, wo der Mensch das Geld zu diesem traitement hernehmen wird, denn die Umstände dieser Truppe sind sehr schlecht, der directeur ist vor einigen Tagen heimlich entwichen, und der Magistrat hat die Theatercasse in Beschlag genommen und besoldet daraus die Schauspieler. Am Ende wird diese fête wohl ein Picknick sein, wo ein jeder, was er verzehrt, immer bezahlen müßte.

Freitag, den 18. November, morgens

... So setze ich mich hin, um Dir einen getreuen rapport von der gestern Abend beigewohnten Hochzeitsfeierlichkeit abzustatten. Gestern um 5 Uhr nachmittags begab ich mich zu Hertzberg um zu erfahren, wie die Sachen eigentlich stünden. Er sagte mir, die Officiere hätten sich entschlossen den Abend hinzugehen, wir wollten nun erst Thee trinken und uns dann auch hinbegeben, welcher Vorschlag mir bei meinem noch immer fortbestehenden Kathare sehr erwünscht war. Als wir in das Versammlungszimmer traten, fanden wir schon einige Spielpartien von Honoratiores arrangiert, der Bräutigam und die Braut traten sogleich auf uns zu und machten einige tiradenvolle Antrittskomplimente. In dem Bräutigam erkannte ich den neulich auf den Brettern ganz wüthenden Franz Moor, der heute, in Schwarz gekleidet mit gekräuseltem Haar, in höchst demuthsvoller Stellung das ganze Ungemach zu fühlen schien, das seiner in dieser neuen Lage harrte. Die Braut, eine sehr blasse Schöne, war dieselbe actrice, welche neulich im höchsten Enthusiasmus dem souffleur, als er ihr nachhelfen wollte, zurief: „Ik wet et schon." – Die Versammlung war nicht sehr zahlreich, da viele von den Eingeladenen aus Furcht, viele milde Beiträge geben zu müssen, weggeblieben waren. Das Theaterpersonal war größtentheils versammelt, und es war mir besonders interessant, wie diese Diener der Musen versucht hatten, Armuth, Elend und Jammer hinter ein halbmodernes Decorum zu verstecken, und wie alle ihre Gesichtsmuskeln von froher Erwartung strotzten an diesem Tage neben dem ihrem Ehrgeiz schmeichelnden Gefühle, in einer großen Gesellschaft zu sein, auch noch die Aussicht auf Weißbier, Tabac, Butterbrot, Braten und einen Schnaps zu haben. Als mein Begleiter und ich uns von einigen dienstwilligen Unterhaltern befreit hatten, giengen wir, da uns die Gesellschaft im großen Zimmer nicht anstand, in ein kleineres, wo wir uns unsere Pfeifen geben ließen ... Wir wurden bis zur Abendunterhaltung ziemlich ungestört gelassen, zu welcher man uns höchst demüthig ins andere Zimmer zu kommen einlud. Wir folgten dem Rufe und fanden einen ziemlich wohlbesetzten Tisch, woran mich nichts schoquierte als sechs ungeheure Biergläser, die, mit weißem und braunem Getränk angefüllt, den Tisch in symmetrischer Ordnung zieren sollten. Oben standen zum Überfluß zwei bouteillen Franzwein aufgepflanzt, unten aber zwei Flaschen mit Schnaps. Nachdem die Honoratiores zugelangt hatten, fielen nun auch die Schauspieler nebst Weibern und jungen [... ?] mit rasendem Heißhunger über die Eßwaren her. Das that den armen, verhungerten Mägen, die seit fünf Wochen von der durchgegangenen Direction keine gage bekommen hatten, einmal wieder recht gut. Es währte nicht lange, so waren die Vorräte merklich weniger geworden. Die beaux restes sammelte die erste Liebhaberin in ein Schnupftuch zusammen, um die Zeugen, daß sie diesen Namen mit der That führte, noch einige Tage damit zu erquicken; nach Tische wurde von uns chapeaux das Geld für die Musik zusammengeschossen, und nun fingen die Trompeter ein Concert an.

Sowie die Tische weggeräumt waren, wurden Polonaisen getanzt. Da niemand sich ausschloß, so mußte ich mit meinem lahmen Fuß und Kathare dennoch einen Ehrentanz mit der Braut machen. Sobald er beendet war, setzte ich mich mit Hertzberg in eine Ecke und sah dem Wesen zu. Da kamen Dir ganz närrische Tänze zum Vorschein. Ein Schlächterssohn tanzte gewöhnlich vor, und gab, als etwas aus der Mode gekommener Stutzer gekleidet, sehr kunstvolle Touren an. Besonders wurden viele Menuette getanzt. Einen ganz neuen Tanz sah ich auch hier, nehmlich eine ecossaise menuett. Da hierzu nur ein Paar erforderlich ist, so paßt sich dieser Tanz sehr gut für unsere Privatbälle in Gossow. Nachdem wir bis 12 Uhr dort dem Tanze zugesehen hatten, so gieng ich mit Hertzberg nach seiner Wohnung, tranken dort noch Thee und sprachen von besseren Gegenständen, als wir auf dieser miserablen Hochzeit gesehen hatten.

... Ich stand am Morgen mit ziemlich starkem Schnupfen wieder auf, und habe soeben dem jungen Ehemann einen guten Morgen bieten lassen, begleitet von einigen Thalern als Erkenntlichkeitsbezeugung für seine mir erwiesene, unverdiente Ehre der Einladung.

In Berlin auf der Forstkammer

Seit 30 Stunden lebe ich nun wieder getrennt von Dir, mein Jüngchen – aber wie, das fühlt sich nur und sagt sich nicht. Alle die Lieben, deren Gesellschaft mich sonst so beglückt, können mich bis jetzt nur noch wenig für das entschädigen und trösten, was mein Herz noch immer überall vermisst. Ich bin noch immer so allein – und von dieser betrübten unbeschreiblichen Sehnsucht wird, trotz allem meinem vernünftigen Nachdenken, wohl nur die Zeit allein mich wieder heilen.

... Meine Nase ist auch noch sehr schlimm, das Weinen hat sie wohl noch etwas mehr verdorben; ich hoffe durch die Sahnespeise, womit ich sie fleißig bewirte, mich bald wieder mit ihr zu versöhnen.

... Tantchen kam hernach und lud mich zu einem Spaziergang im Garten ein – der Regen verjagte uns aber bald wieder. Abends haben wir wieder gelesen, in der „Adelheid", wobei wir uns aber nicht mehr so gut amüsierten als den Abend vorher. Es kommt gar zu viel von der französischen Revolution darin vor, – wovon mein Taubengemüth ohnehin nicht gern etwas hört.

... Von meinen Haaren habe ich in meiner Kommode nichts gefunden, ich habe daher andere für Dich eingepackt, willst Du noch mehr haben, so befiehl nur, ich habe noch guten Vorrath, mein zärtlicher Geliebter.

Adieu, mein liebstes süßes Jüngchen, tausend schöne Grüße von meinem Mütterchen, Tantchen und Siefchen und von mir tausend Küsse auf den freundlichen, hübschen Mund und den beiden Händchens auch einige.

Ganz
Deine Henrine

Mein einzig liebes Jettchen!

Gestern abend um neun Uhr kam ich hier erst von einer durch den üblen Weg höchst beschwerlichen Reise an, nachdem ich die Güte des Onkel Hagens wegen des äußerst bequemen und warmen Sitzes oft mit inniger Dankbarkeit erkannte.

Hier traf ich unglücklicherweise ein leeres Nest, da Johan, durch meinen Brief verführt, zum Essen gegangen war.

Ein dienstfertiges altes Mütterchen, die Wirtin des Hauses, führte mich mit vielen Entschuldigungen in ein ödes, düsteres Zimmer parterre, weil mein eigentliches logis noch von einem Herrn bewohnt würde, der aber sogleich mit mir umtauschen würde. Da man mir sagte daß Fix [Burgsdorff] sehr angelegentlich nach mir gefragt habe, so gieng ich en attendant in Reisekleidern zu ihm ...

Nach Tische begleitete er mich nach Hause und ist bis zum Schlafengehen bei mir geblieben. Zu meiner Freude fand ich ihn ungemein heiter, er ist bis zum Überfluß elegant, geht bei Hofe etc., und so sehr er auch behauptet, daß er sich selbst dort unglücklich fühlt, so glaube ich doch, daß dies die beste Kur für ihn ist.* Näher fühlte ich mich gestern abend nicht aufgelegt mit ihm zu reden, doch soll es nächstens geschehen. Über unsere künftige Bestimmung ist noch nichts entschieden, alles ist in der größten confusion, da niemand weiß wem er angehört. Die Commissionen sollen in Zukunft wegfallen, doch sollen wir, wie es heißt, die angefangenen Arbeiten beenden. Fix hat Exzellenz von Voß[29] besucht und sich seiner Gnade empfohlen, da es allgemein heißt, daß die Forstjunker unter sein Departement zu stehen kommen. Ich werde gleiches tun und mich noch durch meinen Vater ihm schriftlich empfehlen lassen. Knobels-

---

* Fix ist verliebt in Siefchen, wurde aber abgewiesen

dorffs sind wohl. Fix hatte sie gestern abend im Konzert gesprochen.

Die Aufträge, hoffe ich, sind alle besorgt, und es folgen eine Menge Pakete. Kölnisches Wasser erfolgt, flüchtiges Salz aber und Pomade noch nicht, weil ich beides selbst kaufen muß und Scheel (der Bärwalder Lohnkutscher) auf schleunige Abfertigung dringt.

Von meinen Gefühlen bei unserer Trennung, von meiner gegenwärtigen Stimmung und von der Leere, die ich empfinde, schweige ich, du weißt, mein geliebtes Leben, wie unsäglich ich dich liebe, daher glaube ich jeder Versicherung davon überhoben zu sein, die mich nur noch wehmütiger macht.

Für dein Wohlergehen, mein Jettchen, habe ich jeden Augenblick gebetet, gebe doch Gott, daß du dein Übel glücklich überstanden hast und ich recht bald durch heitere Nachrichten von deiner Wiederherstellung erfreut werde. Flörchen hat Fix gesprochen. Er ist sehr heiter gewesen und hat weitergespielt.

Da ist der ungeduldige Scheel schon, ich muß schließen, mit nächstem Posttag ein mehreres ...

Meine Adresse ist Jägerstraße Nummer 57.

... Nachdem ich Scheel abgefertigt hatte, gieng ich zu
Oertzen[23], bei dem ich ein Frühstück einnahm und bis zum
Mittag blieb. Wir sprachen viel von dem, was uns begegnet
war, und besonders von einer gewissen Dame ...

Mittag aßen wir zusammen bei Krausens, wo es jetzt sehr
voll ist. Nach Tisch gieng ich weg und ließ Oertzen zurück, der
sich ganz dem Teufel, d. h. dem Spiel ergeben zu haben
scheint, und mit dem ich daher, wenn er dieser Leidenschaft auf
die Dauer lebt, wohl nicht viel Umgang haben werde. Bis fünf
Uhr blieb ich zu Hause, bezog mein logis, was, die Annehm-
lichkeit der Gegend abgerechnet, ganz unter aller Kritik ist und
Oertzens Geschmack keine Ehre macht. Mir bangt ganz vor
dem Makel, den es meiner reputation auf den Guideon [31.
März, der Tag, der für die Reise der Levetzows nach Berlin vorgesehen war] anhängen wird, und hätte ich nicht so einsichts-
volle Freundinnen und mein liebes kleines Weib zu bewirten,
so gäbe ich den Plan ganz auf aus Furcht, mich zu blamieren.
Um fünf Uhr gieng ich zu Herrn Greuhm[13], der eine herzliche
Freude hatte mich wiederzusehen, sein Bruder, der Hofrat, kam
auch, und wir rauchten eine Pfeife zusammen ... Mit Greuhm
gieng ich in die Braut von Messina, die nach meiner Meinung
überaus schön gegeben wurde. Die Chöre machen eine bessere
Wirkung, als ich dachte, die Dekorationen sind sehr schön, nur
ist das Stück im letzten Akt zu gedehnt, um nicht zu ermüden.
Einige Stellen, welche Beserodt als Manuel sehr schön deklamierte und die das Gefühl der Liebe schilderten, ergriffen mich
wegen der Wahrheit, die ich tief empfand, wundersam, und die
treffliche Poesie, so deklamiert, entlockte meinem Auge Tränen. Auch der Monolog der Fleck rührte mich tief. Sehr schön
wird ebenfalls der Cesar von Bethman gespielt, minder gut die
Mutter von der Meier ...

Was macht meine Henriette? ist ein Gedanke, der mich diesen Abend wie immer foltert. Hast du dein Ungemach glücklich überstanden? O gewiß, mir flüsterts eine frohe Ahnung zu, ich habe ja den Trost, daß Gott jeden Engel beschützt und also dich mein Mädchen vorzüglich. Hätte ich nur erst einige tröstende Zeilen von deiner lieben Hand ...

Wieviel gäbe ich in diesem Augenblicke für einen einzigen Kuß von deinen himmlischen Lippen.

... Ich wanderte ins Theater, um Wallensteins Tod zu sehen. Ich gestehe, ich wünschte, man hätte dies Stück dem Namen des verstorbenen Flecks zum Totenopfer gebracht. Iffland spielt den Wallenstein mit Fleiß und Kunst, wie sich das von einem so großen Künstler nicht anders erwarten läßt, aber Fleck erreicht er in dieser Rolle bei weitem nicht. Bei Iffland vergaß ich nie den Schauspieler, Fleck war der wahre Wallenstein; man vergaß bei seiner Vorstellung, daß man vor der Bühne stand. Iffland bewunderte ich bei jeder Rolle, bei Fleck vergaß ich diese Bemerkung; bei ihm als Wallenstein feierte die Kunst gewiß den höchsten Triumph – sie verwandelte sich in Natur. – Das Stück wurde übrigens sehr schön und prachtvoll gegeben, bis auf Reinhard und die Meyer, die ekelhaft spielen. Auch die Symphonien, von Weber[32] besonders zu dem Stück verfertigt, sind überaus schön.

Nach dem Schauspiel kam der kleine Greuhm zu mir. Wir aßen etwas Spickgans zusammen, und ich machte ihn zum Vertrauten unserer Liebe, da Knobelsdorffs ihm gewaltigen Verdacht beigebracht hatten. Er nahm so herzlichen Anteil an meinem Glück und hatte von K. eine so vorteilhafte Schilderung von Dir mein göttliches Mädchen bekommen, daß wir uns in diesem Gespräch bis 2 Uhr vertieften. Nun noch in aller Kürze sage ich Dir, mein Henrinchen, die süßeste Nacht, versichere Dich, daß ich jeden Augenblick Deiner am heutigen Tage mit der heißesten Liebe gedacht habe und gern für einen Kuß von Dir alle meine heutigen Plaisirs aufgegeben hätte. Gute Nacht, mein lieber, heiliger Engel! Ach möchtest Du doch ganz wiederhergestellt sein!

... Heute früh, wie es wieder noch ganz dunkel war, standen wir schon auf. Um 12 gingen wir spatzieren, und bekletterten alle Berge am Belgenschen Weg, um uns die hiesige wundervolle Gegend recht zu beschauen. – Die neblige Luft verdarb uns aber den Spaß.

Sonntag nachmittag

Mit mehr Wißbegierde denn jemals habe ich heute die Zeitungen durchsucht und gelesen ... Ich las die Theater- und Concertnachrichten mit mehr Passion denn jemals, ... und glaube mich nicht ganz in meinen Ahndungen zu trügen, wenn ich Dich zum Beispiel heute Abend mir im Concert denke ... Vorigen Mittwoch in der „Braut von Messina" – und „Wallensteins Tod" hast Du gewiß auch besucht. Alle diese Nachspürungen sind mir so interessant, daß die Zeitungslektüre mir jetzt unentbehrlich werden könnte, so gern ich mir es auch künftig etwas abgewöhnen werde.

O liebes Jüngchen, ich wiederhole bei dieser Gelegenheit noch einmal die Bitte, daß Du Dir doch ja so viele Veränderungen und Vergnügungen diesen Winter zu verschaffen suchst als nur immer möglich, denke doch, daß eine jede von Dir froh und lustig hingebrachte Stunde die höchste Freude Deines Mädchens ausmacht, so wie dagegen der Gedanke nur, Du könntest Dir um meinetwillen etwas versagen wollen, mich schon schrecklich beunruhigt.

... Die Bitte, die mein edles Mädchen an mich thut, mich recht zu divertieren, erkenne ich mit heiliger Rührung. Wenn ich diesen Winter aber einsamer wie sonst lebe, so geschieht das teils, weil ich meine süßesten Stunden jetzt in der Einsamkeit, von deinem Bilde umschwebt verlebe; teils aber auch, weil ich mich fleißig zu meinem Examen vorbereite. Du bist ja der Preis, um den ich ringe und arbeite, mein Jettchen, wie sollte ich mich mit diesen Gedanken nicht besser in der Einsamkeit und unter Geschäften vergnügen als in den rauschendsten Vergnügungen. Bei meinem souper war Oertzen mein Gesellschafter, der jetzt das Spiel etwas eingestellt hat. Als ich deinen Brief gelesen hatte, kam der Hofrat Greuhm und blieb hier, bis ich in die Oper gieng ...

Nach der Oper bat mich Burgsdorff, seine Schwester zum Wagen zu führen. Da mußte ich mich fast eine Stunde durch die Menschen drängen, ehe wir die Kutsche herausfanden; und daher kam ich erst sehr spät zu Hause.

Meine Verliebtheit und mein spätes Schreiben hat mich eines großen Schrecks überhoben. Seit einer Viertelstunde ist nähmlich Feuerlärm; und obgleich das Feuer sehr weit ist, so ist doch ein solcher Lärm auf den Straßen, daß ich gewiß einen großen Schreck gehabt hätte, wenn ich aus dem Schlaf erwacht wäre. Hier in Berlin kann man indes ruhiger als anderwärtig sein, weil die Löschungsanstalten vortrefflich sind.

Die jüngste Heim ist noch immer wahnsinnig, doch soll sie zuweilen vernünftige Stunden haben und körperlich ganz gesund sein. Sie hat einen gewissen Hermsdorff zum Liebhaber gehabt, auf Beraten der Eltern hat sie sich aber mit den Kriegsrat Nagel versprochen. Als die nun diesem Hermsdorff, der jedoch nie sich etwas von ernstlichen Absichten hat merken lassen, ihre Verlobung bekanntmacht, dreht er sich kalt um und antwortet nichts; und diese Kälte soll das arme Mädchen um ihren Verstand gebracht haben. Den Nagel habe ich aber täglich gesehen, und der ist ganz munter, welches mir ganz unbegreiflich ist, denn wenn er gleich die unschuldige Ursach ist, so sollte ich doch glauben, der Gedanke, daß ein Mädchen, mit der er versprochen war und die er liebte, wahnsinnig ist, müßte ihm den Verstand auch rauben. Aber so sind die Berliner jungen Herrn, das ist so eine großstädtische Liebe, und die ist selten viel wert.

Noch stürmt und lärmt man draußen unaufhörlich. Da das Feuer aber eine Viertelmeile fast von mir entfernt sein soll, so will ich versuchen, ob ich schlafen kann, da ich morgen ohnehin früh wieder an die Arbeit muß. Gute Nacht, lieber heiliger Engel.

Kann Mütterchen auch vielleicht noch keine Pferde zur Feier des Guideon (31. März) kriegen, so stehen mir doch welche zu Gebote, und so soll ihn der Teufel nicht ganz holen. Wenigstens muß ich dich vor dem April noch einmal küssen, und wäre es nur einen einzigen Tag, sonst halte ich es wahrlich nicht aus.

Sonnabend morgens

... Noch fällt mir ein, daß ich dir gestern vergessen habe, den Punkt in betreff des Zeitungslesens zu beantworten, welches du dir abgewöhnen willst. Glaube nur nicht, mein Jettchen, daß ich gegen solche erlaubte und Deinem Verstand soviel Ehre machende Vergnügungen und Zeitverbringungen etwas einzuwenden habe. Im Gegenteil wünsche ich diese Passion immer von dir unterhalten zu sehen, und wenn ich gleich zuweilen mich dagegen etwas empfindlich geäußert habe, so geschah das bloß aus Egoismus, um das Vergnügen deiner Unterhaltung nicht so lange entbehren zu müssen.

Also lies nur, mein Mädchen, und denke dabei, daß ich, um dir in allem ähnlich zu werden, jetzt die Zeitungen selbst so passioniert lese, daß ich sie mir auf meine eigene Hand halte.

Durch Knobelsdorffs, welche Dienstag von hier abreisen, schreibe ich dir wieder. Bis dahin lebe wohl, mein Alles, und vergiß nicht

Deinen
treuen Carl.

O gütiger Himmel! Welche entzückende Freude hat mir dein
Brief, mein geliebtes Mädchen, gemacht, den ich diesen Nachmittag an mein freudetrunkenes Herz drückte.

Nun bist du noch immer wohl, mein Engel, das freut und
ängstigt mich zugleich. Denn ich befürchte, daß dies längere
Ausbleiben das Übel, wenn es eintritt, schlimmer macht. Ach
möchtest du es doch jetzt schon glücklich überstanden haben
und ich bald aus meiner unsäglichen Angst gerissen sein. Für
deine Nase bin ich auch etwas besorgt, nicht, als wenn du mir
mit verhäßlichter Nase nicht ebenso lieb als jetzt wärest, sondern um deiner selbst willen. Nimm sie nur ja vor Kälte in
Acht und lege nicht Pflaster, sondern lieber bloße Milch auf ...

Dein Tuch, mein liebes Mädchen, noch mehr aber deine einzig lieben und rührenden Wünsche für mein Wohl, die du besonders an meinem Geburtstag geäußert, haben mich innig gerührt ... Siefchen danke ich herzlich für das schöne Uhrband und
Mütterchen und Tanten ebenfalls für die Feier meines Geburts-
tages, ich bin in der Tat zu beneiden, von euch allen so geliebt
zu sein; meinem Verdienst kann ich es wahrlich nicht beimes-
sen, sondern klar der Güte deiner Verwandten, doch niemand erkennt diese Liebe und Freundschaft gewiß inniger und legt
mehreren Werth darein als ich.

Tagebuch

Nach Beendigung meines Briefs an mein geliebtes Jettchen
gieng ich aus, um Visiten zu machen. Die Geheimräte trösteten
mich alle, gaben mir die besten Hoffnungen, ermahnten mich
aber zur Geduld, da jetzt noch nichts reguliert und bestimmt
sei. Sonst hätte ich es ruhig abgewartet, aber jetzt – ein Verliebter und Geduld, wie reimt sich das? ...

... Ich arbeitete, bis es finster wurde, wo Greuhm, einige Minuten darauf dann der wilde Wolff, der verrückter als je ist, zu mir kamen. Wolff bat uns, mit ihm nach dem Lagerhaus zu kommen, wo wir den ganzen Abend musizieren wollten, zu dem Ende fuhren wir drei nebst einem großen Violoncell dahin und spielten bis zehn Uhr teils Trios, teils Vokalmusik. Greuhm kam mit mir um 10 Uhr nach meinem logis, wo ich ganz allein war, da Johan zu einer Gevatterschaft bei Oertzens Bedienten auf Mittag und Abend ausgebeten war. Um elf Uhr kam Oertzen, der seine Stube zu dem Schmause hergegeben hatte und also noch nicht zu Hause gehen konnte. Wir vertieften uns drei ins Gespräch bis 12 Uhr, wo dann die Herren weggehen wollten. Hier entdeckte sich aber, daß mein Haus verschlossen war und Johan wahrscheinlich, um mich nicht zu stören, meinen Hausschlüssel mitgenommen hatte. Bei meiner Unbekanntschaft mit den übrigen Bewohnern des Hauses war jeder Ausweg abgeschnitten, und die Herren mußten bis drei Uhr morgens bei mir bleiben.

Nun hätte ich aber doch noch geschrieben, wenn nicht ein gänzlicher Mangel an Licht in meiner Ökonomie geherrscht hätte, weshalb ich wohl oder übel das Bette suchen mußte ... Mir gefällt es hier nicht besonders, wie ich es voraussah; das Leben hier paßt nicht für mich, es weicht gar zu sehr von dem Bilde häuslicher Glückseligkeit ab, das mir in Deinem Besitz vorschwebt.

Ich schwebe bloß in einer frohen Zukunft, und dies konnte ich ungestörter in meinem einsamen Driesen. Dazu kommt, daß die Ungewißheit über die baldige Änderung meines Schicksals, das neue Empfehlen bei Menschen, denen ich unbekannt bin, mich sehr verstimmt. Doch mißverstehe mich auch nicht, mein Mädchen, und denke nicht etwa, daß ich, undankbar gegen die gütige Vorsicht, vergäße, daß ein Eden in meiner Seele wohnt durch die Hoffnung Deines Besitzes. Dieses frohe Gefühl verläßt mich nie und erhält meinen inneren Menschen aufrecht, wenngleich der äußere durch gewöhnliche und unvermeidliche Unannehmlichkeiten, die das Geschick immer spendet, etwas gebeugt wird.

Montag abend

Fix kam eine Stunde vor dem Theater zu mir, und wir giengen in Kabale und Liebe. Dies Stück ist eines meiner alten Lieblingsstücke welches mich besonders in meinem 16. bis 18. Jahre völlig bezauberte. Das faible für das frühe Werk Schillers hat sich bei mir erhalten, man hat es meinem Ideale aber noch nie entsprechend gegeben, und vollends heute ward es mit vieler Nachlässigkeit, bis auf wenig Scenen ausgenommen, gegeben. Dabei war es in Parterre und Logen so unruhig, daß man kein Wort ohne Mühe verstehen konnte.

... Abends holte mich Greuhm zu Wolff ab. Wir konzertierten von sieben Uhr bis ein Uhr nachts, tranken dabei Tee und soupierten. Ich muß gestehen, dies ist das einzige Vergnügen, welches ich leidenschaftlich liebe und welches mich zerstreut, lauter neue Sachen zu spielen. Wir drei sind alle gleich leidenschaftlich für die Musik eingenommen; und spielen lauter Sonaten für Clavier, Flöte oder Violine und Violoncell, zwischen jeder Sonate wird eine Arie gesungen. Wolff bekommt aus einer Musikhandlung täglich, wenn er will, neue Sachen, ich verspreche mir daher von dieser Unterhaltung manchen fröhlichen Abend.

Heute mittag gieng ich mit Wolff zu einem Musiker und mietete mir ein recht schönes Fortepiano, wofür ich monatlich 2 Rtl. geben muß. Danach debauchierte ich etwas und gieng mit meinem Begleiter zu Sala Faroni, wo wir etwas Kaviar und englisch Oel[*] genossen. Wie gerne hätte ich den Kaviar Euch allen, besonders aber Tante Hagen gewünscht, die ihn, wenn ich nicht irre, so gerne ißt ...

Heute arbeitete ich bis fünf Uhr und gieng dann mit Wolff in die Probe von der künftigen Oper. Die Musik ist sehr schön und wurde bis auf einige Stellen, welche noch nicht gehörig giengen, sehr gut exerziert. Es ist ein neuer Tenorist für dies Karneval allein mit 3000 Rtl. engagiert, der den einzig schönen Tenor singt, den ich je gehört habe. Lächerlich ist es, was die Kapell- und Balettmeister bei so einer Probe wüten. Himmel kam bei einigen Stellen, die nicht gehörig giengen, ganz außer sich und fing an zu schimpfen und zu fluchen. Die auf dem Theater verteidigen sich, und so zanken sie sich eine Weile in italienischer oder französischer Sprache herum. – Dann wird aber, wenn der Kapellmeister befiehlt, die Stelle oder, nach Be-

---

[*] = Ale?

finden der Umstände, der ganze Chor oder die Arie wiederholt. Dergleichen Vorfälle stören zwar etwas, doch hört man die Musik am besten und bequemsten in den Proben.

In der neuen Oper kommen auch über 20 Pferde aufs Theater. Von diesen wurden heute einige störrisch und vollführten einen ungeheuren Lärm.

In dem dazugehörigen Balett „Psyche" tanzt die Engel und Gasperini wundervoll, ich wartete das Ende aber nicht völlig ab, sondern gieng um neun Uhr nach Hause, wo ich jetzt nach der Einnahme eines Butterbrots und etwas Gossower Spickgans meinem letzten, süßesten Geschäft obgelegen habe, nehmlich Dich, mein Engel, mit meinen Ereignissen bekannt zu machen und dir in kalten Worten zu sagen, was dir ein einziger Kuß besser und herzlicher sagen könnte, wie unbegrenzt ich dich liebe und hochachte, mein unschätzbarstes Kleinod.

Donnerstag abend

Heute morgen, mein einzig lieber Engel, gieng ich um acht Uhr auf die Kammer und blieb daselbst bis elf Uhr. Darauf gieng ich mit Fix zu Josty, wo wir Schokolade tranken, und von da zu Knobelsdorffs, von Knobelsdorffs gieng ich wieder auf die Kammer, blieb bis ein Uhr da und gieng darauf nach Hühnerbeins Hause [H. ist der Bruder von Th.s Stiefmutter]. Hühnerbein marterte mich etwas dadurch, daß er verschiedentlich sagte, er habe von bestimmt gehört, ich würde heiraten, worauf ich aber mit erkünstelter Spaßhaftigkeit erwiderte, ich könnte jetzt ja noch nicht heiraten, in Driesen sei, wie ich schwören könne, kein für mich heiratbares Mädchen etc. ...

Er sagte mir, auch meine Mutter hätte ihm geschrieben, soviel sei gewiß, ich brennte vor Liebe lichterloh, doch könnten sie noch nicht dahinterkommen, wer und wo das objet de ma tendresse sei.

Fama hat doch tausend Zungen und posaunt überall ...

Ich gieng zu Hause und arbeitete bis zur Zeit der Komödie. Alsdann sah ich die Jungfrau von Orleans, die heut mit besonderem Pomp gegeben wurde. Der Krönungszug ist in der Tat so schön, daß ich ihn jeder Operndekoration vorziehe. Er besteht gewiß aus 400 Personen im schönsten Kostüm. Beim Herausgehen sprach ich Geheimderath Bartels von unserem Departement, der mir die besten tröstlichsten Nachrichten gab. Er sagte mir, ich hätte die besten Hoffnungen bald placiert zu werden, jeder bleibe in seinem pas und behielte seine Aussichten, wir wären alle bedacht, und diese Woche würde schon der Einrichtungsplan dem König überreicht.

Diese Nachricht hat mich in die fröhlichste Laune versetzt. Ich gieng mit Fix in eine Loge des ersten Ranges, wo wir ungestört die Beendigung des Stückes abwarteten.

Jetzt habe ich eben ein deliciöses Stück Mettwurst zum Abendmahl verzehrt, welches wahrscheinlich deine kleinen lieben Finger, mein Mädchen, gestopft haben.

Dieser Gedanke war allein hinreichend, um mir den besten Appetit zu verschaffen.

Ach hätte ich doch erst einige Zeilen von dir wieder, lieber himmlischer Engel.

Ach Gott, ich liebe dich fast zu sehr – keine ganz frohe Minute genieße ich ohne dich.

Von dem heutigen Tage, mein göttliches, unvergleichliches Jettchen, weiß ich dir nicht viel besonderes zu sagen ... Um 9 Uhr kam Burgsdorff, der viel von den Fürstlichkeiten säuselte und der Königin heute beim Tanz die Hand gedrückt zu haben behauptete ...

Nimm heute vorlieb mit meinem mageren Journal, hättest du einen Mann, der an Hof gienge, so fiele es gewiß brillanter aus.

Sonntag abend

Ich gieng zu Knobelsdorff. Der Konsul lud mich ein, bei Schlegel das Kollegium von zwölf bis eins anzuhören. Um elf Uhr gieng ich von Knobelsdorff zu Oertzen, der eben beim Aufstehen begriffen war, und um halb eins nach der „Stadt Paris" und fand bei Knobelsdorff Wedell und Logau, sie giengen gleich weg und wir ins Kollegium. Der Vortrag von Schlegel war für mich von ziemlichem Interesse, er las mancherlei vor und deklamierte wie Finkenstein. Um zwei Uhr gieng ich nach Hause, aß, und arbeitete bis vier Uhr. Dann kam Wolff und spielte mit mir eine Sonate. Während der Zeit fanden sich Greuhm und Burgsdorff ein. Wir giengen sämtlich in die Opernprobe von der Ginicara. Es war aber so voll, daß wir für klingende Münze nur einen sehr schlechten Platz in einer sehr schlechten Loge neben dem Theater bekamen.

Hier hatte Burgsdorff einen Auftritt mit einem Judenbengel, der ihn von der Bank stoßen wollte. Fix strafte ihn dafür aber mit Nasenstüber. Ich setzte mich im Hintergrund auf eine Bank, wo ich gar nichts sehen konnte, und hörte die schöne Musik recht mit Verstand an. Dabei dachte ich so lebhaft an Dich, mein ganzes Glück, und stellte mir dich in allen Lagen mit verschiedenem Gesicht vor. Du glaubst gar nicht, in welche angenehme Stimmung mich diese Belustigung meiner Fantasie, verbunden mit dem lieblichsten Konzert, setzte. Nachher war der Pöbel aber etwas zu laut, und man konnte die Musik nicht gehörig wahrnehmen, Greuhm und ich giengen daher zu Eisendecker, einem Freund von mir, und Neveu von Iffland, der am schlimmen Hals krank war, und wo wir bis zehn Uhr blieben ...

Montag abend

Heute morgen, mein herrliches Jettchen, gieng ich auf die Kammer und blieb daselbst bis Mittag, auf dem Rückwege kaufte ich bei Kalbe et Cury und Gebrüdern Andous beikommende Kleinigkeiten ein ...

Anbei erfolgen einige kleine cadeaux, wobei ich dich sowie Sophiechen herzlich bitte, den guten Willen für die Tat zu nehmen.

1. Erscheint eine Büchse mit Jasminpomade, bedachtermaßen für Mütterchen.

2. Zwei Gläser huile antique zum Gebrauch für Dich, mein einziges Mädchen.

3. Ein Glas englischen Essig, der den Gestorbenen aus Charons Nachen wieder zurück ins Leben ruft.
   Dies ist das beste für die Nerven und zugleich stärkstes Reizmittel bei Ohnmachten, und ich hoffe, es soll Dir nötigenfalls gute Dienste thun. Allein es darf nichts davon an die Hände kommen, und man muß daher das Glas nicht zu dicht an die Nase halten, sonst wird die Haut zerfressen.

4. Ein Paar Ohrringe für Dich, mein Mädchen, für den täglichen Gebrauch. Ich habe sie so klein gewählt, weil es die Mode mit sich bringt und weil ich hoffe, daß sie Dir die Ohrlöcher wegen ihrer geringen Schwere nicht weiter aufreißen werden und mich beim Krügern auch nicht sehr inkommodieren werden.

5. Eine Tuchnadel nach dem neuesten Geschmack mit einer Gemme. Man trägt keine mehr mit Haaren, und weil Du noch ein Halsband von meinen schlechten Haaren bekamst, so möchte ich lieber das moderne.

Solltest Du aber durchaus eine Nadel mit meinen Haaren haben wollen, so tauscht vielleicht Siefchen mit Dir, da der Wert der beiden Nadeln gleich ist und Siefchen vielleicht diese moderne facon lieber ist.

6. Eine Kette, womit ich mich Sophiechens Andenken brüderlichst empfehle.

7. Eine Partie Sand von allerlei Farben, ebenfalls für meine kleine liebe Schwägerin, womit ich wünsche, daß sie bald billets doux mit einem ihrer würdigen Liebhaber bestreuen möge.

Nochmals, mein Mädchen, bitte ich dich, diese Kleinigkeit gütig aufzunehmen. Ich weiß dein bescheidenes, bloß Liebe verlangendes Herz nimmt diese geringen Geschenke mit ebender Freude auf, als wären es Geschmeide, die ich Dir jetzt ohne Schulden zu machen nicht wohl geben kann ...

Gern hätte ich Dir auch einige Paar Schuhe geschickt, aber du hast dein Maß mitzugeben vergessen, und so wagte ich es nicht aufs geratewohl. Schicke mir es doch aber ja recht bald. Mütterchens Tuch kommt ebenfalls mit ...

Lebe wohl mein zweites Ich – einen meiner Liebe würdigeren Titel weiß ich Dir nicht zu geben. Tausend Empfehlungen an Mütterchen und Siefchen, Hagens und Bredows. Lebe wohl,

Dein
treuer und Dich unaussprechlich liebender
Carl

... Heute morgen habe ich nun erst ein Päckchen mit Pfeifen-
röhren für mein Männchen besorgt und dann auch noch ein
Kästchen voll einiger soupers gepackt, für die unser Mütterchen
so gerne sorgt, Du erhältst dazu also: eine Spickgans, eine
Mettwurst, ein Gläschen mit Fett und eine Bratwurst, die noch
roh ist. Johan wird wohl dafür sorgen, daß sie Dir eines Abends
einmal mit etwas Bier in einem Tiegel weichgekocht wird,
dann läßt Du Dir Ertoffeln dazu kochen, und Du hast ein Gossower Abendbrot in optima forma, nur Dein armes Mädchen
fehlt, die vergebens wünscht, Dir die Ertoffeln dabei abschälen
zu können.

... Hauptsächlich möchte ich mein armes, liebes Männchen
gern ein Wort des Trostes sagen über die mancherlei Unannehmlichkeiten, mit denen Du jetzt kämpfst. – Ich denke immer, laß die alten Geheimräte und Ministers machen, was sie
wollen, – wir sind doch glücklich, und – versorgt oder unver-
sorgt – ist alles einerlei. An unserer Verbindung kann uns ja
nach Mütterchens Plan niemand hinderlich sein. Also, mein
Einziger, sorge für die Zukunft ja nicht, und suche die Gegenwart mit möglichster Geduld zu ertragen. Ich theile wahrhaftig
alle Deine Sorgen redlich mit Dir, bedaure Dich herzlich und
wünsche Dir täglich Muth und Geduld. Wie wird es denn mit
Deinem Examen?

... Morgen früh um 8 Uhr kömmt schon ein Wagen von Falkenwalde, uns zur Schweineschlachterei* abzuholen; ob wir
morgen abend wieder herkommen, ist sehr unbestimmt, ich
glaube es nicht, da es wahrscheinlich sehr viel zu tun gibt. So
ist denn morgen der erste unfreundliche Tag, den ich auch
schriftlich getrennt von Dir verleben muß.

den 5. Februar 1804

Papa erzählte uns vorgestern eine lustige Geschichte von Deinem Leibkutscher Scheel, vor ein paar Tagen hat er diesen auf
der Straße begegnet, wie er eben von einer neuen Berliner
Reise, wohin er den Leutnant Knobelsdorff gefahren hat, zu-
rückkommt. Papa erkundigte sich wie die Reise gegangen ist,
Scheel erwidert ganz phlegmatisch: „I die Reise ging recht gut
– aber meinen Herrn von Thadden häb ich nich gefohren – just
so schofel als Herr von Knobelsdorff met Branntwin schenken
ist, so schenerös ist mein Herr von Thadden, das is mal een
scheneröser Herre, daför kann er aber ok bi Nacht oder Dach
kommen, ick bin allemol sin ... Kutscher." – Auch schon vor
diesem habe ich mich über seine Dankbarkeit gefreut, wie er
damals von Berlin zurückkam und dem Onkel immer versichert
hat, Du hättest ihn so reichlich bezahlt. Sonst sind solche
Leute fast immer unzufrieden.

---

* Die großen Schlachtereien im Winter waren Hauptkampftage für Guts-
frauen und Haustöchter.

Das arme „Kleine Weib" in Falkenwalde war gestern sehr unpäßlich, sie hat einen rasenden Schnupfen und Reißen im Kopf, das Wurstgeschäft war ihr äklicher denn je, auch konnte sie sich beinah gar nicht darauf einlassen. Siefchen und ich haben sie möglichst unterstützt. Gestern morgen gegen neun fingen wir dabei an, und so habe ich in einem fort bis abends um 10 Uhr gearbeitet, eine halbe Stunde zum Mittagessen ausgenommen.

Sophiechen fuhr gegen Abend nach Hause, um die kleine Mutter nicht so allein zu lassen ... Heute morgen in aller Frühe habe ich selbst eigenhändig noch einige Würste für meinen kleinen Mann gestopft, die die Bredow mir versprochen am Donnerstag für Dich abzuschicken. Im Grunde könnte ich mich halb tot über dies zehn Meilen weit gesandte Wurstpräsent lachen – indes Du hast es haben wollen, also wundere Dich nicht darüber. Übrigens habe ich Deiner gestern wirklich unzählige Male gedacht – die schlaue Hanne wußte auch bei jeder Gelegenheit, „Herrn von Datten" zu erwähnen, Deine ganze erste Ankunftsgeschichte hat sie mir wieder vorgetragen. Ich glaube beinah auch, sie hat etwas gemerkt. Jetzt wird es wohl die höchste Zeit sein, ein wenig einzupacken und für die Toilette zu sorgen. – Ich muß also von Dir scheiden. Lebe wohl, mein einzig Geliebter, in Stolzenfelde, Gossow oder wo es auch sonst sei umschwebt Dich das Andenken immer mit gleicher Liebe und Wonne von Deiner treuen Henrine.

Als ich gestern abend, mein ewig teures Jettchen, den Brief an
Dich nach Knobelsdorffs geschickt hatte, legte ich mich auf
mein Sopha mit dem Entschluß, gar nicht mehr auszugehen,
und fing an, etwas in einem Buche über Forstwissenschaft zu
lesen. Das etwas starke diner und der Wein, den ich bei le boeuf
zu mir genommen hatte, machten mich aber nicht recht aufgelegt für diese Kopfarbeit, ich schlief daher ein Stündchen. Als
ich erwachte, war ich kalt geworden; in meiner Stube war es
nicht zum wärmsten, der Sturm tobte fürchterlich, und dies Unangenehme meiner Lage verstimmte mich etwas. In meiner
Schwermut dachte ich: du bist doch jetzt ganz verlassen, deine
Freunde divertieren sich jetzt, und niemand denkt daran, dich armen Verlassenen zu besuchen. Ich hätte in diesem Augenblick
viel darum gegeben, wenn irgendein Bekannter gekommen und
eine Stunde mit mir verplaudert hätte. Auf einmal trat Johan
herein und sagte, es wäre ein Kasten und Brief für mich mit
dem Knobelsdorffschen Wagen mitgekommen, die Leute könnten es aber nicht eher verabfolgen, als bis die Landrätin aus der
Oper zurück sei. Nun denke Dir selbst, mein himmlisches
Mädchen, das Entzücken, was ich hatte. Geschwind schickte ich
Johan nach der „Stadt Paris" zurück und dachte mit dankbarem
Herzen, verläßt dich auch jedermann, selbst alle deine Freunde,
so bleibt dir doch dein Weib getreu und steht bei jedem Trüb-
sinn, der dich befällt, dir als Schutzgeist und tröstender Engel
zur Seite. In kurzer Zeit drückte ich Deinen Brief an mein won-
netrunkenes Herz, und meine Trauer war in die reinste Freude
verwandelt. Dank für seinen ınhalt und für das damit Über-
schickte. Jeder Bissen dieser Eßwaren ist für mich von größerem Wert als die schönsten Leckerbissen der hiesigen Restaura-
teurs, mein Mädchen hat dies mehrste selbst bereitet oder doch
alles mit ihren kleinen lieben Händen eingepackt, alles
schmeckt daher noch einmal so süß.

... Ich gieng ins Theater. Von dem Stück selbst hörte ich nicht viel, sondern habe die ganze Zeit mit dem Oberforstmeister Bredow gesprochen [Verwandter des „Mütterchens" in Schwanebeck]. Morgen soll ich zu ihm kommen, um mit ihm Fortepianos bei Himmel zu sehen, von denen er eins kaufen will. Nach dem Theater gieng ich zu Eisendecker, der an einem Zahngeschwür sehr leidet, Iffland kam auch hin, und ich habe dort eine recht angenehme Conversationsstunde erlebt. Er erzählte, der Prinz Louis[21] wolle im Theater einen großen Maskenball geben, wozu allein 2800 Rtl. für Bauereien verwendet werden sollten. Es könne aber, wenn dies geschehe, in drei Tagen nicht gespielt werden, und er glaube daher nicht, daß der König es zugeben werde. Iffland behauptete, ich sei in diesen Jahren größer und stärker geworden. Das erstere glaube ich aber nicht, und das letztere wäre kein Wunder, da es mir in diesem Herbst so glücklich gegangen ist.

Donnerstag abend

Diesen Morgen gieng ich in gräßlichem Schneegestöber auf die Kammer. Ich befand mich schon beim Aufstehn nicht recht wohl, und mein Kopfschmerz vermehrte sich so, daß ich von der Kammer um zehn Uhr nach Hause gehen mußte. Die frische Luft und ein Stündchen Ruhe kurierten mich indes, und um zwölf Uhr gieng ich zu Junk, den ich nach den Veränderungen fragte.

Er sagte mir, die Minister könnten immer noch nicht einig werden, an Aufhebung der Forstmeisterei sei jedoch nicht zu denken, und in 14 Tagen würde alles reguliert sein. Bis dahin sollte ich nur noch mit meinem Melden zum Examen warten. Ich bat Junk, mir in dieser kurzen Zeit noch einigen Privatunterricht in manchen Geschäften zu geben, in denen ich noch nicht routiniert wäre, und er versprach es mir.

Werde ich ihm dafür auch gleich etwas Geld geben müssen, so habe ich doch den Vorteil, daß ich mich unter seiner Anleitung (denn er ist der schlimmste Examinator) am gründlichsten und sichersten aufs Examen vorbereite.

Sich zuweilen selbst erniedrigen schadet nichts, und wenn man sich selbst recht zurücksetzt, so behandeln einen dergleichen Menschen immer glimpflicher, als wenn man sich aufbläht.

Mit diesem Talisman hoffe ich recht gut durchs Examen zu kommen und glaube, hierzu einen recht guten sicheren Weg eingeschlagen zu haben.

Freitag, den 10. Februar, abends 12 Uhr

... Heute Morgen arbeitete ich bis 12 Uhr, gieng dann zum Schwanebecker [Oberforstmeister von Bredow aus Schwanebeck], um Kupfer zu besehen. Diesen hatte Burgsdorff zu sich gebeten, um seine Kupfersammlung, bestehend aus sechs Heiligenköpfen, zu besehen. Wir blieben bis zwei Uhr bei Fix. Danach blieb ich zu Hause an meinem Schreibtisch bis neun Uhr abends sitzen. Da kamen die beiden Greuhms und baten mich, in ihrer Gesellschaft bei Thürmann, einem Italiener, zu essen, welchen Ort man jetzt allgemein den Poetenkrug nennt, weil ein Heer moderner Posten dort alle Abende zusammenkommen und sich bis aufs Blut herumdisputieren. Eine Eigenheit dieser Leute ist es, sich selbst öffentlich für die höchsten und wirklichsten Poeten auszugeben und jedem anderen außer ihnen, sogar Schillern, alles Dichtergenie abzusprechen. Um solche Narren zu sehen, kann man schon einmal einen Thaler daran wagen.

Wir giengen also hin, fanden aber keine Poeten, wohl aber ein Heer komischer Menschen aller Natur und auch eine überaus galante Dame, die Frau eines Hofrats, mit der ich jedoch kein Wort gesprochen habe. Da wir einmal auf der Dichterjagd waren, so entschlossen wir uns, zu Dietrich, einem anderen Kaufmann, zu gehen und dort wie bei Thürmann eine Bouteille Porter zu trinken. Hier fanden wir den Musikdirektor Weber und Geheimderath Woldmann[30] (einen Poeten). Ersterer erzählte manches aus Paris, wo er eben herkam. Ein gewisser Graf Sandrezky, der mit in unserer Gesellschaft war, fieng mit dem Woldmann einen Disput über Bonaparte an, der sehr lächerlich war und bei dem wir uns bis jetzt amüsiert haben ...

Auf einmal hörte ich die Tritte des Briefträgers, den ich bereits am Gange kenne. Du kannst denken, mit welcher bangen Sehnsucht ich ihm entgegeneilte, aber er brachte einen Brief von meinem Vater und keinen – von meinem Bräutchen. Ach Gott, da sank mir aller Mut, und es dauerte eine ganze Weile, ehe ich mich in Geduld fassen lernte, bis Dienstag zu harren. Unbegreiflich ist es mir aber doch, wo Dein am Dienstag abgeschickter Brief geblieben ist. Die bösen Wege können zwar die Posten sehr aufhalten, aber so lange doch nicht. Für Dein Wohl habe ich jedoch den Mut, noch nicht zu zittern, da ich sonst gewiß durch das gute Siefchen einige Nachricht erhalten hätte. Ich will mich daher in christlicher Geduld und Ergebung fassen und die Vernachlässigung der Postämter oder den Schneckengang der Pferde hierdurch zu ertragen suchen ...

Mein Vater hat mir eben einen Brief an Minister Voß geschickt, den ich heute noch besorgen und ihm nächstens persönlich folgen werde. Ich spanne immer mehr alle Segel auf, um mich zu poussieren, laufe mir die Stiefeln entzwei nach allen den Herren und arbeite, soviel es meine Kräfte verstatten. Sonst wäre mir dies unmöglich gewesen; jetzt ist es mir leicht, denn du bist ja der Lohn, der meiner für alle diese Mühseligkeiten erwartet. Und womit könnte ich denn auch erwarten, ein solches Kleinod wie Dich verdient zu haben, wenn ich nicht alle Kräfte aufböte, um mir Deinen Besitz zu erwerben.

Die Sonnenfinsternis habe ich eben aus meinen Fenstern observiert. Meine Stimmung ist fast so trübe als der Himmel, doch ebensobald wird sie wieder heiter werden, wenn ich Dienstag ein Briefchen von meinem Abgott an mein Herz drücke.

... Lieber Gott, es bedarf so wenig, um zwei genügsame Menschen, wie wir sind, glücklich zu machen, daher habe ich das feste Vertrauen, daß die gütige Vorsicht alles zu unserem Besten fügen wird.

... Ich ging dann, um dem Herrn Oberforstrat Krause meine cour zu machen, in das Forstkollegium, welches am Sonnabend und Montag von ihm gelesen wird von vier bis sechs.

Von da gieng ich ins Theater. Man gab: „Das neue Jahrhundert", „Die Maler", und „Wallensteins Lager". Das erste Stück ist im genre der Kotzebueschen Possen geschrieben und enthält viel Witz. Eine Art von Kuhwackel ward von Unzelmann und ein naives Mädchen von der Fleck vortrefflich gegeben.

Das zweite Stück hat viel reellen Wert, besonders spielte Iffland, welcher den alten Maler, einen ehrlichen, biederen Mann machte, mit rührender Herzlichkeit.

Wallensteins Lager ward mit vielem Pomp gegeben, wegen der Menge Menschen, die aber durcheinander reden, will es sehr wohl memoriert und mit vieler Sorgfalt gespielt sein, wenn man es nicht unnatürlich finden soll. Beides geschah heute nicht immer und machte daher oft auf mich eine üble Wirkung ... Bei dem Schlußgesang ward ich aber so lebhaft an Gossow erinnert, daß mir die Tränen in die Augen kamen und ich das Haus vor Beendigung des Stückes verließ. Es ist sonderbar, mich kann nichts so lebhaft rühren, als wenn ich eine Arie, die ich an einem Orte, wo ich recht froh war, hörte, in einer anderen Lage, wo ich allein bin, höre.

Noch habe ich Gelegenheit zu bemerken, daß meine eigentliche Leidenschaft fürs Theater sehr geschwächt ist, denn ich ennuyiere mich jetzt gewöhnlich, wenn nicht gerade einzelne Stellen wie in Schillers Werken mein Herz mächtig ergreifen. Ich weiß mir diese Veränderung nicht anders zu erklären, als daß ich jetzt in der Wirklichkeit zu glücklich bin, um an Freuden teilzunehmen, von denen ich doch weiß, daß sie nur fingiert sind. Auch ärgere ich mich in jedem Stück über die kalten Klötze von Liebhabern und über die gefühllosen Schönen. In dieser Hinsicht fand ich sonst keine Mängel, jetzt hat mich aber mein Herz gelehrt, wie man liebt und wie man sich dabei hat, und das müssen diese Schauspieler nie empfunden haben, sonst würden sie in ihrer Kunst der Natur näher zu kommen suchen.

Sonntag abend 12. 2.

Meine schwache Hoffnung ward nicht zum Verräter, diesen Morgen hatte ich die unnennbare Freude, Deinen lieben Brief vom Dienstag zu erhalten. Alle meine Sorgen verschwanden ...

Die Äußerung von Scheel (Bärwalder Lohnkutscher) über meine generosité vermutete ich nicht, ich war wirklich über sein ewiges Jammern über den schlechten Weg, den ich doch nicht ändern konnte, überaus aufgebracht und glaubte ganz gewiß, er werde mit dem Biergeld, das ich ihm gab, nicht sonderlich zufrieden sein. Gewöhnt er sich noch etwas rascher zu fahren, so kann er vielleicht die charge eines immerwährenden postillon d'amour bei mir erhalten.

... Diese Woche denke ich noch meine cour bei dem Minister und den Geheimderäten zu machen, und bleibt es dann beim Frost, so denke ich vielleicht, die Strahlen des Mondes zu benutzen und Donnerstag den 23. in einem Tage nach Gossow in Deine Arme zu fliegen. Schreib mir, mein Mädchen, mit der Sonnabendpost, ob es bei Wrietzen über die Oder geht, und schicke mir Mittwoch Jaenicke oder Scheel mit einem leichten Fuhrwerk nach Wrietzen oder Freienwalde, die mich bei Kronberger erwarten. Verlaß dich aber nicht zu gewiß auf diesen Plan, er kann noch durch Tauwettergefahr bei der Oder und hiesige Abhaltungen vereitelt werden ...

... Wir kamen, wie es schon ganz dunkel war, in Stolzenfelde an und fanden Oelsen[22] ganz allein, außer seinem jüngsten Bruder, der in Göttingen studiert und jetzt zuhause reiste, um sich dort mit seinen Brüdern über die Erbschaft seiner Mutter zu vergleichen, die kürzlich gestorben ist. Ein äußerst interessanter, hübscher Mensch, der Dir gewiß auch sehr gefallen würde. Er hat nicht die mindeste Ähnlichkeit mit seinem Bruder, sowohl sein Äußeres als auch das Innere, wie ich glaube. Gerade so windbeutelig, wie jener ist, so solide ist dieser. Er spricht äußerst wenig, aber sehr hübsch, und scheint viel gelernt zu haben. Doch aber braucht Dir, mein Männchen, kein eifersüchtiger Gedanke hierbei durch Dein Köpfchen zu gehen, mein Herz ist so verwöhnt und durch Deine Liebe mit einer Mauer verpallisadiert, wo nur die Blicke eines unwiderstehlich freundlichen Auges durchdringen. Auch verleitet mich, glaube ich, Mitleid allein bei diesem zu einer besonderen Partheilichkeit, er war noch immer so sehr betrübt über den Tod seiner Mutter, die er wirklich mit einer Art von Schwärmerei geliebt zu haben scheint, so daß er noch jetzt, da sie schon vier Wochen tot ist, mit ewigen Thränen kämpfte. Wir brachten den ganzen Abend mit conversieren hin, wobei, wie Du wohl denken kannst, Oelsen manch Spaßettchen auf Deine Unkosten mit anbrachte. Er und sie schienen unseres Verhältnisses so gewiß zu sein, daß sie mich mit keiner einzigen Gewissensfrage beunruhigten. Indes habe ich mich möglichst verstellt und gleich Dir mit Hühnerbein recht über den sonderbaren Glauben gespaßt. Jedoch, glaube ich, verging keine Stunde, wo ich nicht einige Anspielungen hören mußte ...

Den anderen Morgen, Mittwoch, schliefen wir ziemlich lange und frühstückten hernach mit der Oelsen und ihrem Schwager. Wir beschäftigten uns dabei mit Pfeifenschnüren machen für den jungen Oelsen, auf besondere Bitte seiner Schwägerin. Gegen 11 Uhr kamen Dhvier, Sydow und Finkenstein aus Bärwalde und Lieut. Plessen aus Schönfließ. Fink benutzte den ersten Augenblick, wo es unbemerkt geschehen konnte, sich nach Dir zu erkundigen und mich um Gottes Willen um einen Brief für Dich zu bitten, wenn er nach Berlin reisen würde, welches in einigen Tagen geschehen soll. Ich mußte es ihm durchaus versprechen – er meinte, dadurch Dir um vieles willkommener zu sein –, und besuchen müßte er Dich auf jeden Fall ... Fink war übrigens sehr lustig und artig und in einem äußerst eleganten Civilkleide. Ich habe aber nur sehr wenig mit ihm gesprochen. Ich saß bei Tische bei Dhvier und dem Plessen, der ein unausstehlicher Schwätzer ist. Die Herren saßen bis beinah zu ihrer Abreise bei Tische beim Wein, wir standen auf, da die Großmutter von Oelsen, Frau von Sydow von Dobberphul, zur Nachmittags-Visite kam, da mußten wir den ganzen Nachmittag eine recht langweilige, steife Unterhaltung machen. Unser Herr Wirt hatte sich, wie mir es schien, selbst sehr gütlich beim Wein gethan, er war erst sehr lebhaft und hernach wurde er so müde, daß er fast den ganzen Abend schlief. Wir Übrigen haben uns bestmöglichst den Abend unterhalten. Die Officiere waren alle gegen Abend fortgefahren.

Sonnabend morgen

Ebenso glücklich und froh, wie Dein Mädchen Dich gestern abend verließ, wünsche ich Dir heute einen guten Morgen, einen so süßen, wie Du mir schon so manchen schönen Tag durch Deine Liebe schufst. Gewiß ahndest Du es schon, daß ich Deine letzten beiden Briefe schon wieder beim Frühstück gelesen und geküßt habe, daß ich jedes Deiner lieblichen Geschenke schon wieder besah und Dich in Gedanken recht herzlich dankte für die freundliche Sorge, womit Du ewig neue Freuden für mich schaffst ... Die Tuchnadel gefällt mir ganz außerordentlich

... die kleinen Ohrringe sind auch sehr hübsch und tragen sich besonders sehr angenehm, seit gestern Nachmittag bin ich bereits damit verziert – die beiden Gläschen huile antique riechen sehr schön –, könnte ich mich nur erst einmal für Dich damit parfümieren ... Alles, alles, was von Dir kommt, hat einen unbeschreiblichen Werth für mich, das weißt Du gewiß so gut, wie ich es Dir nur versichern kann ... Nur soviel wiederhole ich Dir, daß mir jedes dieser Geschenke und jede Kleinigkeit von Dir von mir als ein wahrer Schatz aus Deinem Herzen voll Liebe gesammelt, betrachtet, verehrt und geliebt wird.

Und welche süße, freundliche Worte begleiten noch diesmal alle diese cadeaux ... O Du mein Einziger, Du machtest mir ja ein Geschenk mit Deinem Herzen, wogegen alles Geschmeide der Welt unächt, ohne Werth ist. Und keinen weiteren Wunsch übrig läßt.

... Indes hoffe ich ja auch, mit der Zeit einmal Deiner nicht ganz unwürdig zu sein und möglichst den zärtlichen Namen, den Du mir in Deinem Briefe giebst und der mich unendlich beglückt hat, zu verdienen, Dein zweites Ich zu sein – ... Dein zweites Ich –, ich versichere Dich, stolzer hast Du mich beinah noch nie durch Deine Liebe gemacht als mit diesem Ausdruck.

... Wenn es möglich ist, mein Mädchen, daß einer deiner Briefe mir mehr Freude machen könnte als die übrigen, so wäre es mit diesem der Fall, so liebevoll und interessant als dieser war noch keiner deiner Briefe. – Doch dafür halte ich ja immer den letzten.

... Daß meine kleinen Geschenke von Dir aus dem rechten Gesichtspunkte angesehen sind, wußte ich im voraus, doch freut mich Deine Versicherung davon herzlich. Du bist zu bescheiden, mein Mädchen, wenn Du den Titel meines zweiten Ichs nicht zu verdienen glaubst, ich schwöre Dir, mein holder Engel, Du bist viel besser als ich, und ich verschrieb mich, denn Du bist wahrlich mein erstes Ich, viel, viel lieber habe ich Dich, als mich selbst ...

Freitag, den 17., abends

... Um neun Uhr früh gieng ich zu Voß, eine kurze Frist in der Antichambre verursachte mir etwas Herzklopfen, und ich stieß einige andächtige Stoßseufzer aus zu Gott, um das Herz und den Willen der Mächtigen auf Erden zu lenken. Ob diese Andacht oder Freund Fink die Ursach war, das lasse ich dahingestellt sein, genug, Sr. Exzellenz waren sehr gnädig; fragten mich, wie lange ich diente, in welcher Art meine Vorgänger placiert wären, wo ich studiert hätte, wo das Forstwesen studiert, wie lange ich hier an der Kammer, wo auf Commissionen gewesen und wie alt ich sei!, auf welche letztere Frage ich die einzige Lüge antwortete, nähmlich siebenundzwanzig volle Jahre. Darauf versicherte Exzellenz mit gnädigem Blick, sie würden für mich sorgen, doch wüßten sie noch nicht, auf welche Art, da jetzt noch alles in Veränderung sei. Von Aufhebung der Forstmeister sagte er mir nichts, und als ich zuletzt bat wenn Se.

Exzellenz etwas für mich thun wollten, so möchten sie mich beim praktischen Forstwesen plazieren; so antworteten dieselbe: Ja ja, wir wollen sehen, wie sich das machen läßt.

Ich werde nun die Herren Geheimdefinanzräte gehörig bitten, mich dem Minister besonders fürs praktische Fach zu empfehlen, und ich denke, wenn Voß näheres hört, daß ich mich meine Lebenszeit ordentlich und fleißig betragen habe, so wird er wohl meine Wünsche erfüllen, besonders da davon das baldige Glück eines Engels mit abhängt.

Gestern, mein liebstes Brautmännchen, konnte ich Dir kein
Wörtchen sagen. Um den Körper warm zu erhalten, mußte das
Herz frieren – dies klingt sonderbar, ist aber wirklich wahr, unser Logierzimmer ist immer so kalt, daß, um sich keiner Erkältung auszusetzen, muß man sich jeden Aufenthalt darin so viel
als möglich begeben, und so mußte ich mich auch aller schriftlichen Unterhaltung mit Dir gestern versagen, um einen ekli-
chen Schnupfen, der mich schon wieder bedroht, zu entgehen.
Ich fror also, wie gesagt, doppelt, kein Sonnenblick der Liebe
erwärmte mein Herz, das heißt kein mit Dir, Du mein Einziger,
zärtlich gesprochenes Wörtchen, und übrigens ist in dieser Kälte hier fast kein Zimmer zu erwärmen. Heute ist es indes sehr
viel besser, und ich benutze eiligst diese schöne Temperatur,
um Dich wieder einmal meiner immer gleich warmen Liebe zu
versichern. Auch muß ich Dir sagen, wie unaussprechlich ich
mich schon wieder im voraus zu Deinem Brief freue, den ich
hoffentlich in zwei Stunden an meine Lippen drücke.

Unsere Abreise von hier ist noch bis Donnerstag verscho-
ben, theils weil Mütterchen es nicht wagt, sich der Kälte beim
Nachhausefahren auszusetzen, und dann scheint Konsuls[17]
unsere Gegenwart so lieb zu sein, daß Mütterchen ihren freundlichen Einladungen nicht wohl widerstehen kann ... Heute
Morgen sind wir etwas spät aufgestanden, jedoch schon um 8
1/2 Uhr. Ich kämpfte vom Frühstück an immerzu mit mir, um
den Muth zu gewinnen, den Konsul um einen Bogen fein
Papier zu bitten, da niemand anders hier im Hause so etwas hat.
Ich weiß, daß Papier nicht gerne herausgeben eine Schwäche
von ihm ist; – was that er aber, nachdem ich ihn mein An-
liegen vorgetragen hatte – statt eines gewöhnlichen Blattes geht
er fort, um mir einen mit einem goldenen Schnitt zu holen mit
dem Bemerken, daß für einen solchen Bräutigam nichts als das

Beste gut genug sei, zugleich bot er mir einen Platz an seinem Schreibtisch an, den ich aber wohlweislich ausschlug, da ich seine Passion, in Briefe hineinzusehen, kenne. Eine schöne Empfehlung für Dich hat er mir auch aufgetragen.

Nein, mein Männchen, heute wäre es schlechthin vergebens, Dir durch die Feder auch nur die kleinste Idee von meinen freudigen Empfindungen, die mich seit Empfang Deines Briefes beglücken, beizubringen. Es ist die höchste Freude, von der ich so oft hörte, daß nichts in der Welt sie zu schildern vermag – Jüngchen, Du mein einziges süßes Leben, ich soll Dich wiedersehen, – in acht Tagen die Erfüllung meiner heißesten Wünsche in Deinen Armen finden. O, mein Geliebter, Dein liebevolles Herz weiß am besten, was Dein Mädchen bei diesem Gedanken der Wiedervereinigung fühlen muß ... Noch gestern abend, da ich zum ersten Mal den diesmaligen Mond gewahr wurde, dachte ich mit heimlichen Entzücken an die Freuden, die mir sein freundlicher Schein bewirken könnte. Mütterchen bemerkte die sehnsuchtsvollen Blicke, womit ich ihn ansah, und vereinte ihre herzlichen Wünsche mit den meinen.

Aber Gott, wenn nur die böse abscheuliche Oder uns keinen Querstrich macht ... Ich sende heute morgen Boten nach den Odergegenden aus, um Dir übermorgen recht bestimmte Nachrichten geben zu können. Auch Papa will ich morgen, so wie jeden, der nur etwas darüber wissen kann, danach befragen. Wollte der Himmel nur, daß sich unserem Glück nichts entgegenstellte und mit dem Eisgang meine süßesten Wünsche nicht zugrunde gingen. – Ich glaube, ich würde vor Betrübnis ganz und gar zu Eise, in der That, das wäre eine harte Prüfung.

Heute nachmittag um drei Uhr haben wir Sellin verlassen; in dem Augenblick, da wir im Wagen stiegen, brachte ein Bote aus Bärwalde mir noch Deinen Brief, unterwegs ward mein Herz mit den fröhlichsten Nachrichten erfreut, Du süßes Jüngchen. Wir fuhren ein paar Minuten in Falkenwalde herauf, um uns nach der kleinen Frau ihrem Befinden zu erkundigen, wir fanden sie ziemlich besser und wurden zu morgen mittag eingeladen.

Ich gab ihr auch Deinen Brief und habe bei der Gelegenheit erfahren, daß Florio gar nichts von dieser Wurstgalanterie weiß –
laß Dir also in seiner Gegenwart nichts davon merken.

Sehr froh über das anhaltende Frostwetter, welches unsere Wünsche so zu begünstigen scheint, wünsche ich Dir, mein Geliebter, einen ebenso heiteren guten Morgen – noch fünf Morgen, und ich wünsche ihn Dir in Deinem Zimmer vielleicht wieder mündlich, o glückliche Aussicht ... Liebes Jüngchen, wenn Papa Dich über Freienwalde kommen läßt, so setze Dich auch ja keiner Gefahr beim Überfahren übers Eis der Oder aus, laß ja erst vorher recht untersuchen, ob das Eis auch hält, und dann ist es doch wohl immer besser, Du steigst vom Wagen ab und gehst zu Fuß herüber. Verzeih all diese Ängstlichkeit und Sorge – Dich besitzen und für Deine Erhaltung zu sorgen ist zu sehr miteinander vereint.

Thaddens Besuch vom 23. 2. – 5. 3.

Gossow, Montag vormittag, den 5. März
(nach Thaddens Besuch)

... Das erste Stündchen, wie ich allein im Wohnzimmer aufs Sofa auf derselben Stelle saß, wo ich noch vor fünf Stunden in Deinen Armen war und frühstückte, war eigentlich die Zeit, wo Dein Wunsch mich zum starken Mädchen machte und meine Thränen ordentlich gewaltsam zurückdrängte. Ich eilte, mich bald mit Arbeiten noch mehr zu zerstreuen; so vernähte ich den ganzen Vormittag, ohne einen Augenblick zu ruhen, als wenn ich mit hoffenden Blicken das Wetter besah oder nach der Uhr die schmerzliche Weite unserer Entfernung berechnete. Nach Tisch kamen bald Zeitungen, bei denen ich von neuem wieder Deine Abwesenheit innigst betrauerte, theils, weil Dein Vorlesen mich wieder verwöhnt hatte und auch, weil sie wirklich so sehr interessant waren wegen der Verschwörungs-Nachrichten wider Bonaparte. Auch waren wunderbare Dinge unter den Vermischten Nachrichten zu finden, die ich Dir, da ich Deine Theilnahme und Bewunderung für dergleichen kenne, mittheile, da Du es bei Deinen vielen Geschäften übersehen haben kannst. In Preußen lebt ein Ehepaar, welchem in 24 Jahren 26 Kinder geboren sind, und ein anderer Edelmann hat mit drei Frauen 36 Kinder bekommen, die sämtlich noch am Leben sind. – Jüngchen, so wenig lächerlich mir auch gestern war, so mußte ich doch, da ich dies las, recht sehr lachen, wenn ich mir Dein Gesicht, indem Du dies liest, denke.

Dienstag vormittag

Guten Morgen, mein angebetetes Jüngchen, ich eile, Dir mein gestriges Tagebuch zu ergänzen, da der Nachmittag mir Stoff zu mancherlei Erzählungen giebt. Wir wurden nehmlich bald nach Tische in unserem ruhigen Arbeiten durch schreckliches Schellengeläute und Knallen gestört. Florios, Finkenstein, Lanken und Sydow machten uns diese Überraschung und blieben bis 6 Uhr bei uns ... Florio und Fink waren beide sehr gut aufgeräumt und machten viel Conversation. Deinen Auftrag an letzteren hatte ich bald Gelegenheit zu besorgen, da ich mich mit ihm allein in einem Fenster befand und er sich sogleich nach Dir erkundigte.

Er war sehr galant und artig. Auch bedauerte er unendlich, daß Du nicht in dem Concert warst, da es sehr schön gewesen sei ... Wenn Du noch vielleicht etwas ausführlicher über dieses Concert zu wissen wünschst, darfst Du Dich nur an Deinen Freund Graf Prühl wenden, der singt auch immer dort mit, wie Fink erzählte. Übrigens scheint er sich für Deine Beförderung wirklich sehr zu interessieren, er war von Deiner Lage ganz genau unterrichtet und erzählte allerhand Gespräche, die er mit Voss darüber geführt. Der Inhalt von allem war, daß Voss gesagt, eine Oberförsterstelle könne Dir in kurzem gar nicht entgehen, womit Du gewiß, da dies weit einträglicher als die eines Forstmeisters sei, sehr zufrieden sein würdest.

Finkenstein macht übermorgen eine ökonomische Reise nach Westpreußen, um eine Herrschaft, die sein Vater kaufen will, zu besehen. Von Lanken und Sydow weiß ich Dir wenig zu sagen, als daß beide in zierlichem Zivilkostüm sich Caffe, Tabac, Butterbrodt und Sopha recht wohl behagen ließen. Mit ersterem habe ich Deinen Wünschen gemäß weniger als jemals gesprochen, ich könnte ihn nicht ansehen, ohne an Dich und Deine Abneigung für ihn zu denken ...

Tausend Grüße, mein süßer Geliebter, von Mütterchen und Siefchen und in Gedanken einen solchen Kuß, wovon uns die Lippen dick wurden

von
Deiner treuen Henrine.

Berlin, Montag, den 5. März,
abends
(nach einem längeren Besuch in Gossow)

Zwei Tage bin ich erst von meinem Engel getrennt, und meinem Sehnsucht und Liebe athmenden Herzen dünkt diese Zeit zwei Jahre fern zu sein. Ein Glück für mich war es, daß ich den heutigen Tag unter überhäuften Geschäften zubrachte, wodurch ich etwas zerstreut und aufgeheitert wurde. Morgens um sieben Uhr ging ich auf die Kammer, präparierte mich zum Vortrage und arbeitete bis zwei Uhr da. Oertzen, der gestern mein letztes Billet erhalten hatte, glaubte meinen Geist zu sehen, als er mich auf der Kammer erblickte; er war sehr brillant angezogen, weil er gegen Mittag zur Quadrillenprobe fuhr, worin er einen Indianer vorstellt, die ihm aber gewiß viel Geld kosten wird ...

Während meiner Abwesenheit ist hier eine schreckliche Geschichte vorgefallen, die Knobelsdoffs auch sehr interessieren wird. In der „Stadt Paris" hält sich ein gewisser Graf Tilly auf, welcher ein ganz abscheulicher Mensch, aber dabei so amüsant und beredt ist, daß er dem schönen Geschlecht besonders gefährlich ist. Dieser hat hier ein sehr schönes Weib, die Frau eines Rechnungsrates Block, welcher abwesend ist, verführt, so daß sie von ihm guter Hoffnung gewesen ist. Diese Frau ist natürlich in größter Unruhe und Besorgnis wegen dieses Zustands gewesen und hat die Ankunft ihres Mannes entsetzlich gefürchtet. Neulich wird sie aus einer Gesellschaft abgerufen, und der Bediente meldet ihr, daß ihr Mann eben angekommen sei. In der Verzweiflung läuft sie zu Tilly, beschwört ihn, sie zu heiraten, weil sie ihrem Mann nicht wieder unter die Augen treten könnte. Dieser ermahnt sie aber ganz kalt, zu ihrem Mann zurückzukehren. Nun läuft das arme Weib die ganze Nacht auf dem sogenannten Weidendamm umher, dem Nachtwächter, der sie einige Male begegnet und sie um die Ursach dieses ungewöhnlichen und verdächtigen Betragens frägt, erwidert sie, sie habe Zahnschmerzen und könne es zuhause nicht aushalten. – Um fünf Uhr morgens soll sie sich endlich in die Spree gestürzt haben (in völligem Putz) und ist des anderen Tages an den Ledergräben mit einem Stück Leder, an welches sie sich festgeklammert hat, herausgezogen worden. Wie verschieden sind doch die Wirkungen mancherlei Arten der Liebe, meine Henrine.

Dienstag vormittag

Jetzt eben bin ich von einem höchst frugalen Mittagsmahle aufgestanden, bestehend aus ungenießbarem Rindfleisch und Mohrrüben mit gezwiebelter Bratwurst. Sämtliche Gerichte konnte ich kaum zum Viertel verzehren und bin daher mit ganz hungrigem Magen aufgestanden; dies passiert mir indes sehr oft, und besonders wenn ich von Gossow erst zurück bin, dann will nichts schmecken, indes ist diese Kur meinem gewöhnlich in Deiner Gesellschaft zu unmäßigem Magen recht gesund.

Heute habe ich den Brief vom Oberforstmeister an Stich auf die Post gegeben. Was wird unser Freimüthiger bei den jetzigen revolutionären Ereignissen in Paris* beginnen, wenn er nur nicht auch mit Moreau und Georges unter einer Decke steckt und man ihm einen Kriminalprozeß an den Kopf wirft.

Da Du, mein Rinchen, doch auch eine Freundin von politischen Neuigkeiten bist, so mag auch dieser Liebesbrief einmal (die Nachricht bringen), welche man aus Privatbriefen herleitet: daß nehmlich Bonaparte trotz aller Vorkehrungen wirklich durch das Komplott ermordet sei. So unwahrscheinlich diese Nachricht auch zu sein scheint, so wird sie hier doch ganz allgemein behauptet.

---

* George Cadoudal war das Haupt einer Verschwörung gegen den 1. Konsul Bonaparte, der sich zur Kaiserkrönung rüstete. Er wurde hingerichtet, General Moreau verbannt. Der Herzog von Eughien wurde aus Baden entführt und in Paris erschossen. Die Vorgänge lösten in Europa Empörung aus. – Thaddens Befürchtungen für den „oncle" Stich sind wohl mehr ironisch.

... Um elf Uhr kam Oertzen von der Quadrillenprobe. Alles lebt und webt hier in dem Maskenball*. 1700 Billets sind schon ausgegeben, und man hört, ganz zum Ekel, ewig davon reden. Oertzen behauptet, die ewigen Proben griffen so an, daß er jetzt jeden Nachmittag einige Stunden zur Stärkung schlafen müßte. Diesen Morgen war ich bis Mittag zuhaus, dann ging ich zu Brühl, um ihn um ein billet zur Maskerade für mich zu bitten. Er zweifelte, daß er mir eins verschaffen würde können, doch schlug er mir vor, in der Hofquadrille einen Figuranten abzugeben, wozu er mich gleich in Vorschlag bringen wollte, indem noch eine Person fehlte. Da mir aber mein Anzug wenigstens 40 Rtl. kosten würde, so finde ich den Spaß für dies Geld zu theuer und will mir lieber das Vergnügen versagen, doch hat mir Brühl versprochen, noch einmal alle Prinzen zu fragen und, im Fall noch ein Billet frei ist, mir es zu verschaffen. Brühl war nicht wohl und lag im Bette. Im Stillen dachte ich, wenn du hier so krank lägst und dein Bräutchen wäre wie seines in Berlin, du würdest gewiß nicht ohne ihre Gesellschaft sein. Aber so ein Verstoß gegen die Etikette erlaubte sich ja ein Bräutigam aus der großen Welt um alles nicht. – Ach, mein Mädchen, so finde ich bei jeder Gelegenheit, daß ich der beneidenswerteste Mensch auf der ganzen Welt in Absicht meiner Liebe bin.

Den ganzen Nachmittag war ich zuhause und arbeitete wie gewöhnlich, in der lieblichen Dunkelstunde setze ich mich jedesmal ans Clavier und zaubere mich nach Gossow. Was meine Finger spielen, weiß ich gewöhnlich nicht; erwache ich aber einmal aus meinem Nachdenken, so stimme ich immer das Liedchen an „Schlummere Bübchen", und dann geht es nie ohne Thränen ab ...

---

* siehe unter Louis Ferdinand, Pr. v. Preußen

Die Greuhms kamen und baten uns so inständig, bei dem schönen Wetter in ihrer Gesellschaft nach Charlottenburg zu fahren, daß ich, so viel ich auch zu thun hatte, ihren Wünschen willfahren mußte. Wir fuhren zu Wagen hinaus, begaben uns dort in ein Wirtshaus, welches das „Türkische Zelt" heißt und inwendig auf diese Art dekoriert ist. Hier befand sich eine sehr gemischte Gesellschaft von Herren und Damen, welche in einen undurchdringlichen Nebel von Tabaksrauch gehüllt waren. Wir mußten ein Übel durchs andere vertreiben und rauchten daher auch recht tapfer zu einigen Portionen Caffee, die wir uns geben ließen. Das Interessanteste in Charlottenburg waren für mich zwei Artillerieoffiziere, aus deren Reden wir schlossen, daß es Neander und Voss waren. Sie hatten auch einen von ihnen neu erfundenen, leichten Einspänner (Velocifer nach den Zeitungen) bei sich, den wir uns nachher besahen. In einem überaus eleganten Schlitten fuhren ich und die Greuhms nach Berlin zurück.

Freitag abend, 1 Uhr

Nachdem ich bis Mittag zwölf Uhr gearbeitet hatte, mein liebliches Mädchen, ging ich zu Oertzen. Dieser wollte aber nach der Quadrilleprobe gehen und bat mich, mit ihm etwas zu frühstücken. Da ich bei meinem kärglichen Mittagbrot ein déjeuner um 1 Uhr recht wohl vertragen kann, so ging ich mit zu Sath und speiste etwas Sardellensalat. Während wir dort waren, kam auch Oelsen, der in einer Quadrille mittanzt; er glaubte, da er ebenfalls zur Probe ging, erst sehr spät zum Mittagessen zu kommen und déjeunierte daher auch. Vom Frühstück ging ich nach Hause zum diner und verhandelte Mütterchens Ring dabei an einen Juden für 200 Rtl. courant. Seit acht Tagen haben Johan und ich uns alle Mühe gegeben, ihn am Mann zu bringen.

Allein das höchste Gebot war und blieb immer bei Juden und Juwelieren 160 bis 180 Rtl. Dieser Jude hatte ihn indessen für einen Landkavalier bestimmt und verstand sich daher endlich nach vielem Handeln und nach den Versicherungen, daß er an mir für die Zukunft einen guten Kunden haben sollte (was aber gewiß nicht werden wird), zu 200 Talern, welche zur disposition von Mütterchen in meinem Schreibtisch bereit liegen ... Um fünf Uhr kam der wilde Wolf, mit dem ich etwas im „Titus" sang. Wir gingen in die Braut von Messina. Den ersten Akt hörte ich in Wolfs Loge, den zweiten Akt im Parterre, wo ich den Polen[*] fand, mit welchem ich mich eine geraume Zeit unterhielt. Er will bald einmal nach der Neumark und glaubt nicht, daß ihr herkommen werdet. Aber ich vertraue fest dem treuen Gideon[**], der ja wohl auch einen guide über die Oder abgeben wird. Nach dem Theater kam Greuhm. Wir soupierten etwas Schinken und Wurst aus Halle (welche letztere aber auf Ehre lange nicht so schön ist als die Gossower). Der kleine Greuhm erzählte sehr interessante Sachen von Tilly – dieser ist gestern nach der „Stadt Paris" gekommen, wo er 800 Taler schuldig ist, hat bleich und entstellt ausgesehen, sich fürchterlich verflucht und versichert, die Block sei das liebenswürdigste Geschöpf unter der Sonne gewesen! Er hat immer gerufen: Je suis le plus lache des mortelles de ne m'avoir pas noyé d'après elle![***] Er hat keinen Pfennig Geld, kein Herz und nichts zu essen. Dabei hat er versichert, jede Nacht stände die blutige Gestalt der Toten vor seinem Bette und lasse ihm keinen Augenblick Ruhe, er habe deshalb vor Wuth seine Bettvorhänge schon ganz zerrissen. – Die Dacke hat ihm anfangs mit landesreuterlicher Execution gedroht, um ihr Geld zu erhalten. Darauf hat er aber gesagt: Je vous donne ma parole d'honneur de payer,

---

* Bredower Verwandter
** Ankunftstag der Gossower
*** Ich bin der Feigste aller Menschen, mich nicht nach ihr ertränkt zu haben.

mais si vous m'envoyez le Landreuter je me brûle la cervelle.* –
Zuletzt sind alle in der „Stadt Paris" durch sein Aussehen, Klagen und Verwünschungen so gerührt worden, daß sie bis auf die Bedienten in Thränen zerflossen sind. – Ist das nicht eine ganz erstaunliche Geschichte, meine göttliche Henrine?

Sonnabend morgen

Den herzlichsten, innigsten Dank für Dein Schreiben, gutes herrliches Mädchen. So eine Freude als Dein gestriger Brief hat mir fast noch keiner gemacht. Loben muß ich mein starkes Mädchen wegen ihrer Standhaftigkeit, niemand wünscht wohl inniger, Dich bald dieser Proben überstehend zu sehen, als ich. Auch ich füge mich mit immer mehr Ergebung dem Willen des Schicksals, doch sehnt sich mein Herz innig nach jenem Tage, wo es hier an dem Deinigen schlagen wird. – Daß das Eau de Cologne auf Deiner Nase geholfen hat, daran nehme ich großen Anteil und verschweige es gar nicht, daß ich auf jede Vollkommenheit (wäre sie auch noch so klein), welche Du besitzt, eitel bin. – Dem Officiersbesuch freue ich mich aus dem Wege gegangen zu sein, Finks Teilnahme an meinem Schicksal rührt mich, da indes die Forstmeisterposten hier nun gewiß nicht eingehen, so hoffe ich, daß Voß uns auch eine solche Stelle dereinst bewilligen wird. Daß Du, mein Engel, Finkenstein eine Pfeifenschnur machst, dagegen habe ich gar nichts einzuwenden, wie sich das von selbst versteht, wenn mein wohlüberlegendes Mädchen einen Entschluß gefaßt hat. Denn was meine Henriette für recht nach Überlegung erkennt, wie sollte das nicht erlaubt und gut sein. Überhaupt bin ich auf Fink, obgleich ich weiß, daß er kein bloßer Verehrer der platonischen Liebe ist, nie eifersüchtig (wenn man diese Empfindung so

---

* Ich gebe Ihnen mein Ehrenwort zu zahlen, aber wenn Sie mir den Landreuter (Polizei) schicken, puste ich mir das Gehirn aus.

nennen könnte), weil ich von ihm überzeugt bin, daß er die Achtung gegen einzelne Individua des weiblichen Geschlechts nicht verloren hat. Hingegen bei einem Menschen wie Lanken, der gerade dieselbe Achtung gegen Mädchen aus der verworfensten Klasse als gegen Dich hat, mit einem solchen fände ich es unter der Würde eines solchen Engels, wie Du bist, mehr zu reden, als sich vermeiden läßt, und ich glaube, Du wirst mir, wenn Du darüber nachdenkst, rechtgeben. Denn sage selbst, mein Mädchen, was fehlt Lanken mehr als Gelegenheit und Zufall, um ein zweiter Tilly zu sein? ...

Lebe wohl, mein Abgott. – Könnte ich Dir jetzt einen solchen Kuß geben, wie Du ihn mir ebenfalls zu geben wünschtest, d.h. wobei die Lippen teilen, so wollte ich gern darauf Verzicht thun, – die Iphigenie von Gluck zu hören. Adieu, mein Weib.

Dein

treuester

Carl

... Warte, Du coquettes Männchen, mit Deinem Schlafrock wirst Du mir noch wieder manche angstvolle Stunde bereiten. Am Fenster magst Du indes noch damit stehen, läßt Du Dich aber einmal in diesem natürlichen Zustand in der Küche sehen, so bin ich verloren. – Vermeide dies ja, oder laß wenigstens jede Öffnung in der Wand sorgfältig vorher zumachen – eine große Sorge hätte ich dann weniger in der Welt.* – Zieh ihn also ja nicht an, wenn Du in die Küche gehst, er könnte schmutzig werden. Hörst Du, ja nicht in der Küche.

Heute habe ich den Rath meines Leib- und Herzensarztes befolgt, – eine Portion Glaubersalz beruhigt meinen Körper sehr.

Freitag vormittag

... Die Geschichte des Grafen Tilly ist schrecklich. Man muß das arme, verirrte Weib doch aber beklagen, nicht wahr? Obgleich sie auch wohl sehr gesündigt. – Wohl uns, mein Jüngchen, daß wir dergleichen Gefahren durch unsere treue Liebe und fern von der großen Welt nicht ausgesetzt sein werden.

Sellin, Sonntag vormittag, den 11. März

... Indes amüsiere ich mich doch ganz wohl, da ich mitunter recht oft von Dir reden höre und darf. Knobelsdorffs sind hierin wirklich sehr gütig, sie hören und sprechen recht gern von Dir. Die Bredow leidet schon wieder sehr an Schnupfen, ist also ganz still und solide. Florio ist ziemlich angenehm. Der Consul ist sehr wohl und heiter, spricht sehr viel und interessante

---

* Die Küche hat eine Verbindung zur Nachbarin, einer Polin, Madame Baggiarelli.

Dinge. So zum Beispiel erzählte er gestern nachmittag die Lebensgeschichte vieler angesehener Männer unseres Staats, als vom Kanzler Gotebeck, Marquis Lucherini, Minister Struensee usw. Dies hat mir viel Vergnügen gemacht zuzuhören, überhaupt gestehe ich aufrichtig, gern eine solide Herren-Unterhaltung mit zuzuhören, man fühlt zwar dabei öfters, wie begrenzt dieses bißchen Verstand gegen Euch kluge Männchens ist, indessen ich erkenne Euch ja auch recht gern für unsere Herren und Meister. – Und dann, liebes Jüngchen, hoffe ich auch immer, das Stillestehen, worüber Du neulich so moralisiertest, vielleicht dadurch etwas zu vermeiden. Hauptsächlich sage ich Dir indes dies, damit Du die Besorgnis, daß ich künftig, wenn ich fast immer nur diese Herrengespräche hören werde, Langeweile haben würde, aufgiebst. Nein, gewiß nicht – Jüngchen, wenn Du wüßtest, wie unsinnig mir der Gedanke vorkommt, in Deiner Gesellschaft jemals Langeweile zu fühlen.

Auf sehr verschiedene Art, mein einzig liebes Mädchen, habe ich den heutigen Tag verlebt, den Vormittag sehr einsam, den Nachmittag aber sehr gesellig. Bis drei Uhr brachte ich mit Arbeiten, Briefeschreiben und Essen hin. Dann kam Greuhm und bat mich, mit ihm irgendwohin zu gehen, wo er Kaffee trinken und etwas dazu essen könnte, weil er kein Mittagbrot gegessen habe. Oertzen kam ebenfalls von der Probe und fühlte auch starken Hunger. Wir gingen erst zu Botke, wie aber da nichts mehr zu essen war, ging Oertzen nach Hause, ich und Greuhm aber zu Josty, wo wir eine Tasse Schokolade tranken. Von da gingen wir hierher und um einhalb sechs Uhr nach dem Opernhause.

Ich hatte ein billet für einen Taler und die Fremdenloge gegen dem Theater über. Hier rückte ich mich in eine Ecke und hatte das Vergnügen, das Schauspiel mit der größten Bequemlichkeit anhören zu können. Meine Erwartung ward nicht getäuscht, die Vorstellung war vollkommener als je eine italienische auf diesem Theater. Das Orchester war sehr stark besetzt, da viele aus der Kapelle diesen Trumpf der deutschen dramatischen Kunst mitfeiern halfen. Die erste Musik in der ganzen Welt wurde daher mit einer solchen Präzision vorgetragen, dergleichen man hier sonst noch nie gehört hat. Auch die Schauspieler ließen sich es sehr angelegen sein. Janeke als Pylades sang vortrefflich, und Bischof als Orest ersetzte durch meisterhaftes Spiel was ihm an Stimme abging. Die Schick schrie zwar wie gewöhnlich, doch machte dies wegen der Größe des Hauses einen weniger üblen Effekt als im Theater. Beim Schluß der Oper tanzte die Schulz mit zwei Männern ein pas de trois, welches aus der Alceste eingelegt war und mich schon neulich, so wie auch heute, ganz entzückt hat. Ach Gott, wärst Du, mein Jettchen, doch nur bei mir gewesen, das war der stete

Wunsch, den ich während des ganzen Schauspiels nährte. In den Zwischenakten amüsierten mich die kleinen Prinzen, welche mit ihren Hofmeistern da waren, und die ich, weil meine Loge dicht neben der königlichen war, ganz genau beobachten konnte. Ich freute mich sehr, daß diese Kinder noch so frei von Convenienz und Hofthon gleich anderen herumsprangen und miteinander spielten. – Zum Abendessen ging ich mit den Greuhms nach dem „Goldenen Adler", wo wir sehr gut aßen, und wo ich daher Mütterchen rate zu logieren. Gute Nacht, mein Herzensmädchen.

Sonntag, den 11. März, abends

Von dem heutigen Tage, meine beste theure Henrine, werde ich Dir nicht viel erzählen können. Den Mittag machte ich einen kleinen Spaziergang unter den Linden, aß darauf mit Greuhm in „Der Sonne"; wo der Pole mit Levetzow[20] (dem Sohn des Spielers) sich den Champagner trefflich schmecken ließ. Mit Deinem cher Onkel sprach ich nicht viel, er sagte mir indes, daß er morgen abreise. Blücher war auch da. Obgleich diese Menschen nicht sehr für mich passen, so fühle ich mich doch sehr wohl in ihrer Nähe, es sind doch Wesen, die Dich kennen und mit Dir verwandt sind.

Nach Tisch ging ich einen Augenblick zu Oertzen, den wir wegen seiner Tanzstrapazen schlafend fanden. Von da ging ich nach Hause, Oertzen kam um 6 Uhr ein Stündchen zu mir aus der Probe, von hier fuhr er zu seiner Tante zum Thee, und um 9 Uhr hat er schon wieder Probe im Opernhause. Welches Gewühl heute schon hier auf dem Gendarmenmarkt ist, glaubst Du gar nicht. Die Hofquadrille hat heute schon im Theater probiert. Das Lärmen nimmt kein Ende, aus allen Ecken der Stadt werden Sachen hierhergefahren, überall tragen Menschen Anzüge, kurz, ganz Berlin arbeitet und wirkt zu einem gemeinschaftlichen Zwecke; nur ich – bin nicht in Berlin, nehme keinen Teil an diesem allgemeinen Interesse, denn ich habe ein ganz anderes, reelleres und mich ewig begeisterndes in meinem Herzen. Diesen ganzen Abend war ich allein und habe mich matt und müde gearbeitet.

Bald hätte ich vergessen, Dir zu sagen, daß ich heute einen Brief von G. aus Halle erhalten habe, der mir schreibt, die Officiere wären gänzlich mit den Studenten zerfallen, erstere haben nehmlich eine Schlittenfahrt gehabt und sind dabei von letzteren mit Schnee geworfen worden. Die Officiere haben die Sache sehr ernstlich genommen und die Studenten beim Könige gerade verklagt; und da wird letzteren ihre Unart gewiß übel bekommen, Hauptträdelsführer ist E. von Ungern, Sohn des Ministers. Ulk wird hoffentlich nicht impliziert sein ...

Heute über vierzehn Tage ist mein Weibchen vielleicht hier. Diese Freude kann ich mir kaum lebhaft genug denken, denn es scheint mir fast unmöglich, daß Du einmal zu mir kommen solltest, weil ich dies Glück noch nie erfahren habe.

Montag, den 12. März, abends

Um den heutigen Tag kannst du mich beneiden, mein Mädchen, aber um diesen Abend nicht. So ein unerträglicher Lärm, wie durch den verwünschten Maskenball vor meinem Fenster entstanden ist, kannst Du Dir nicht denken. Der Pöbel wiehert und jauchzt vor Freude wegen der paar Lampen, die am Portal des Theaters brennen. Doch in die Ordnung zu meinem Tagebuch. Heute morgen ging ich auf die Kammer. Vom Forstjunker von Guntlach erhielt ich ein billet vom Maskenball, welches auf einen Lieutnant Below von der Grenadiergarde durch den General Rüchel ausgeschrieben war. Ich lief damit eilig zu Graf R. und bat ihn, es von einem entrepreneur auf meinen Namen umschreiben zu lassen. Der zweifelte gleich, daß es ihm glücken würde, weil der, welcher das billet zuerst beschrieben hat, es auch umschreiben muß, doch versuchte er die Möglichkeit. Der alte Brühl lief mit mir zum Grafen Rheden, seinem Freunde, der von allen entrepreneurs diese Gefälligkeit am ersten haben würde. Unglückseligerweise saß dieser aber schon bei Tische, und wir mußten unverrichteter Sache weiterziehen. Brühl riet mir zwar, als E. von Below hinzugehen, da man sich aber demasquieren muß beim Hereingehen, so wagte ich es doch nicht, um keinen Unannehmlichkeiten ausgesetzt zu sein, sondern begab mich lieber dieses Vergnügens, aber zugleich auch zu meiner satisfaction, der damit verhängten Geldausgabe. – Nachmittag ging ich zu Oertzen und half ihm ankleiden, sein Kirgiesenstaat stand ihm recht gut, er hatte rote Schuhe und Strümpfe, blaue atlasne, modische coq, lilane Jacke mit goldenen coutillen besetzt, einen Köcher und Bogen, schwarze Perücke und Krone und war tüchtig geschminkt. Von da ging ich nach Hause, setzte mich in mein Fenster und sah in bona pace sämtliche Masken, die zu den Quadrillen gehörten, vor dem Portal meinem Hause gegenüber aussteigen. Um drei Uhr standen die Wagen schon ganz gedrängt auf dem ganzen Gens d'armes Markt. Die Gendarmen hatten viel zu thun, um das Volk abzuhalten und Schaden zu verhüten. Die Charaktermasken waren größtenteils überaus prächtig, man rechnet, daß 150.000 Taler dadurch in Cours gebracht wurden. Die Fête, glaubt man, kostet den entrepreneur an 10.000 Rtl. Vierzehn Straßburger Pasteten waren verschrieben, sind aber nicht gekommen, dagegen sind aber 8000 Stück Austern angeschafft. – Ich müßte es lügen wenn ich sagte, daß ich mich diesen Abend sehr hinüber in das Gewühl sehnte. Einen Blick würfe ich wohl gern in die bunte Menge, sonst aber befinde ich mich zu wohl auf meinem Stübchen, umgeben von dem Geist meiner Geliebten und mit Deinem Bilde vor den Augen, welches mir lieber ist als die reichbeladensten Masken aus allen fünf Weltteilen. Noch muß ich einer Dépence erwähnen, die ich heute Abend gemacht habe, mich hungerte nehmlich entsetzlich; und um den heutigen Abend, den die mehrsten Menschen extra ordinair verlebten, nicht ganz ordinair hinzubringen, so ließ ich mir von Baetke zwei Gerichte holen, die ich ganz auf meine eigene Hand verzehrt habe.

Diese Nacht sehe ich weniger Ruhe entgegen, der Lärm wird wohl bis morgen früh dauern, doch will ich es versuchen, ob meine Henrine mich Maskenball und Lärm so wird vergessen machen, daß ich in dem Gedanken an sie dem friedlichen Schlummergotte huldigen kann. An meinen Vater habe ich auch heute geschrieben.

von Thadden   *Berlin, Dienstag,*
                                         den 13. März, mittags

Als ich diesen Mittag von der Kammer kam, hatte ich das
Glück, Deinen Brief, meine angebetete Henrine, hier vorzufinden. Für alles, was er enthält, für jede Äußerung Deines treuen
liebevollen Herzens und für jede Nachricht, die er enthält, danke
ich Dir mit tausend Küssen. Allein die beiden Hauptsachen,
welche mich am mehrsten interessieren, hast Du ganz mit
Stillschweigen übergangen, und da nimm es mir nicht übel,
wenn ich recht ernstlich schelte. – 1. sagst Du gar nichts be-
stimmtes, ob ihr Gideon noch kommen werdet, da Du doch
weißt, daß an dieser Nachricht mein ganzes Wohl und Wehe
hängt. Doch das wollte ich noch vergeben, denn Mütterchen ist
vielleicht noch nicht entschlossen, daß Du aber das Befinden
Deiner Nase ganz mit Stillschweigen übergehst, einer Nase, an
der mir so sehr viel liegt, von der ich so gerne wissen möchte,
wie ihr das Cölnische Bad bekommen ist, und deren Besse-
rungsnachricht ich mit so vieler Sehnsucht entgegensehe, – das
macht mich wirklich böse und verstimmt mich ordentlich. Ich
vertiefe mich in Schlüssen hierüber. Daß Du Glaubersalz genommen hast, ist ein schlimmes Zeichen, daß Nieskowsky[*]
(an dessen Kunst mir übrigens nicht viel gelegen ist) Dich
darauf geschickt hat, spricht wieder für das Wohlsein der Nase.
– So zergrübele und martere ich mich, und an allem dem Elend
ist mein Jettchen Schuld durch unzeitiges Ersparen von ein paar
Worten. – Doch ich will Deinen Mund schon öffnen, meine
Donna, denn habe ich heute über acht Tage nicht die genaueste
Nachricht über Nase und Gideon, so lasse ich die Bretterwand in
meiner Küche durchbrechen und gehe in meinem natürlichen
Zustand zur Dame Bagiarelli, und dann stehe ich Dir für nichts.
   Nun zu meinem heutigen Tagebuch. Um acht Uhr, als ich

---

[*] ein Arzt

auf die Kammer ging, nachdem ich die ganze Nacht trotz allen Lärmens sehr ruhig geschlafen hatte, ging ich en passant ins Theater und besah im eigentlichsten Verstande die beaux restes. Das Lokal sah sehr gut aus, besonders die Hofloge, an welcher zu beiden Seiten Treppen nach dem Parterre heruntergingen, das Theater als Laube dekoriert, und die im Hintergrunde derselben befindlichen Chöre für die Musiker. Die näheren Umstände, welche sich bei dieser Fête ereignet haben, kann ich mir füglich ersparen Dir zu melden, da Dir die Donnerstagzeitung dies umständlicher und besser melden wird, als ich es imstande bin. Und daß Du diesen Artikel nicht übersehen wirst, dafür bürgt mir Deine Liebe zu den* letzten Seiten der Zeitung. Bis Mittag war ich auf der Kammer, ging dann mit Oertzen essen und war in seiner Gesellschaft. Er ist so müde von seinen Thaten, daß er, während ich dies schreibe, sanft in einem Winkel meines Sofas schläft. Bald so** fest als Du zuweilen, mein Mädchen, auf meinem Schoße, wenn wir soupiert haben. Und nun adieu für diesmal, mein Herzensjettchen, schreibe mir ja, wie es mit Tantchens Befinden steht, und versichere ihr mein innigstes Beileid. Mütterchen küsse ich die Hände, und Siefchen mit Deiner Erlaubnis den Mund. Empfiehl mich Ulken bestens, und glaube übrigens nicht, daß ich so sehr böse bin, als ich mich stelle, denn so recht ergrimmen, wie er es gern wollte, kann Dein Männchen noch immer nicht. Du hast einen gar zu guten und bestechbaren Fürsprecher an dem Herzen

Deines

treuen

Thadden

* Seitenhieb zur Rache für Dein Stillschweigen in Betreff der Nase
** Zweiter Seitenhieb

Tilly thäte nach meiner Meinung am Besten, wenn er den Gedanken de se noyer après elle wirklich ausführte. Die einzige Weise, ihn mit mir zu versöhnen, ist dies wenigstens ...

Donnerstag arbeitete ich fleißig bis nachmittags, wo ein Bote der Konsulesse mich sehr angenehm störte durch Überbringung von sechs Handtüchern, die sie für mich hat weben lassen, mit lauter Eichenblättern. Sie sind wirklich die hübschesten, die je in ihrer Art existierten, glaube ich – ich achte sie beinah Deinem 1000 Thaler Tischzeug gleich. Jüngchen, welchen Reichthum bringen wir zusammen, wenigstens an Liebe, diesen können wir gewiß mit Crösus Schätzen vergleichen, nur mit dem glücklichen Unterschied, daß unserer uns noch einmal so beneidenswerth glücklich macht als jenen.

Wegen unserer Reise hatte ich Dir so ziemlich alles gesagt und zu meiner innigsten Freude scheint es als würde der Himmel unseren Plan begünstigen, da der prächtige Sonnenschein vielleicht dem bösen Weg vorbeugt. Wenn nur die Oder – mit Dir fürchte ich ihre Bosheit ...

... Ich ging nehmlich gestern abend, um die Iphigenie noch einmal zu sehen, nach dem Opernhause. Zu meiner größten Verzweiflung erfuhr ich bei der Kasse, daß alles schon besetzt sei, und schon war ich entschlossen wieder nach Hause zu gehen, als ein Mensch 10 billets auf eine Loge im ersten Rang wieder zurück zum Verkauf brachte. Geschwind ergriff ich eines und bekam einen sehr schönen Platz ohnweit des Theaters. Ich gestehe, daß ich nie geglaubt habe, eine Oper so vollkommen in Absicht des Gesangs der Declamation und der Instrumentalmusik aufgeführt zu sehen. Das Orchester, welches aus 84 Künstlern bestand, war so eingespielt, daß auch nicht ein Mißton sich hören ließ, die Sänger, deren Ehrgeiz auf den höchsten Punkt gestiegen war, sich der Ehre auf dem Operntheater zu singen, Werth zu bezeugen, strengten sich so an, wie es gewiß nie wieder geschehen wird, und so habe ich mit der größten Anstrengung bei der ganzen, so äußerst schweren Musik auch nicht den kleinsten Fehler bemerkt, als daß der Einsatz beim Anfang eines Rezitativs etwas zu tief intonierte. Dagegen tat es einem recht wohl, statt der italienischen Puppen einmal die schöne freie Action der deutschen Künstler auf diesem Theater zu sehen. Und nun zum Schluß wieder das Solo der kleinen Schulz, deren Tanz mich in wahres Entzücken versetzt hat.

Alles trug dazu bei, diesen Abend jedem Musikfreund unvergeßlich zu machen.

Der ganze Hof war auch anwesend. Kurz, die Deutschen haben die Italiener trotz der Vorzüge der Stimmen letzterer gänzlich besiegt, und beim Herausgehen hörte man nur noch einen Wunsch, daß nehmlich die italienischen Opern verbannt und deutsche künftig gegeben werden möchten.

Nach Beendigung des Schauspiels kamen die Greuhms zu mir und blieben bis zwölf Uhr hier.

Nachdem ich heute morgen gearbeitet und meine Stunden in der Mathematik geendigt hatte, ging ich von ein bis zwei Uhr hier in der Friedrichstadt herum und besah mehrere Logis, fand aber kein schickliches für meine Bedürfnisse. Nachdem ich gegessen hatte, ging ich zu Bandié, wo mich Greuhms und Eisendecker hinzitiert hatten. Es war dort göttlich, so warm wie im Sommer und dabei ein herrlicher Blumengeruch. Auch viel beau monde war anwesend, unter anderem Madame Wiesel* mit ihrer Mutter. Von da ging ich in alle Musikhandlungen in ganz Berlin, um Noten für den Landrat[14] auszusuchen, fand aber keine, wie er es wünscht. Bis sieben Uhr spielte ich mit Greuhm Sonaten, arbeitete darauf bis zehn Uhr und hatte dann Besuch von Oertzen bis elf Uhr. – So wäre denn wieder ein Tag dahin und wir um einen dem theuren Gideon näher. Wenn uns die böse Oder keinen Strich durch die Rechnung macht, ich zittere bei diesem Gedanken. Doch ich denke, Mütterchen kommt dann über Küstrin, da es Euch ja doch auf einige Tage mehr nicht ankommt. Nun gute Nacht, mein englisches Mädchen, mit einem herzlichen Kusse sage ich Dir bis morgen ein schriftliches Lebewohl. Mein Geist hat dies nicht nötig, er ist wachend und träumend mit Dir unaufhörlich beschäftigt. Adieu, mein Liebchen.

---

* s. unter Louis Ferdinand

Bis mittags war ich auf der Kammer, ging darauf ein wenig spazieren in dem schönen Sonnenschein und fand hier zuhause eine Anzeige von der Kammer, daß wieder ein Rescript wegen meiner Beförderung gekommen sei, wofür ich, wie für das vorige, einen Rtl. sechs Groschen anzahlen sollte. Meine Beförderung kostet mir also schon zwei Thaler sechs Groschen, ohne daß ich etwas mehr als in Gedanken Forstmeister geworden bin.

Doch es kommt ja vielleicht bald. – Ich aß in der größten Eil, erhielt gleich nach Tische statt morgen heute schon Deinen theuren Brief, schrieb an Hagen und Dich einige Zeilen, lief darauf nach der Kammer um nach dem Rescript zu fragen, die Akten waren aber abgeschlossen, und so muß ich denn meine Neugierde schon bis morgen zähmen; doch kann ich mir schon denken, daß es ein Auftrag an die Kammer sein wird, auf mich bei Vacanzen Rücksicht zu nehmen. Von der Kammer ging ich einen Augenblick zu Oertzen und mit ihm in die Jungfrau von Steward (Maria Stuart). Die Unzelmann spielte wundervoll, weniger gut Herr Werdy als Mortimer und ziemlich schlecht die Schick als Elisabeth.

Auf einen Augenblick ging ich auf ein billet von Eisendekker in das Abonnementconcert von Schick und hörte dort eine sehr schöne Symphonie von Righini. Die letzten Acte saß ich aber wieder im Schauspiel, und die letzte Scene der Unzelmann rührte mich wie immer ungemein. Diesen Abend war ich bis jetzt allein. Nun zur Beantwortung Deines Briefes, der mir wie jeder Beweis Deiner Liebe immer gleich reizend und entzückend war. Deine Teilnahme an männlichen, soliden Unterhaltungen, mein Herzensjettchen, hat mich sehr gefreut, doch war ich davon schon früher überzeugt, als Du mir die Versicherung gabst, denn ich kenne ja mein herrliches, an allem Reellen so sehr teilnehmendes Mädchen. Mit dem Stillestehen hat es aber nichts zu sagen, wer so hoch wie Du auf der Engelsleiter steht, der steigt auch noch die wenigen übrigen Stufen bis zum Erzengel hinauf. Und überhaupt ist dieser eigentliche Stillstand nur bei den gewöhnlichen Alltagsehen recht eingehaftet, und so tief, hoffe ich, soll die unsrige nie sinken. Nein, mein Weibchen, wir wollen nie müßig sein, sondern mit durch- und füreinander an unserer Vervollkommnung arbeiten ...

Daß mein Engel so wohl ist und auch Dein Näschen besser ist, freut mich ungemein. Wegen meiner Nase (Rüffel) in Betreff Deines Stillschweigens über Deine Gesundheit bitte ich Dich nun de- und wehmütig um Vergebung und verspreche, zur Belohnung der Bagiarelli auch nicht die Probe von meinem Négligé sehen zu lassen. Lebe nur recht mäßig, meine Alte, und denke bei einem Gericht, von dem Du Dir, wenn es nötig ist die zweite Portion versagst, daß Deine Gesundheit das erste Geschenk ist, was Du Deinem Manne machen kannst, und daß, wenn Du jemals anhaltend kränklich werden solltest, ich gewiß vor Gram und Angst verginge. Gute Nacht, meine ewig Geliebte.

Freitag, den 16., abends

Heute früh ging ich, mein theures Weibchen, auf die Kammer, um mir das Rescript wegen meiner Beförderung zeigen zu lassen. Es lautet folgendermaßen: „Da wir aus Eurem Bericht ersehen, daß Ihr mit dem Benehmen des von Th. zufrieden seid, so habt Ihr denselben in Eurem Collegio noch mehr wie bisher in Arbeit zu setzen, und bei schicklicher Gelegenheit Vorschläge zu seiner Beförderung zu thun." – Dies Rescript ist mir zwar äußerst angenehm, doch hat es auch viel unangenehmes für mich. Erstens scheint meine Beförderung bloß für die Kurmark bestimmt zu sein, zweitens scheint mein Aufenthalt hier dadurch verlängert zu werden, drittens weiß ich nun gar nicht, in welcher Art mich die Kammer, die meine Lage gar nicht kennt, placieren wird. Wegen dieser drei Artikel werde ich in den folgenden Tagen wieder einige Tours zu den Geheimdefinanzräten machen, und ich denke ja, daß die theure Mühe, die ich mir gebe, doch bald belohnt werden wird, besonders da hierdurch nicht allein meine, sondern auch eines Engels Glück, wie Du bist, mit befördert wird ...

Sonnabend mittag

Diesen Morgen, mein angebetetes Rinchen, ging ich einige Stunden auf die Kammer und von da zu Oertzen, der mich diesen Mittag zum Essen gebeten hat. Dies thun wir zuweilen, ohne daß es uns große Unkosten verursacht, und es schmeckt uns dann um vieles besser in Gesellschaft. Ich gehe überhaupt jetzt mit Oertzen am liebsten um, weil er am tolerantesten bei meinen Lieblingsgesprächen ist und mit außerordentlicher Freundschaft immer das Gespräch auf Dich hinzulenken weiß. Welch ein herrliches Frühlingswetter ist heute, gewiß macht auch mein Mädchen sich heute eine kleine Bewegung und verdaut dazu noch einmal so gut. Jetzt ißt gewiß mein Weibchen überhaupt wieder etwas mäßig, damit der englische Essig auch diesmal wieder ruhig im Schrank stehen bleiben kann ...

Bald hätte ich vergessen, Dir zu melden, daß, wie ich mich heute vor dem Spiegel ansah, ich einen Zug um meinen Mund und Kinn entdeckte, der der deinigen etwas ähnelt. Denk Dir meine Freude. Johan und der Schneider Köhler hatten es mir zwar schon längst versichert, daß wir uns ähnelten, und letzterer hat mich erst für Deinen Bruder gehalten; aber noch nie überzeugte ich mich selbst davon. – War es mir zu verdenken, daß ich zum ersten Mal in meinem Leben auf eine Viertelstunde in den Spiegel sah.

Adieu mein Abgott, Dein Carl

... Im Gefolge eines sehr geehrten Schreibens von Baronet von der Hagen soll ich Demselben hierdurch ergebenst anzeigen, wie der Oberförster Peters in Zicher im Begriff ist, das Zeitliche mit dem Ewigen zu vertauschen. Wie ich mit aller Hochachtung bin

Dero

ergebenste Oberförsterin in Spee

Sieh, lieber Junge, diese Nachricht sollte ich Dir schon gestern nachmittag mit einem Boten zuschicken, dies war nehmlich Papas Wille, der mir diesen Befehl zunebst ein paar Zeilen an Dich, worin er Dir die durch Dhvien eingezogene Kundschaft von der gefährlichen Krankheit des Oberförsters mitteilt, kurz vor Tisch zuschickte. Mir aber schien es, als könnte ich Dir den Botenlohn von einem Thaler 16 Groschen füglich ersparen, da Du diesen Brief auf der Post ja nur eineinhalb Tag später bekommst, auch ist der Mann noch gar nicht tot, Du könntest also nach dieser, wenn auch noch so eilig zugekommenen Nachricht nichts weiter thun, als vielleicht Dich wiederholentlich empfehlen, und dies hast du nun schon so oft gethan, daß ich dachte, hierzu sei nach wirklich erfolgtem Tod immer noch Zeit genug. Ich bildete mir ein, Dir durch die Ersparnis der 1 Thaler 16 Groschen einen größeren Dienst zu erzeigen, als wenn ich Papa gehorsamte. Ich schrieb diesem daher in den allerhöflichsten Ausdrücken, wie ich glaubte, Dir sei an der so schnellen Beförderung dieser Nachricht nicht sehr gelegen, ich würde seinen Brief aber heute mit auf der Post geben und dankte ihm in Deinem und meinem Namen für seine immer wachsame Freundschaft. Nachmittag fuhren wir selbst nach Bärwalde. Denke Dir meinen Schrecken, wie Papa gleich nach unserer Ankunft mir einen Brief von seiner Hand übergab, der kein anderes Wort als lauter Vorwürfe über die Nichtabschickung des

Boten enthielt; der Schluß daran war, um uns mündlich nicht zu echauffieren habe er mir seine Meinung schriftlich gesagt. Du kennst meinen mir angeborenen Kathismus über Papa, seiner Weisheit und seinen ewigen Weitläufigkeiten, urtheile also, wie meine Galle (wenn ich nehmlich eine hätte, was meinst Du, Bübchen?) in Bewegung kommen mußte. Indes bekämpfte ich meinen Unmuth möglichst und antwortete auf allen diesen weder schriftlich noch mündlich keine Silbe. Ja was noch mehr ist, ich fühlte beinah Gewissensbisse, seinen Willen nicht befolgt zu haben, und nahm mir gleich vor, Dich heute inständig zu bitten mir aufrichtig zu sagen, ob ich Dir durch diese Zögerung schon schadete. Schreibe mir ja die Wahrheit, kränken kann ich mich über die Sache gar nicht mehr als es schon geschah, und Du machst mich doch für die Zukunft vorsichtiger. Tot ist übrigens der Oberförster gewiß noch nicht, denn sonst hätten wir es bestimmt durch unseren Amtmann Rieder, der sein Schwager ist, schon erfahren.

... Wie ich dies Vorgehende geschrieben hatte, liebstes Männchen, ich zittere, es Dir zu gestehen, wurde mir so sehr übel, ich nehme nehmlich seit diesem Morgen wieder von Picht seiner Medicin, nur die Kolik vorzubeugen, daß ich aufhören mußte, und wurde schwach ...

Nachschrift von Frau von Levetzow:
Ich kann den Brief nicht abgehen lassen, ohne Ihnen, mein liebes Söhnchen, noch ein Wörtchen zum Trost gesagt zu haben, da ich Ihre theilnehmende Besorgnis für unser liebes Mädchen kenne, sie ist jetzt schon wieder ziemlich munter und freut sich sehr zu Ihrem Brief, den ihr die Post bringen wird. Daß die letzten Zeilen ihres Briefes so schlecht geschrieben sind kommt daher, daß sie halb liegend und sehr eilig geschrieben hat, da ich es mitgeben wollte. Ich lasse sie keinen Augenblick allein und nehme sie recht in acht. v. Levetzow.

Als ich gestern Deinen Brief, mein Jettchen, kuvertiert hatte, ging ich zu Oertzen zum Mittagessen, wir aßen ganz vornehm, d. h. wir hielten uns sehr lange bei Tische auf, denn an einer bouteille Bischof* tranken wir bis gegen 5 Uhr. Zuletzt tranken wir noch die Gesundheit von Mütterchen, Dir und Siefchen, so wie überhaupt, wie sich das von selbst versteht, Gossow das Hauptgespräch bei unserem Treffen war. Ich weiß nicht woher es kam, daß ich so übertrieben faul nach Tisch war, von der halben bouteille Bischof konnte ich unmöglich so angegriffen sein. Genug, es war mir nicht möglich nach Hause zu gehen, besonders hielt mich aber auch der so schwatzhafte Oertzen mit seinen beständigen Fragen nach Jettchen, Liebe, Ehestand etc. Auch Oertzens Bedienter, bei dem Johan ebenfalls Gevattervisite abstattete, schien seinen Gast ganz gerne zu sehen, denn er brachte aus eigenem Antrieb Thee und Karten, und so fingen wir denn ein solides Whist en deux zu spielen an, wovon ich erst um sieben Uhr nach Hause kam. Wir kamen uns beide vor, wie außer Berlin versetzt bei diesem halbtägigen Besuch, am besten schienen sich unsere Namen für die eines Bauraths und städtischen Forstmeisters zu passen, welche sich in einer kleinen Stadt besuchen; ach, aber das beste fehlte – die kleinen Weibchen.

Kaum war ich zuhause und wollte arbeiten, so kam der kleine Greuhm und blieb bis 12 Uhr hier. Diesen Morgen holte ich nach, was ich gestern versäumt hatte, und arbeitete den ganzen Vor- und Nachmittag bis vier Uhr. Um fünf Uhr kam Wolf zu mir, und wir musizierten bis sechs Uhr. Dann ging ich ins Concert von Dussek[12], wo alles, was zur vornehmen und eleganten Welt gehörte, versammelt war. Der König, die Königin,

---

* Bischof = kaltes Getränk aus Rotwein, Pomeranzen und Zucker

Princess von Oranien, Princess Wilhelm und alle Prinzen waren da, es war auch in der That ein sehr schönes Concert. Dussek spielt und komponiert so schön als Himmel, und hat im Vortrage noch Vorzüge. – Da kommt man sich recht erbärmlich mit seinem Geklimper vor, wenn man solche Virtuosen hört. – Nächst diesem Clavierkonzert zeichnete sich ganz vorzüglich aus eine Arie von Himmel mit obligatem Fagott, die von der Marchetti und Ritter meisterhaft ausgeführt wurde ...

Montag, den 19. März, abends

... Auf dem Rückwege besah ich ein Quartier in der Friedrichstraße, Parterre, bestehend aus zwei Stuben und einer Küche, doch sind sie größer und besser meubliert als die hiesigen und daher geeigneter für Besuche von Damen. Da es nur zehn Thaler kosten soll, so werde ich es wohl wahrscheinlich morgen mieten und den ersten April beziehen ...

Bis auf elf Uhr war ich bei Burgsdorff und war zuletzt noch von dem ganz eigenen Geschöpf mit ein paar Arien zur Gitarre traktiert, darauf bin ich in dem allerwütendsten Sturm nach Hause gegangen und bin jetzt froh, mich durch das lebhafte Andenken an mein Bräutchen erwärmen zu können.

Dienstag, den 20. März, Mittag

Soeben, meine Einzige, als ich von der Kammer komme, finde ich Deinen lieben Brief vom vorigen Donnerstag. Ich danke Dir herzlich, daß Du mir die Kosten wegen des Boten und besonders den Schreck, wenn ich ihn erblickt hätte, erspart hast. Mein kluges Mädchen beurteilt immer alles am besten und macht alles gerade, wie ich es wünsche. Danke indes Papa herzlich für seine Freundlichkeit, sage ihm aber zugleich, die Gründe, weshalb ich mich jetzt nie zu der Zicherschen Stelle melden würde, seien folgende: Erstens bin ich jetzt gar noch nicht auf eine

Forstbedienung angewiesen, im Gegenteil geht aus dem Rescript an die Kammer hervor, daß ich nach meinen Wünschen beim staatlichen Forstwesen placiert und durch das Gutachten der Kammer immer für eine Forstmeisterstelle würdig erklärt werde. Werden aber die Forstmeisterstellen aufgehoben, dann ist es Zeit sich zu einer guten Forstbedienung zu melden, aber nicht zu einer so mittelmäßigen, unbeträchtlichen, ... als die Zichersche ist. Zweitens, die Aufhebung der Forstmeister ist sehr unwahrscheinlich, da dies alles jetzt erst debattiert wird, so ist es doch am besten, wenn ich meinem Schicksal nicht durch Annahme eines sehr mittelmäßigen Postens vorgreife.

Nach diesen Auseinandersetzungen, mein Jettchen, glaube ich, bist Du mit mir einverstanden, daß ich mich nicht um Zicher bewerbe. Du hast daher sehr, sehr wohl getan, mir gestern keinen Boten zu schicken, und ich bedaure, daß Du wegen der ganz vernünftigen Beurteilung der Lage Unannehmlichkeiten mit Papa gehabt hast. Sage diesem, daß, wenn der Regenthinsche, Massiesche oder Liepsche Forstbediente stürbe, er mir einen Boten senden möchte, aber bei andern Vacanzen bedarf es, wie jetzt die Sachen stehen, noch viel Überlegung ...

Hier liegt allzu hoch Schnee, und wenn das so fortgeht, so werden wir den ganzen April die Oderüberschwemmung nicht los; meine einzige Hoffnung ist, daß ihr noch auf dem Frost kommt, sonst sehe ich noch sehr bekümmernde Hindernisse für unser nahes Wiedersehen.

Diesen Abend gehe ich in Don Juan, wozu ich mich sehr freue. Nimm Dich diese Woche ja vor Erkältung und zu vielem Essen in acht, laß auch den Essig nicht zu entfernt stehen, hörst Du, mein Alles,

Dein

treuer

Carl

So wohl, so gesund, wie es nur möglich ist zu sein, nehme ich
heute die Feder ... Ich bin vollkommen wiederhergestellt und
möchte es allenfalls beschwören, daß die Medicin einzig und allein dies Übel verursachte, da ich die Tage vorher so außerordentlich wohl war ... Auch noch gestern früh, ehe ich die erste
Medicin nahm, war mir sehr gut, hernach wurde ich, wie gewöhnlich danach, übel, und nach der zweiten Portion kurz vor
Tische wurde ich etwas schwach. Wie ich Deinen Brief fertig
schrieb, war mir noch immer sehr unwohl, indes verlor sich
dies auch bald, nachdem ich mich, so wie neulich, recht ordentlich übergeben hatte, wodurch ich eine schreckliche Menge Un-
reinigkeiten loswurde. Dies Lob muß man der Medicin geben,
auflösen tut sie gut, wenn es nur nicht so sehr angreifend wäre;
ich habe aufgehört davon zu nehmen, bis ein Bote an Picht
wieder zurück ist ... Nein, Jüngchen, Dein Weib soll und muß
gesund sein, und sollte ich es auch durch fast immerwährendem
Fasten erzwingen. Die Koliken werden doch fortzuschaffen
sein, und dies ist doch eigentlich das einzige Übel, woran ich
zuweilen leide, denn mit den Ohnmachten hat es gar nichts zu
sagen – Mütterchen hat als Mädchen auch sehr dazu incliniert,
und als Frau ist sie nie ohnmächtig geworden. Sonst bin ich ja
gar nicht kränklich, denke, nur 20 Jahre alt (eigentlich nur 19),
und außer als kleines Kind bei den Blattern nie länger als einen
Tag im Bette krank zugebracht – dies ist ja doch eine wahre
Bauerngesundheit zu nennen, der meine gewöhnliche Gesichts-
farbe doch auch ganz entspricht. Jetzt greift, wie alle behaup-
ten, das ungewohnte Lieben und Charmieren mich nur etwas
an.

... Einen herzlichen Kuß für die mutige Bekämpfung des in Bärwalde in seinem Inneren aufgereizten Generalleutnants. Ich vergebe Dir diese Sünde umso eher, da ich (unter uns gesagt) über Papas unartiges Betragen selbst hier so ergrimmte, daß ich vor Wut eine Pfeifenspitze entzweibrach.

Wegen meiner Spitzen würde ich es DICH noch viel demütiger abbitten, wenn Du nicht gar so oft Dich statt Dir geschrieben und mich dadurch geärgert hättest. Ich möchte auch mal wissen, wie ein so zierlich und richtig redender Sachse wie ich je statt ja – che sagte. Um diese Mißtöne nicht mehr hören zu lassen, habe ich seit acht Tagen bei Madame Baggiarelli[*] Unterricht in der polnischen Sprache genommen, die sich wegen ihres Wohlklanges am besten zur Sprache für die Liebe eignet. – Gestehe aber, klein Weibchen, Du bist doch rasend eifersüchtig, ohne daß Du es willst, erwähnst Du auf jeder Seite Küche, Ritzen etc. Doch wir haben uns in diesem Punkte nichts vorzuwerfen, und ich glaube Dich am besten zu beruhigen, wenn ich Dir versichere, daß ich nicht wünsche, daß Du mir jemals treuer seist als ich es Dir bin; denn es mehr zu sein in Worten, Gedanken und Werken als ich, ist durchaus nicht möglich.

Oertzen hat auf dem Maskenball zwei Damen gehabt, die aber nicht hübsch sind. Mamsell Morsinnas Töchter vom Generalchirurgus. – Tantchens Krankheit ängstigt mich, und ich sehne mich besonders nach Nachrichten von ihrer Besserung. Nun noch eine Entschuldigung wegen meines Verschreibens beim Datieren [Voraus ging eine falsche Datierung in einem Brief Thaddens.] Wenn man so wie ich im Paradiese bei dem Schreiben an die Geliebte des Herzens lebt, so existiert man im

---

[*] Zimmernachbarin Thaddens, s. Brief S. 156

Himmel, wo keine Zeitrechnung stattfindet, und denkt nicht daran, ob es März oder April sei. Da, Du eitle Seele, da hast Du eine Galanterie, die Du doch nur beabsichtigst.

Mittwoch abend

Den ganzen Tag bin ich fast nicht vom Schreibtisch aufgestanden, weil ich sehr eilige und schwierige Kammerarbeit abzumachen habe.

Donnerstag abend

... Eben erhalte ich einen Brief von meinem Vater. Der Minister Voss ist so artig gewesen, an ihn wieder zu schreiben, daß die Kammer mir ein gutes Zeugnis ertheilt hätte, und daß er daher bei Vacanzen auf mich gewiß Rücksicht nehmen würde. Da indessen diese jetzt nicht vorhanden wären, so habe er wegen meines erhaltenen guten Zeugnisses und in Rücksicht auf die Verwendung meines Vaters der Kammer aufgegeben, mich mehr noch zu beschäftigen, um meine besonderen Qualifikationen zu dieser oder jener Stelle noch genauer zu erproben und mich bei schicklicher Gelegenheit zur Versorgung in Vorschlag zu bringen. In der That, dies ist sehr gnädig von Voss und gibt mir gute Hoffnung. – Der Oberförster Hühnerbein hat auch zum Landrath Wedell gesagt, wenn ich ihm jährlich tausend Rtl. abgeben wollte, so wolle er mir seinen Oberforstmeisterposten verschaffen. Mein Vater und ich glauben zwar, daß dies ein Scherz ist, doch werde ich mich danach näher erkundigen, denn der Vorschlag ist bei zweitausend Rtl. Gehalt, schöner Wohnung, herrlichster Gegend und bei 53jährigem Alter so übel nicht ...

Ich ging, um mich wegen der traurigen Nachrichten Deines Briefes etwas zu zerstreuen, ins Theater, hier ennuyierte ich mich aber schrecklich und fror dabei gewaltig. Es wurde Julius Caesar gegeben. Das Stück hat neben den bizarren und oft für unser Zeitalter unanständigen Originalitäten der Shakespeareschen Stücke noch das Unangenehme, daß das ganze Interesse auf Römertum und römischem Patriotismus beruht, der uns armen Deutschen im 19. verderbten Jahrhundert unbegreiflich ist und ohne Teilnahme läßt. Es kommen wütende Charaktere darin vor, die sich und andere umbringen, als wie man einen Hahn abschlachtet. Die paar Weiber darin entfernen sich glücklicherweise schon im zweiten Acte, damit die holde Weiblichkeit bei allen diesen Greueln doch keine gar zu widerliche Rolle spielen muß. Kurz, das Stück läßt das Herz vollkommen unbefriedigt und langweilt unerträglich durch die ewigen Volksscenen. Den ganzen dritten Act verlebte ich wegen der rasenden Kälte mit Oertzen beim Konditor Reibedanz, wo ich ganz bescheiden eine Tasse Thee trank.

Sonnabend, den 24. März, abends

... Du bist wieder wohl, mein Mädchen, o nun lächelt mir der Himmel wieder. – Es ist wirklich, als wenn unsere Körper so voneinander abhingen wie unsere Herzen, ich versichere Dich, daß, wenn ich von Deiner Ohnmacht höre, ich das Blut in meinen Adern fast erstarren fühle, und wenn ich Dich krank glaube, so bin ich ebenfalls wie an allen Gliedern gelähmt. Dies freut mich innig, denn es gibt mir die feste Hoffnung, daß, wenn Dich Gott einmal von meiner Seite nehmen sollte, ich gewiß auch gleich stürbe und so des Schmerzes überhoben würde, jemals ohne Dich zu existieren. Glaube übrigens nicht, daß ich Dich nicht für gesund halte, nein, mein Leben, ich sehe in Deinen Schwächen nichts mehr als kleine Unpäßlichkeiten, die Dich vor größeren beschützen, und die sich gewiß ganz heben lassen. Ich fürchte es nun, daß das Lieben und also ich vermutlich Anteil an diesem, sich jetzt häufiger einstellenden Übel haben.

Sonntag, den 25. März

... Um 12 Uhr kam Oertzen und bat mich, mit ihm in Gesellschaft zu essen, was ich besonders darum gern sah, weil mein Johan seit mehreren Tagen kränklich ist und heute fast nicht vom Bett aufgestanden ist, weshalb ich ihn so viel wie möglich von Diensten zu dispensieren suchte. Ich ging also mit Oertzen im „König von Portugal", wo man für neun Groschen ganz gut ißt. Nach Tisch giengen wir hierher und setzten uns ans Fenster, um die Besucher des Theaters ankommen zu sehen. Bald kam Eisendecker, darauf Greuhm, endlich Bethmann, und sämtliche Herrschaften ließen es sich bis zum Concert hier gefallen, wohin ich und Greuhm giengen. Nach dem Concert sah ich mich genötigt, um nicht Gesellschaft bei mir zu haben, mit zu Hippel zu gehen. Dort versammelten sich an dem Tisch, wo ich saß, sehr interessante Personen. Erstens Geheimderath Woltmann[30] mit einer bouteille Burgunder. Zweitens Buchhändler Unger[28] mit einer Flasche Champagner. Drittens Joseph Stoll[26] [gemeint ist Johan Stoll], ein Hauptpoet, eifriger Fichtianer, Verfasser von „Scherz und Ernst", der zum Kontrast vom dicken Woltmann zum Umkommen mager war. Viertens der Musikdirektor Weber; fünftens Schwalbe, ein Mensch, der aus Maßen[*] spielt, von seinem Gelde lebt, überall gewesen ist und sehr gut redet. Sechs Oertzen, sieben Greuhm, acht meine Wenigkeit. Wie interessant das Gespräch dieser größtentheils heterogenen Menschen war, kannst Du Dir denken. Um elf Uhr

---

[*] = unmäßig

gingen wir pünktlich nach Hause; und ich fühle mich wahrhaftig, wenn ich so lange unter anderen Menschen bin, ordentlich abgerackert, denn obgleich Dein Bild nie vor meiner Seele verschwindet, so muß mein Geist doch mehr Mühe haben, es unter Zerstreuungen dort zu halten, was sich in der Einsamkeit von selbst findet. Und dies Denken an Dich und zugleich Theilnehmen am Gespräch anderer greift mich ordentlich an.

Dienstag mittag

... So gebe ich Dir hierdurch die Nachricht, daß ich Freitag abend in Deinen Armen bin, wenn nehmlich kein unvorhergesehener Zufall mich daran hindert. Wir sind heute am Vortrag gewesen, und ich kann daher, ohne Unannehmlichkeiten befürchten zu müssen, mich ein paar Wochentage krank melden lassen. Ich bestelle heute im voraus einen Wagen und fahre Freitag morgens um vier Uhr hier hoffentlich mit Ulk ab nach Freienwalde, wo ich, da Dein letzter Brief hierüber schwieg, annehme, daß Mütterchen die Gnade gehabt hat, Pferde und Wagen entgegenzuschicken. Ängstige Dich aber ja nicht, meine Liebste, wenn es spät wird, ehe wir kommen, oder auch wenn wir an diesem Tage gar nicht ankommen sollten. Bei einer inkognito Reise kann leicht ein unvorhergesehenes Hindernis entstehen, und an die Gefahr bei der Oder darfst Du nicht denken, da Du meine Vorsicht kennst.

Nun adieu mein Leben, mündlich mehr.

Ein göttlicher Gedanke, wie verachtet man das sonst so schöne Schreiben dabei. – Ich hoffe, Du bist mit meinen Anordnungen zufrieden, mein Herzensmädchen, und küßt mich dafür recht ordentlich. Wie freue ich mich Deines Wohlseins.

Adieu an alles, tausend Empfehlungen,

Dein
treuer Carl

So sind sie nun wieder dahin, die seligen, süßen Tage, – die, mit Dir vereint, in Deiner beglückenden Nähe meinem Herzen keinen Wunsch weiter übrig ließen ...

Recht innig betrübt blieb ich noch bis 9 Uhr im Bette, nachdem ich mich, sowie Du fort warst, wieder dahin begeben hatte, obgleich ich gar nicht müde war, doch fürchtete ich das erste Alleinsein gar zu sehr und verließ daher eiligst das Zimmer, wo ich noch vor wenigen Stunden so glücklich war. Mylord Ulk fing um halb sechs Uhr, da alle unsere Leute sich zur Ruhe begeben hatten, an zu poltern, um diese Zeit war er erwacht und eiligst in der Hoffnung aufgestanden, Euch noch vorzufinden. – Die erste Störung meines Trübsinns war ein großer Schreck, den Sofiechen hatte, und der uns wegen ihres lächerlichen Anstellens sehr amüsierte; sie saß an ihrem Arbeitstisch, als sie auf einmal ein schreckliches Geschrei erhob, bis mitten in der Stube lief und nun unter vielem Weinen immer schrie, „Eine Maus, eine Maus war dicht bei meinem Fuß" – das arme Siefchen, höre ich mein Männchen hier sagen, Du bemitleidest sie gewiß ebensosehr, als wir sie auslachten. Eigentlich schien diese Maus ein rächender Genius Oertzens zu sein, einige Minuten vorher kam ein gewaltiges Hagelschwärg, wir bedauerten dabei innig unsere armen Reisenden, sie aber meinte, Oertzen mit seinem feinen Teint sei ihr sehr lächerlich, wenn sie sich den Hagel darauf dächte – kurz nach dieser schadensfrohen Rede kam die Maus. Erzähle doch, wenn Du daran denkst, Oertzen dies, er erfreut sich dessen gewißlich. Und Du, mein Jüngchen, fürchte Dich nicht für eine ähnliche Nähe mit so einem Deiner Lieblinge, wenn wir fortgereist sein werden, sollen alle mit Gift und Katzen ermordet werden ... In der Dunkelstunde tanzten wir ein wenig. Auch war Ulk in verschiedenen Reprisen sehr zärtlich und suchte mich mit mehreren

Küssen für die schadlos zu halten, die ich trotzdem doch höchst schmerzlich entbehrte.

Abends spielte Mütterchen mit ihren drei Pflänzchen eine Partie Whist, die uns, da dies noch nie geschehen war, viel Vergnügen machte. Nach dem Abendbrot war Friedrich von Wrietzen zurückgekommen. Leider aber hörte ich von ihm außer der Nachricht, daß ihr bis Wrietzen glücklich gekommen wärt, auch nicht viel Erfreuliches; das schlechte Fuhrwerk, das Ihr dort gefunden, wie sich Friedrich ausdrückt, ein Schinderkarren, ließt Ihr sagen, Euer spätes Ankommen, alles dies ließ mich in großer Angst um Dich zu Bette gehen.

Montag nachmittag

Heute Morgen gab es erst eine tragische Scene, die mir aber um Deinetwillen sehr freudig war. Louprage erlegte wiederum eine Maus, stieß aber dabei Mütterchens und Ulks sämtliches Frühstück um. Hernach kam ein Bote von Papa, der uns die Abbildung der neuen Forstuniform brachte ... Ich habe mich Dir recht lebhaft in so einem Rock gedacht, ich bilde mir ein, er wird Dir sehr gut stehen, der rote Kragen muß einen ohnehin schon weißen Teint noch glänzender machen. Eine Neuigkeit schrieb er noch. Lanken verläßt wahrscheinlich in kurzer Zeit die hiesige Gegend, sein Tausch mit dem Lieutenant Falkenhain ist ganz bis auf des Königs Consens zustande, und der soll ja dergleichen nicht abschlagen – glückliche Reise!

Wilhelm gefällt das böse Wetter auch sehr schlecht. Vorgestern wollte er einen kleinen Besuch bei seiner Tante in Falkenwalde abstatten, kam aber am Ende des Dorfes hier in Dreck bis an die Knie und mußte so wieder zu uns zurückkehren.

Meine englische Henriette, gestern Abend um 9 Uhr trafen wir nach einer etwas beschwerlichen Reise wohlbehalten hier ein, und ich fand alles so wie ich es wünschte vor. Das Wetter war gestern den ganzen Tag fürchterlich, fast ohne ein Wort zu sprechen, ohne ein Pfeifchen sogar zu rauchen wegen des Schnees und Hagels, der uns ins Gesicht flog, kamen wir um halb zehn Uhr nach Wriezen. Hier fanden wir den infamsten Bauernkarren und die schlechtesten Bürgerpferde als Extrapost vor und kamen damit ziemlich langsam um halb fünf Uhr nach Werneuchen. Hier tranken wir unsern Medoc, aßen die lieben, niedlichen Butterbrote und verzehrten noch einige Portionen Caffee. Herr Petitjean war so gütig, uns recht gute Pferde und einen zugemachten Wagen zu geben, womit wir ganz warm hier ankamen und als Baron von der Hagen aus Wriezen (weil unser Paßschein so lautete) hier einpassierten. Wir fanden in meinem Logis Johan sehnlichst auf mich warten, und hier erstaunte ich über die Eleganz desselben, die mir beim Miethen nicht so aufgefallen war und welche ich Dir, mein Mädchen, nothwendig mal beschreiben muß. Meine Stube ist sehr verständig ausgemalt. Recht schöne Gardinen wie in Falkenwalde zieren die Fenster, ein indianischer Sofa, schöner Sekretär und Kommode sind nur gewöhnliche, ein sehr großer Spiegel und Marmortisch aber seltene Möbels. Auf meinem Schreibtisch steht die Büste der Venus, die für mich als Sinnbild weiblicher Vollkommenheit sonst von Werth gewesen sein würde, wenn ich jetzt nicht das Original davon selbst beständig vor Augen und im Herzen trüge – am schönsten dekoriert ist indessen mein Bett, es hat weiße linone[*] Vorhänge und eine Krone von bunten Frangen, und auf dem Plafond ist ein leerer Platz, der sich recht gut dazu schick-

---

[*] Linon = feines Leinen

te, ein Blumenkörbchen zu tragen. Johans Stube ist verhältnismäßig ebenso geschmackvoll geziert, und es hängt sogar ein Kronleuchter darin. Kurz, alles ist aufs beste geeignet, um meine Herzenskönigin den Florian zu empfangen. Oertzen trat mit bei mir ab, um mit mir zu essen, und kaum waren wir hier, so kam Fix. – Er war sehr übler Humeur und schien frappiert, daß Oertzen mitgekommen war, welches er durch Knobelsdorff erfahren hatte.

... Von der Leere, die ich jetzt überall empfinde, sage ich nichts ... Indes trug Oertzens Gesellschaft und Theilnahme sehr dazu bei, meine Lage und Stimmung gestern heiterer zu machen. Diesem hat es über meine Erwartung wohl in Gossow gefallen, er versicherte, noch nie acht Tage so vergnügt und schnell verlebt zu haben, und hätte sich mit mir gern willig verstanden, wieder zu Fuß nach G. zu gehen, wenn wir noch einmal diese Zeit dort verleben könnten ... Oertzen lebt und webt noch in Gossow und ist mir daher jetzt der liebste Gesellschafter. Er ist ordentlich ganz solide geworden und findet an den Vergnügungen Berlins gar keinen Geschmack. Doch das wird sich schon wieder ändern ...

Dienstag nachmittags

Mir sind die paar Tage, die ich hier war, schon unendlich lange geworden, und Oertzen geht es ebenso – was sind alle hiesigen Vergnügungen gegen eine Stunde in Gossow, verlebt bei Dir, meine ewig Geliebte, und unter so gütigen Freunden! – Du glaubst gar nicht, wie jämmerlich mir die hiesigen Spectacles darauf vorkommen; und sogar Oertzen ist eben der Meinung. Der ist überhaupt von Kopf bis zur Zehe verliebt.[*] Doch davon laß Dir ja nichts merken, mein Altchen.

---

[*] Oertzen heiratet zwei Jahre nach Thaddens u. Henrines Hochzeit das spottlustige Siefchen. Sie werden in Mecklenburg Stammeltern einer großen Nachkommenschaft.

Wir sprachen eben von Gossow, als unglücklicherweise die beiden Greuhms hereinkamen und uns in unseren süßen Träumereien unterbrachen. Der Hofrath war sehr redselig, aber dabei schläfrig, und trug daher eine Reisebeschreibung aus den Niederlanden, wo er vor 16 Jahren gewesen war, etwas langweilig und umständlich vor. Wir anderen hörten halb wachend halb träumend zu, ich aber weiß bestimmt, daß ich die ganze Zeit über nicht in Brüssel, sondern in Gossow mit meinen Gedanken war. Zum Glück blieben die Herren nicht sehr lange, Oertzen verweilte nach ihrem Abgehen noch ein halb Stündchen hier, hat mich aber nun auch verlassen. Ich weiß nicht, mein Mädchen, mir ist es, als wäre ich schon ein Jahr von Dir getrennt. Diese siebentägige Trennung ohne einige Zeilen von Dir zu sehen wird mir fast unerträglich. Ich wünschte wirklich zuweilen, Dich nicht so übermenschlich zu lieben, als es der Fall ist, dann hätte ich vielleicht ruhigere Augenblicke, aber wenn ich es recht überlege, so möchte ich doch auch wieder nicht den kleinsten Abgang von diesem über alles seligen Gefühl erleiden – meine Einzige – Holde – Liebe!

Samstag, den 14. April, mittags

... Ich machte diesen Vormittag, nachdem ich einen Augenblick auf der Kammer gewesen war, eine kleine promenade unter den Linden. Zum ersten Mal waren hier viel Menschen versammelt, und die schönen Dämchen benutzten die Gelegenheit sich beschauen zu lassen. Für mich hatte aber, wie Du Dir leicht denken kannst, dies alles keinen Reitz, das Andenken an eine beschäftigte meine Seele, und mein Körper freute sich der wärmenden Sonnenstrahlen ... Auf der Kammer habe ich heute das Rescript gelesen, durch welches befohlen wird, daß die Abschätzungen schleunigst wieder ihren Anfang

nehmen sollen, mein Schicksal muß sich daher bald entscheiden, und ich gehe vielleicht noch am Ende dieses Monats
nach Driesen.

Der Gedanke, morgen von Dir, geliebtes Jüngchen, ein Schreiben zu erhalten, macht mich heute ungemein froh, so vergnügt, daß Ulk behauptet, es arte in Mutwillen aus, er meint mich noch nie so ausgelassen gesehen zu haben, wie ich jetzt öfters bin. Ich glaube wirklich, daß er recht hat, so heiter und eigentlich, so zu sagen, Seelens und Herzens glücklich ahndete ich sonst kein irdisches Wesen, geschweige denn, daß ich selbst so gewesen wäre ... Gewiß es muß ein erhabenes englisches Geschenk sein, durch das der Himmel meinem Herzen diese Wonne verlieh, jedes Glück der Erde im vollsten, reichen Maaße kennen und genießen lehrte. Wie will ich es aber auch ewig lieben und verehren für alle diese Wohlthaten, als den Schöpfer jeder meiner reinsten Freuden – mögte mir denn doch auch dereinst noch die süße Beruhigung zuteil werden, daß ich dessen nicht unwürdig bin. – Nach vielen, vielen recht frohen Jahren soll mein Männchen hierüber einmal recht aufrichtig entscheiden.

Wir haben ebenso einförmig wie die Tage zuvor gelebt, das heißt kurz vor Tische einen ganz kleinen Spaziergang gemacht, wobei wir uns über die kalte, unangenehme Luft nicht wenig ärgerten, hernach eine Stunde recht gemächlich und ich höchst (un)mäßig* Mittagbrot gegessen. Nachmittag allerlei Unterhaltungen geführt und ein Federballschlagen exellirt, abends vor Tische im Reichardt gelesen und nach Tisch Whist gespielt ... Georg [= Wilhelm] hält hin und wieder ganz beachtliche Reden über Liebe, Ehestand, Familie, Erziehung und dgl., spricht mit solchem Feuer besonders von dem ersten, daß Sophie und ich stark vermuten, es müsse irgend ein Gegenstand

---

* Dies ist wahrhaftig nicht wahr, ein impertinent lügenhafter Zusatz von Ulk dies „un"; es muß „mäßig" heißen. – Zusatz von Henrine.

ihn dazu beseelen – er will aber nichts eingestehen. Ulk äußert aber wirklich hin und wieder sehr gute Grundsätze, die ganz Deinem Glauben an seiner immerwährenden Zufriedenheit entsprechen. Adieu, mein Einziger.

... Jüngchen, Du hast ein sehr verliebtes Mädchen, doch unmöglich kann mir dies jemand verargen, und ich gestehe es Dir ohne alle Scham, ja ich möchte es der ganzen Welt mit dem größten Stoltz sagen, trotz den Ermahnungen von Mlle. Nogier [Henrines Pensionsvorsteherin in Frankfurt a. d. O.], die die verliebten Mädchen durchaus verdammte – die Alte hat bestimmt in ihrem ganzen Leben wenigstens nicht glücklich geliebt und nie so einen Gegenstand der Liebe gekannt, wie ich verehre ...

Sonnabend vormittag

... Nun aber sage ich Dir geschwind, nachdem ich Dir den frohesten guten Morgen gewünscht, wie ich Deinen Brief schon wieder mehrere Male und jedesmal mit erneutem Vergnügen durchgelesen habe. Besonders rührt und entzückt mich immer wieder die von Dir geküßte Stelle und das zärtliche Andenken, welches Du den hier verlebten Stunden schenkst. Auch Oertzens Gefälligkeit und Theilnahme macht mir viel Freude; daß Du mit Deinem liebevollen Engelsherzen die Freuden Berlins in unserem häuslichen Zirkel vergißt, dürfte ich mir wohl schmeicheln, aber daß Oertzen sich mehrere Tage hier so gut amüsieren würde, ist wider meiner Erwartung ... Auch habe ich Dir noch nicht gesagt, wie sehr mir die Elégance Deines neuen Quartiers gefällt – der Linon, der große Spiegel und die Marmor-Tische werden Dich aber sehr verwöhnen, unsere schlichte Försterwohnung wird wenig Reitz nach diesem für Sie haben. Siehst Du wohl Bübchen, das war auch einmal ein kleiner Hieb für die Galanterie mit der Venus und dem Original aller weiblichen Vollkommenheit im Herzen. Du Bube, Du weißt doch, daß ich so ungern Schmeicheleien höre, denke Dir also, wie böse ich hierüber bin, – doch fürchte Dich nicht, denn ich kann sehr gut vergeben und will Dir dies auch ganz bestimmt nicht nachtragen.

Jetzt ein Wörtchen für mein Tagebuch, gestern vormittag habe ich fleißig gearbeitet, recht hausmütterliche Geschäfte betrieben, Tischzeug zur Wäsche ausgebessert; mich amüsiert so eine Arbeit jetzt immer doppelt in den Gedanken an der Zukunft, wo ich dergleichen Geschäfte in unserer kleinen Haushaltung vornehmen werde und mir als Lohn für meinen Fleiß dann und wann einen herzlichen Kuß von meinem Männchen dabei hole. Nach Mittag, nachdem Ulk und ich bei etwas regnigtem Wetter einen Spaziergang gemacht hatten, erhielten wir den schon benannten Besuch. Papa war erst ganz ausgelassen lustig, hernach aber erzürnte er sich sehr mit dem Kind, um der gewöhnlichen Ursache des Anfassens und Courmachens. Niemand kam, ich möchte sagen, schlimmer bei der Gelegenheit weg als ich, um Sophiechen neidisch zu machen, erndtete ich nun alle die Caressen, die ihr sonst vielleicht zugefallen wären. Er fand mich sehr hübsch, so ein reiner Teint (um Sophie mit ihrem Hals zu ärgern), ich küßte mich besser, oder vielmehr eine Braut küßte besser als andere, und mehr dergleichen Albernheiten.

... Le Bon [= Wilhelm] hat die pincements glücklich überstanden, auch hat es seitdem noch nicht wieder Anlaß zu neuen gegeben, er trinkt jetzt sehr wenig, dafür hat er sich aber ordentlich was aufgegessen, er sieht viel wohler und stärker jetzt als anfänglich aus. Er grüßt sein Schwägerlein sowie auch Siefchen herzlich. Auch von Mütterchen, Papa und die Bredow findest Du hier einen freundlichen Gruß. Adieu, mein süßester Liebling, Deine ewig treue Henrine.

(Ich habe meinen Namen auch geküßt, vergiß Du mir es nicht mit Deinem künftig.)

... Um dreieinhalb Uhr verließen wir Gossow und hatten bis
fünf Uhr mit einem fürchterlich bösen Weg zu kämpfen, [Gos-
sow-Bärwalde = 6 km], den wir jedoch sehr glücklich passier-
ten, so daß wir eine zerbrochene Achse an unserem Phaeton[*]
nicht eher als hier vor der Thüre gewahrten, die uns doch sonst
leicht zu einer sehr genauen Bekanntschaft mit dem immensen
Koth hätte verhelfen können. Bald nach unserer Ankunft waren
auch die benannten Gäste (Wedell, Logau, Sydow und der Ju-
stizrath und Finkenstein) hier. Finkenstein bedauerte sehr, daß
er Dein neuliches Hiersein nicht erfahren habe und versicherte,
daß böser Weg ihn nie abhalten würde, Dich zu sehen, solange
er noch ein Pferd hätte – ich war bestürzt und schwieg ... Der
Ärmste ahndete nichts von dem ihm bevorstehenden Unglück,
er soll heute morgen beim Ausmarschieren sehr gestürzt sein
und sehr geblutet haben, doch muß er keinen großen Schaden
weiter genommen, da er sich sogleich wieder zu Pferd begeben
hat. (Die Garnison ist auf sechs Wochen nach Landsberg zum
Exercieren marschiert.) Bis nach sieben Uhr wurde conversiert,
dann aber einige schöne Spiele gespielt, erst Dieb und Steppke,
wo ich eine ganze Menge Plumsackhiebe davongetragen habe,
doch waren die Herren galant, die Hiebe gaben keine roten Flek-
ken. Nach diesem spielten wir ein sehr edles, beliebtes und
doch auch gehaßtes Spiel, das ich aber gewiß nicht angegeben
und mir sehr zuwider war, ein recht garstiges Spiel, glaube ich,
wovon ich sonst nie mit Dir sprechen würde, wenn es nicht gerade die Gelegenheit gäbe; es war Hanrei – vielleicht hast Du es
in Berlin schon erwähnen hören –, ich mag nicht mehr davon
sprechen, so hat es mich gelangweilt, willst Du es beschrieben
oder gar gelehrt haben, so wollen wir dies einmal mündlich ab-
machen, doch aber wenn es Dir gefällig ist, werden die biederen

---

[*] leichter Kutschwagen

Händchen vorher zusammengebunden. – Dann wurde gespeist und bald nach Tische empfahl sich alles zu unserer Freude.

Heute morgen habe ich erst die Zeitung ein wenig durchgesehen. Onkelchen ist ziemlich rosenfarben, hat sich mit's Kind auch schon wieder vertragen ... Tantchen ist recht wohl wieder und mit ihrer neuen Köchin sehr geschäftig, oder vielmehr sehr schreiend, da jene so taub ist, daß jedes mit ihr gesprochene Wort durch das ganze Haus zu hören ist; wenigstens vernehme ich hier am Schreibtisch eben den Küchenzettel auf mehrere Tage, den Tantchen ihr vorschreit.

Sellin, Montag vormittag

Gestern abend war noch ein Officier aus Schwedt hier als Einquartierung mit mehreren Soldaten, die Pulver von Küstrin geholt hatten. Die Nachbarschaft dieses gefährlichen Pulverwagens, der zwar hundert Schritte aus dem Dorf gefahren war, hat uns in der Nacht doch etwas geängstigt, besonders mich, da ich hörte, daß wenn Feuer dabei auskäme, wir hier im Hause doch noch in Gefahr wären, in der Luft gesprengt zu werden. Dein Mädchen zitterte nicht wenig, ich glaube wirklich, die Todesgedanken werden mir mit jedem Tag schrecklicher und die Gemeinschaft mit den Engeln im Himmel immer weniger wünschenswerth, da ich hier auf Erden einen kenne und lieben lernte, für dessen Liebe mein sündiges Herz schwerlich dort oben Ersatz finden möchte; wenigstens ist der Wunsch zu so einer Probe sehr fern von mir.

Gossow, den 24. April, Dienstag vormittag

... Ich will Dir klagen, wie unser armes Siefchen heute sehr unpaß ist, woran ein verdorbener Magen schuld zu sein scheint, der sich durch heftige vomissements zu helfen sucht – doch hat es gewiß weiter nichts zu sagen, da sie mit diesem Übel öfter kämpft und sich nachher nur desto wohler zu befinden pflegt; auch Sir Ulk will uns einbilden, er sei nicht recht wohl, doch dies glaube ich nicht eher, als bis ich sein Verhalten beim Mittagbrot gesehen habe, das Frühstück schmeckte ihm sehr gut. Ist er wirklich krank, so glaube ich, ist er's im Kopf, ich habe mich heute schon über ihn und sein Gelehrtthum geärgert – kommt er mir immer mit seinen mathematischen Beweisen und lauter ganz unbekannten Worten, womit er meine allervernünftigsten Behauptungen vernichtet. Ich werde Dir mündlich dies einmal alles recht vernünftig erzählen; über die Frage, ob ein Handtuch lang oder viereckig sei, kam unser Zank*, ich sage Dir dies nur, damit Du siehst, daß ich mich nicht außer meiner Sphäre begebe. Sofiechens Übelbefinden ermahnt mich wieder recht zur Dankbarkeit gegen mein weises, liebes Männchen, der durch seinen freundlichen Rath mich so wohl erhält. Ich bin sehr wohl bis jetzt, – habe aber auch nur eine Portion gebratene Ertoffeln, meine Lieblings-Speise, gestern Abend gegessen – als Beispiel, wie ich mir Deine Lehren zu Herzen nehme. Wahrhaftig, Deine Worte: Ich bitte Dich um meiner Liebe willen, glaube ich, vermöchten mich, so lange Du es wolltest, bei Wasser und Brot zu leben – sie schweben mir bei jedem Bissen, den ich habe, vor Augen.

---

* Es gab in Gossow quadratische Handtücher noch zu „meiner" Zeit. Wahrscheinlich ist der Unterschied zwischen Quadrat und Rechteck gemeint, ein Thema, das noch „Ulks" Urgroßenkel, meinen Bruder, zu Vorträgen reizte.

... Oertzen, Burgd. und ich gingen zu Hippel, wo wir etwas Eierkuchen aßen. Bei Tische hatten wir das Vergnügen, von Doctor Stoll, einem Hauptverehrer von Fichte, uns beweisen zu lassen, daß es durchaus keine Zeit gäbe; eine Lehre, die mir ferne von meinem Jettchen überaus tröstlich, bei Dir aber sehr schrecklich ist ...

Dienstag, den 17. April, Mittag

... Ins Theater ging ich mehrere Abende wegen der besonders guten Stücke, und bei dem Auswärts-Essen habe ich die Absicht, eines Theils meinen Magen zu befriedigen, der seit dem letzten Aufenthalt in Gossow sehr ungenügsam geworden ist, theils aber auch die Greuhms von mir etwas zu entwöhnen. Mein Beutel hat bei dergleichen Excursionen auch keinen sonderlichen Schaden, denn ich entgehe dadurch dem Tractieren bei mir, welches mir allein für Tabac, Brot und Bier immer viel Geld kostet.

Mittwoch, den 18. April, früh

Mein heutiges Tagebuch ist wieder sehr eintönig, von 12 bis 1 Uhr war ich auf der Kammer, die übrige Zeit bis 7 Uhr auf meinem Zimmer. Dann kamen Oertzen und nachher Burgsdorff. Letzterer ging um 8 Uhr nach Hause, ich und O. aber zu Hippel, wo wir drei Zuhörer von Fichte das Vergnügen hatten, den fürchterlichsten Unsinn reden zu hören. Wer nicht gewußt hätte, was die Ursach war, hätte diese drei Philosophen für völlig rasend halten müssen. Ich lachte im Stillen herzlich über ihre Verdrehtheit und Zynismus und war mit mir einig, daß ein Kuß von meinem Jettchen mir mehr werth ist und mich glücklicher macht, als den Kerls ihre ganze bravöse Gelehrsamkeit.

Noch eine Stadtneuigkeit muß ich hier beifügen. Der Prinz von Hessen-Kassel hat vor einigen Tagen seiner Gemahlin (des Königs Schwester) eine Ohrfeige gegeben. Diese ist in der größten Wuth nach Potsdam gereist, und der König hat dieses an den Kurfürsten nach Kassel gemeldet, welcher dem Prinzen Stubenarrest gegeben hat.

Sollte es mit uns wohl je so weit kommen können? – Nein, gewiß nie, mein Püppchen. Du gibst mir zwar der Ohrfeigen genug und zuweilen recht tüchtige, aber ich laufe Dir deshalb doch nicht davon, mein alter, lieber Engel!

Donnerstag abend

Ich habe mir beinah die Finger entzweigeschrieben an den ennuyantesten Kammerexpeditionen. Die Veränderungen in unseren Forstgeschäften machen uns so viel Schreibereien, und man gebraucht mich dabei so angelegentlich, daß ich zwar manches Interessante lerne, aber es mir auch blutsauer werden lassen muß ... Heute habe ich die interessante Neuigkeit gehört, daß der hiesige Schlegel Hofmeister bei den Kindern der Madame Stael geworden ist und mit ihr heute abgereist ist; zum größten Jammer unserer schönen Geister.

Sonnabend morgen

... Noch etwas ist mir sehr aufgefallen in Deinem letzten Brief. Du brüstest dich nehmlich ganz gewaltig, daß Du die dritte Portion Essen in Sellin immer ausschlägst, allein wenn ich nur annehme, daß fünf Gerichte täglich in Sellin gegeben werden, und Du ißt von jedem zwei Portionen, so sind das schon zehn Portionen, welche Du in Deinen kleinen Magen hineinschluckst, die Dir notwendig Deinen lieben Leib ungeheuer aufpumpen müssen und eine Essigscene unausbleiblich wieder herbeiführen. Ich sage nichts mehr, denn ich weiß, daß mein Augapfel das thut, was seine Gesundheit und Liebe zu mir erfordert. Allein ich bitte Dich nochmals, sei mäßig, sonst mache ich es am Ende wie Hagen und sage: „Was hilft alles Reden bei den Weibern übers Essen, sie lassen es doch nicht!" Verzeih diese kleine Strafpredigt, meine Holde, die mir die Liebe allein diktiert. Du wirst immer mein allerliebstes Weib sein, wenn Du auch kränklich wärst, aber – gesund ist doch besser.

24 Stunden sind wir wieder dem glücklichen Florian näher ge-
rückt, mein herzgeliebtes Mädchen, diesem glücklichen Tage,
der meinem ganzen Glück dereinst das Leben schenkte und mir
dieses Mal den Inbegriff meiner Wonne in die Arme führt. Wer
hätte das wohl vor einem Jahre um diese Zeit geglaubt, daß
Frau von Levetzow mit ihren Töchtern am 4. Mai ein frugales
souper beim Forstjunker von Thadden einnehmen würde. Vori-
ges Jahr trank Dein Jüngchen noch ganz inkognito Dein Wohlsein in Driesen, und dieses Jahr trinke ich Lebensbalsam von
Deinen Lippen ...

Ich habe diesen Abend im Goldenen Adler gegessen. Es ist
wahr, man ißt dort sehr gut, und ich rate daher Mütterchen,
doch dort zu logieren. Im „König von Portugal" ist es nicht an-
ständig genug, und da verhungert das älteste Fräulein von Levetzow, denn es gibt nur sechs Portionen.

Dienstag mittag

Den heutigen Morgen übergehe ich mit Stillschweigen, da ich
nichts weiter zu sagen weiß, als daß ich auf der Kammer war
und, während mein Kopf und meine Hände für meinen König
arbeiteten, mein Herz meiner ewig Geliebten weihte.

Auf der Kammer sprach ich Oertzen, der gestern bei Wolder-
manns[31] gewesen ist. Man hat gewaltige Sachen gemacht, eine
Menge Verkleidungen, Komödien, feine und grobe Witzeleien,
wie dies bei dergleichen Vorfällen [hier ein Polterabend] sich
gewöhnlich zu ereignen pflegt. Man hat bis drei Uhr getanzt.
Das Brautpaar hat zwar tüchtig getanzt, ist aber sonst sehr an-
ständig gewesen, so daß Herr Witte[*] sich nur selten Handküsse
erlaubt hat; dies läßt Dir Oertzen besonders zur Nachricht und

---

* Herr von Witte hatte das Gut Falkenwade von Bredows gekauft.

Achtung bekannt machen, um mich ebenfalls so artig zu ziehen, – welches aber unfehlbar ohne Erfolg sein wird ... Über die Gastfreundschaft von Witte muß nichts gehen, denn er hat sogar Oertzen gestern gleich nach gemachter Bekanntschaft zu sich gebeten.

Dank, mein himmlischer Engel für Deine Zeilen, die frohen
Nachrichten, welche sie über Eure Herkunft enthielten, Liebe
und Heiterkeit, die Dir die Feder führten, dies alles setzte mich
gestern nachmittag und diesen Morgen ebenfalls in eine un-
nennbar frohe Stimmung. Nun will ich versuchen, Deinen
Brief gehörig zu beantworten. Zuerst verbitte ich mir alle Sti-
cheleien über meine Bequemlichkeit in Betreff des Sofas. Daß
ich und Oertzen an jenem Abend hierher gingen geschah darum,
weil ich sehr ungern Tabac aus irdenen Pfeifen rauche und Oertzen keine anderen hat. Daß wir uns nebenbei das weichere Sofa
wohl schmecken ließen, ist freilich nicht zu leugnen, darüber
braucht sich mein loses Mädchen aber nicht aufzuhalten ...

Mittwoch abend

Bis ein Uhr arbeitete ich, ging darauf unter die Linden, wo ich
Chambeaouds beide fand. Sie freuten sich sehr, mich wiederzusehen. Ich brachte meiner Tante das Opfer, sie dreimal unter den
Linden auf und nieder zu führen. Hier sah ich auch meine Cou-
sinen, zwei Fräulein Thaddens, Töchter von der Chambeaoud,
welche beide sehr hübsch waren (doch, muß zu Deinem Trost
gesagt werden, 12 und 14 Jahre alt sind). Mit Chambeaouds aß
ich an der table d'hôte. Unter anderem fing mich auch meine
Tante an zu fragen, wie denn die Fräuleins in und um Driesen
hießen, sie hätte diesen Sommer etwas reden hören von einem
Fräulein Lowen – Loweter etc. Ich versicherte auf Ehre, daß
zehn Meilen um Driesen kein Fräulein weilt, die einen ähnlichen Namen führe, noch weniger mich interessiere. Jedoch so
geschwind ließ sich mein Tantchen nicht abspeisen, sie meinte,
ich müßte mich doch gegen die Landräthin über ein Mädchen
geäußert haben, die mir besonders gefiele, worauf ich dann wie
aus einem Traum erwachend sagte: „Ach so, ja, jetzt erinnere

ich mich, ich schrieb der Landräthin einmal von Fräulein Levetzow die ich sehr ..." Jedoch sie erwiderte: Getroffen, das ist der Name, und nun ward geschwind Eure Gesundheit getrunken. Ich hielt bestmöglichst contenance und überstand so glücklich dies ziemliche Verhör.

O Unbeständigkeit, dein Name ist Weib. – Da reite ich ärmster Bräutigam beinah ein Pferd tot, um alles wegen der Ankunft der Damen gehörig zu bestellen, und jetzt, da Hagens und Florio nicht recht ausgeschlafen haben, gleich wieder eine Änderung von ein paar Tagen. Ich freute mich schon herzlich, den Sonnabend oder Sonntag in Eurer Gesellschaft hier zu verleben, wo kein lästiger Kammervortrag mir verbietet, die Morgen bei Euch zu sein, stattdessen wird wegen der Kaufleute beliebt, Montag und Dienstag hier zuzubringen, wo meine Wenigkeit von 8 bis halb 3 Uhr nachmittags bekanntlich auf der Kammer schwitzen muß. Nun gehört nur etwas Bekanntschaft mit Berlin dazu um zu wissen, daß hier weder Juden noch Christen jemals auf die Idee kommen, den Sabbath zu feiern. Die Laden werden freilich von außen verschlossen, aber ich verschaffe alles, was die Damen befehlen, zu jeder Stunde, – doch ich unterwerfe mich Euren weisen Einsichten. (Das war alles Spaß).

... Nun zu meinem jetzigen Journal: Sonnabend früh um 5 Uhr bestieg ich mit Oertzen zwei stattliche Mietsklepper, und wir ritten von hier ab. Das Wetter war sehr schön und wir sehr wohlgelaunt, welches bei mir gleich der Fall ist, sobald ich die Stadt im Rücken habe. Wir ließen unsere Pferde es empfinden, daß sie Mietsklepper und wir sehr kühne Reiter waren, und so langten wir denn mit abgejagten Pferden um 8 1/2 in Markow bereits an. Der Pole freute sich sehr, uns zu sehen, und tractierte uns zum déjeuner mit Schnepfen, Ungarwein und Champagner. Darauf ließ er anspannen, um uns unserer Bitte gemäß nach Schwanebeck zu fahren, welches wir auch mit Dank annahmen, da unsere Schenkel und derrière etwas sprachlos waren. Wir fanden den Forstmeister auf dem Hofe, er freute sich sehr über die Versicherung, Euch zu sehen, wir gingen im Garten, aßen und tranken darauf recht tüchtig. Nach Tisch tranken wir Caffee im Garten, fischten dann und lagerten uns, als es Abend

war, bis zum souper auf dem Sofa. Gott, welch ein Diwan –
wie göttlich muß es sich da krügern lassen.

Wir gingen sehr spät zu Bett und schliefen in der Stube, wo
die Fräuleins schlafen sollen, Du kannst denken, daß ich süß
ruhte. Den Sonntagmorgen besah ich mit dem Oberforstmeister
Karpfenteiche, dann gingen wir im Garten, fuhren nach Markow, wo wir ganz delicieus aßen und gehörig zechten. Soviel
Dein Männchen auch trinken mußte, so blieb ich doch ohne
eine Idee von Rausch, um 4 Uhr setzten wir uns zu Pferde, und
der Pole begleitete uns noch eine Meile. Um 9 Uhr waren wir
wohlbehalten hier, und ich drückte Deinen Brief an mein ent-
zücktes Herz. Der Oberforstmeister macht vortreffliche Anstalten, Euch zu amüsieren, und ich freue mich wirklich recht auf
die Séjour da. Er hat mich und auch Oertzen zu sich gebeten,
worüber ich denn höchlich erstaunt bin. Auch der Meister Zett-
ler, welcher Deinen Großvater gemalt hat, wird nach unserer
Abrede diese Zeit in Schwanebeck sein, er trinkt sehr, malt
schön und nimmt für das Gemälde nur 5 Louisd'or, dort ist Zeit
zum Sitzen, und dies die einzige beste Art, Euch alle malen zu
lassen ...

Ich freue mich erstaunt auf diese Zeit, hätte ich nur meine
Commission nach Driesen und könnte mit Euch zurückkreisen,
doch vielleicht ist es noch möglich.

Montag abend

... Nach einem recht sanften Schlaf stand ich ganz gestärkt vor
sieben Uhr auf. Beim Frühstück überfiel mich mein gewöhnlicher unangenehmer Kopfschmerz, wahrscheinlich eine Folge
des zu starken Essens und Trinkens. Ich ging aber doch auf die
Kammer und wurde zu meinem Schrecken, da diejenigen, zu
welchen der Vortrag stand, wegen der Frühe noch nicht da waren, aufgerufen. Glücklicherweise hatte ich meine Sache beisammen, und ohngeachtet ich mich nicht gehörig vorbereitet

hatte, so ging es doch recht gut. Als ich fertig war, suchte ich die freie Luft, um meine Kopfschmerzen zu vertreiben. Wir gingen wieder auf die Kammer und begegneten Junk, von dem ich hörte, daß die anderen Commissarien angefragt hätten, ob sie mit dem Abschätzen fortfahren sollten. Ich habe dies auf seinen Rath heute auch schriftlich gethan und hoffe, in acht Tagen Resolution zu haben.

Dienstag nachmittag

Die Beantwortung Deines Briefes behalte ich mir vor, tausend Küsse für das französische Gedicht, und meine herzliche Bitte um Vergebung für jede Anspielung auf Deinen starken Appetit, ich beleidige Dich ja so gerne, Du Engel, um Dir recht viel abbitten zu können.

Ich werde alles besorgen, Logie, Loge und Wagen und Pferde. Letztere werden zwar bei der jetzigen Zeit nicht wohlfeiler sein als Extrapost, besonders da der Mensch mit Vieh drei Tage unterwegs sein muß, allein da Monsieur Florio und Hagen keinen Wagen mitgeben, so können sie auch für die Bequemlichkeit ihrer Weiber etwas mehr bezahlen ... Kurz, alles ist bereit, und Dich erwartet noch besonders ein recht kußlustiger Mund. Adieu, adieu.

Mittwoch, den 2. Mai

Ob ich Dir gleich, meine unvergleichliche Henriette, nunmehr mein Tagebuch mündlich erzählen könnte, so würde ich selbst dabei doch zu viel verlieren, wenn ich Dir nicht täglich einige Zeilen schriebe, und Du hast, wie ich mir schmeichle, wenn ich Dir diesen Brief mit dem fiacre nach Freienwalde schicke, auf der Herreise einige Unterhaltung ... Gestern abend ging ich mit Oertzen spazieren. Der Abend war schön und die erwachende Natur im Garten von Bellevue besonders reitzend. Von da gingen wir zum Hofjäger und tranken etwas Kalteschale. Auf dem Rückweg kamen wir vor der Sommerwohnung des Musikdirectors Weber vorbei, er nötigte uns herein und regalierte mich mit einigen trefflichen Ouvertüren von seiner Composition. Er besitzt das schönste Instrument hier in Berlin, ein englisches Flügelfortepiano, was 600 Thaler kostet. Ich habe schon sonst das Vergnügen gehabt, ihn darauf spielen zu hören, denn er kennt meine Leidenschaft für Musik und ist äußerst gefällig. Diese Gelegenheit benutzte ich, ihn zu bitten doch Iffland zu persuadieren, daß die Iphigenie in der Zeit Eures Herkommens gegeben würde, und er versprach auch, wenn es möglich wäre, dies zu bewirken. Heute morgen habe ich selbst an Iffland geschrieben und ihn gebeten, entweder Iphigenie, die Geisterinsel, oder die Jungfrau von Orléans von Sonntag bis Mittwoch aufführen zu lassen. Eins von diesen Stücken bekommt ihr also wahrscheinlich zu sehen, und ich hoffe, jedes davon soll Euch sehr angenehm unterhalten.

Donnerstag nachmittag

Gestern ging ich in die liebe Zauberflöte, wo ich so glücklich war, Schiller, der jetzt hier ist, mit seiner Frau zu sehen. Er sieht ganz so genieartig, mager und elend aus, als ich ihn mir dachte. Mir wurde ganz warm, als ich so dicht neben ihm stand und mir dachte, welche herrlichen Gedanken aus dem Kopfe dieses Mannes von den Räubern bis zur Braut von Messina gekommen sind. Du wirst ihn ja sehen, meine Henrine, und ich glaube, seine Anwesenheit wird noch das Gute haben, daß ihr gewiß eines seiner Stücke zu sehen bekommt.

Gossow, den 1. Mai 1804,
Dienstag vormittag

Sonnabend nachmittag gleich nach Tisch gingen Ulk, Sif und ich einer Einladung der Bredow zufolge nach Falkenwalde. Der Gedanke, daß dies das letzte Mal geschähe, machte uns den Gang ordentlich feierlich, hätte ihn uns sogar betrüblich machen können, wären wir mit Florio jetzt in besserem Verhältnis, so aber, gestehe ich, blieb mein Herz ganz ungerührt bei jedem Abschied, den wir von allen uns wohlbekannten Plätzen, Zimmern und Möbeln nahmen. Das einzige, was mir naheging, war, daß ich die Plätze unten am Zaun bei den Pflaumenbäumen und in dem großen Garten, wo ich den 25. August im vorigen Jahr so glücklich war, in der Eil nicht mehr besuchen konnte ... Wir fanden Bredows noch sehr geschäftig mit Einpacken und Vorbereiten zum Empfang ihrer Gäste. – Wittes sollten den selben Abend noch kommen. Wir halfen, wo wir konnten, und waren mit fleißig bis gegen 6 Uhr, wo uns Mütterchen abholte und wir nun weiter nach Sellin fuhren. Die Bredow verläßt Falkenwalde mit vieler Gleichgültigkeit jetzt. Florio war sehr übel aufgeräumt, da er gar nun nicht weiß wohin ... In der Verzweiflung oder vielmehr in seinem Unmuth hat er sich Ulk vorgenommen und ihn beschworen nie zu heiraten, da man dann so sehr geniert und durchaus an ein und dieselbe Karriere, die man einmal angefangen hätte, gebunden sei. Am Ende wird das liebe Lamm nun doch noch auf einige Zeit gezwungen sein, nach dem bei ihm jetzt so in Ungnade gefallenen Gossow zu kommen.

Wir fürchten uns sehr dafür.

Berlin, den 20. Mai
(Nach dem Besuch der Gossower
in Berlin und Schwanebeck)

Niemand kann froher überrascht sein, mein Herzensjettchen, als Dein Getreuester, wie er bei seiner Rückkehr am Donnerstage Deinen theuren Brief so unerwartet vorfand. Ja, ja, mein Mädchen, wundere Dich nur, am Donnerstage ist Dein Männchen erst wieder hier angelangt, und zwar sehr wohl mit dicken roten Backen, wie Mütterchen selbst mir zugestehen müßte. Die Ursach unseres Ausbleibens war 1., daß es uns recht sehr wohl erging und unser ehrlicher Pole alles mögliche that, um uns durch Essen und Trinken, Spazierengehen etc. die Zeit möglichst angenehm zu vertreiben, 2., daß mein Husten bei dem schönen Wetter und in der Landluft dort fast ganz weg ging, und 3., daß der Oberforstmeister und Vetter so lange blieben. Doch mein Tagebuch wird Dir, du Engel, alles dies weitläufiger darthun.

Als ihr heute vor acht Tagen von mir reisetet, wurden Oertzen und ich etwas sehr schwermütig, doch bald ward ich aufgeheitert durch ein sehr gutes Kammerattest, welches ich erhielt.

Wir beiden Unglücklichen spielten darauf aus Verzweiflung rabouge und frühstückten danach bei Sala Tarone einige delicieuse Austern. Unsere Reise nach Markau ward durch ziemlich gutes Wetter begünstigt, um 6 Uhr langten wir an und wurden vom Polen im Triumph eingeholt ... Den ersten Feiertag früh gingen wir aufs Feld und im Garten spazieren. Mittag kamen Florios (Schwanebeck), die Pessiner (Bredow-Hagen) mit allen Kindern, der Oberforstmeister und Vetter. Ich hatte glücklicherweise dem Oberforstmeister eine Tüte mit Bonbons den Tag zuvor gestohlen und teilte solche an die junge Brut aus, den beiden Damen schenkte ich galanterweise zwei Apfelsinen, die mir auch zum Gratial einen solchen biederen Händedruck von der Pessinerin bewirkten, daß meine Hand davon noch blau und angelaufen ist. Es ward wieder sehr gut gegessen und getrunken, ich habe aber nur sehr mäßig gezecht, und der Pole hat mich auch die ganze Zeit nicht genötigt ... Dienstag früh fuhren wir nach Schwanebeck, besahen alle Wasserspiele und Gräben, die ganz ungeheuer sind. Darauf frühstückten wir sehr zierlich bei der kleinen Frau und fuhren zu Mittag sämtlich nach Markau, da die Haushälterin in Schw. das Fieber hatte und also nicht kochen konnte. Nach Mittag gingen wir mit der Bredow spazieren, sie war sehr vergnügt, Florio aber ganz verstimmt und höchst eklig. Mittwoch kam Florio allein, und wir gingen fast den ganzen Tag spazieren. Nachmittags fischten wir. – Donnerstag früh fuhren wir mit dem Oberforstmeister bei lieblichem Wetter nach Hause. Hier fand ich Deinen theuren Brief, meine Diäten und revenuen, also lauter erfreuliche Dinge. Gestern früh wanderte ich zu Junk, und hier wartete meiner die froheste Nachricht. Burgsdorff war auch um Pyrehne eingekommen, und durch Verwendung Lemkens hat man ihm diese Forst und mir die Neumühlsche Abschätzung übertragen, wo ich ein durchaus ebenes Revier habe und nur 1 1/2 Meilen von Dir, Du Quelle meines Lebens, entfernt bin.

Denke Dir meine Freude, die Aussicht zu haben, Dich so oft ich nur kann ohne Beschwerden sehen zu können. Doch Du freust Dich darüber gewiß ebenso sehr als ich, geliebter Engel, nicht wahr?

Meine Commissarien sind in der expedition, ich erhalte sie wahrscheinlich in den ersten Tagen künftiger Woche und fliege dann in Deine Arme.

Gestern Morgen frühstückte ich bei dem Oberforstmeister Kiebitzeier ... Oertzen hat Absicht auf Zollen und wird wahrscheinlich mit dem Oberforstmeister dahin reisen, um es zu besehen. Vielleicht kommt er auch nach Gossow, wenn es nicht gar zu sehr aus dem Wege liegt. Heute morgen war ein Käufer zu Mütterchens Clavier hier, ich habe 40 Thaler gefordert und hoffe 35 zu bekommen. Morgen will er Antwort sagen lassen.

Intermezzo

Wieder in Driesen bis zur Einweisung
in eine nahe bei Gossow gelegene Forst.
Mit der Übersiedlung dorthin
erübrigt sich der Briefwechsel.

Sellin, den 10. Juni 1804,
Sonntag vormittag

Ach du lieber Gott, so muß ich denn wirklich nach vier der
fröhlichsten, schönsten Wochen zur Feder meine Zuflucht wieder nehmen, um recht froh zu sein – o weh, o weh, welche
traurige Entschädigung für die süßen, zusammen verlebten
Stunden ... Ich eile nun zu meiner gewöhnlichen Tagebuchs-Er-
zählung, das leider nachhaltiger an Stoff ist, wie ich es wünschte. Nachdem Du gestern ungefähr eine Stunde fort warst, kam
Papa höchst schwarz wegen Tantchens Gesundheit gestimmt,
auch war er sehr unzufrieden, Deine längere Anwesenheit nicht
erfahren zu haben ... Gegen fünf Uhr ritt er fort, und wir fuhren
bald darauf auf dem Falkenwalder Weg hierher. Wie wir den ersten Berg hinter Gossow heraufkommen, finden wir Papa da
halten, der sich galanterweise entschlossen hat, uns noch ein
Ende zu begleiten.

Er ritt also neben unserem Wagen – mit einem Mal will er
auf der anderen Seite herumkommen, fängt an zu galoppieren,
die Hunde bellen, der böse Rappe scheut sich wieder, prellt von
der Seite, und ehe wirs uns versahen lag der arme Papa mitsamt
seinem gepriesenen Roß jämmerlich im Graben. Kaum war er
wieder auf den Beinen, als er zur Vermehrung unseres fürchterli-
chen Schrecks schrie: „Die Schulter ist mir aus, ich kann nicht
weiter." Wir mußten ihn also mit vieler Mühe auf unserem
Korbwagen mit aufladen. Du kennst selbst am besten Papas
Weichlichkeit und Anstellen bei Kleinigkeiten, denke Dir ihn
nun bei diesen wirklichen großen Schmerzen – solch Geschrei
und Weinen ist gar nicht zu beschreiben. Wir ängstigten uns
schrecklich, er rang immerwährend mit Ohnmachten, ich hatte
zum Glück meinen Essig mitgenommen, ich dachte Tantchen
einen Gefallen damit zu thun; hiermit erhielten wir seine Le-
bens-Geister immer noch beisammen, bis wir in Falkenwalde
am letzten Haus des Dorfes waren, (wir hatten von da nach Sel-

lin zu fahren), hier versicherte er, das Fahren nicht länger aushalten zu können. Wir mußten ihn also in einer Bauernstube aufs Bett bringen, Mütterchen fuhr sogleich weiter, um den Feldscheer zu besorgen, und Sophiechen und ich blieben bei ihm. Nach eineinhalb langen, angstvollen Stunden kam der Feldscheer Fischer endlich an, untersuchte den Arm und versicherte, es sei nur eine starke Contusion an der Schulter und nichts zerbrochen oder außer Gelenk. Nun fuhren wir alle nach Bärwalde, wo dann der Arm verbunden und Papa gleich um vieles besser wurde. Bis 10 Uhr blieben wir noch bei ihm und folgten dann Mütterchen hierher nach Sellin, wo wir dann bald zu Bette gingen.

Ich wachte noch lange im Bette, dachte über meine heut gehabten Fatas nach ... Auch bat ich den Himmel bei der Gelegenheit herzlich, Dich ja hinkünftig für so ein Unglück zu bewahren, ich glaube in der That, ich hätte den Tod für Schreck und Besorgnis davon ...

Tantchen war die Nacht sehr unruhig, so daß es doch nicht möglich ist, sie nach Bärwalde hinzufahren um da zu bleiben ... Sophiechen nahm heute früh ein von Picht für sie übersandtes Brechmittel, ich brachte den größten Theil des Vormittags bei ihr zu. Die Nachrichten von Papa sind sehr gut. Wahrscheinlich werden Sophiechen und ich morgen wieder zu ihm, um ihn ein wenig zu zerstreuen in seiner gänzlichen Einsamkeit ...

Bärwalde, Montag nachmittag

Wie ich gestern schon vermutete, Dein Mädchen begrüßt Dich heute von Bärwalde aus, Papa schickte uns diesen Morgen um 9 Uhr seine Pferde und das Kind, welches sich nach seiner Ausleerung sehr wohl befindet, und ich begaben uns sogleich auf den Weg. Wir fanden Papa noch ziemlich schwach und mit Schmerzen geplagt, auch war die schwarze Farbe seiner Seele wie die gelbe seines Gesichts im gleichen Maß stark zu finden, welches ihm denn freilich unter den jetzigen traurigen Umständen nicht zu verdenken ist. Unsere Gegenwart heiterte ihn indes bald etwas auf, er ist jetzt ziemlich lustig, wir haben ihm vormittags noch manchen unserer Reise-Schwänke erzählt, bis Dein neu gemieteter Diener kam und das Zettelchen für Dich, welches Du gewiß schon hast, dictiert und geschrieben wurde.

Henriette im Auftrag von
Herrn von der Hagen,
nach Diktat

Bärwalde, den 11. Juni, 8 Uhr

Mein theurer Freund!

Die Aufschrift dieses Briefes wird Ihnen auf die Vermutung bringen, daß die sämtlichen Gossowschen Herrschaften bei uns wären; für diesmal irren Sie sich dabei, es sind nur die beiden liebenswürdigen Niecen, die ihrem kranken Onkel einen Besuch abstatten, welcher Sonnabend gegen Abend das Unglück hatte, in Begleitung der Gossower Damen, die nach Sellin reisen wollten, durch Schuld zu langer Zügel in einem der kleinen Gräben dichte vor der Falkenwalder Grenzbreite zu stürzen und eine starke contusion an der rechten Schulter und am Arm davonzutragen, welche ihn nun wahrscheinlich auf drei Wochen, mit der Hand im Bande, der Schmerzen nicht eingedenk, in seinem Closet verschließt. Gerne würde ich dies Ungemach ertragen, wenn mich nicht der zunehmende Krankheitsumstand meiner Frau beunruhigte.

Das liebevolle Benehmen des gütigen Mütterchens und ihrer beiden Töchter hält mich bei meinem gerechten Schmerz sehr aufrecht, und der Trost der braven Jette, man müßte in allen Sachen das beste hoffen, gewährt mir immer noch eine frohe Aussicht auf vergnügtere Tage, wie die jetzigen sind.

Hier erfolgt nun der Bediente, von dessen guten Eigenschaften ich nach Einziehung mehrerer Nachrichten immer mehr bestärkt werde, daß er ganz für Sie passend ist. Treue, Ordnungsliebe, und ein großes attachement an seinen Herrn sind Gegenstände, die man mit Geld nicht erzielen kann, wohl aber Schreiben und Rasieren, wozu er jetzt Muße hat. Insbesondere wird Ihnen dieser Mensch für die Folge sehr nützlich sein.

Sollte es die Nothwendigkeit erfordern, so werde ich Ihnen mit der <u>linken</u> Hand schreiben.

Ihr treuer Freund

Hagen

Vom Secretair, Deiner treuen, Dir ganz ergebenen Jette, findest Du in diesem Brief nur tausend der zärtlichsten Küsse, mein Tagebuch sende ich mit der morgenden Post ab – hoffentlich erhältst Du es ebenso bald als diesen Zettel. Wir sind, d. h. Deine Gossower, alle sehr, sehr wohl – Augustchen [neuer Spitzname für Thadden] aber fehlt uns überall, ich vermisse ihn in jedem Augenblick, – doch wozu dies – Dein Diener, dessen Bekanntschaft ich eben gemacht, gefällt mir recht gut, er hat so ein ehrliches, biederes Gesicht. Vielleicht ein guter Kutscher künftig. Adieu, viele, viele Grüße vom Kind.

Dein Weib legt eine von mir am Busentuch getragene und herzlich geküßte Rose mit ein.

Ganz

Deine

Henrine

Dies Secretär Amt hat mich sehr amüsiert ...

Welche mysteriöse Zeilen wurden mir zum Schluß dictiert: „Erfordern es die Umstände, so erhalten Sie einen Brief mit der *linken* Hand von mir geschrieben" – unterstrichen –. Zwar krank; aber doch immer der alte Papa – dachte ich, wie ich es niederschrieb.

Mit Tantchens Gesundheit war es heute so ziemlich wieder beim Alten, zwar krank aber doch nicht schlimmer. Heute Abend um 7 Uhr nimmt sie das erste Giftpulver, um den Wurm zu töten, bekommt sie nicht zu heftige Krämpfe danach, so Morgen vormittag noch zwei, bis Picht kommt – ach, wenn

sie dies doch nur erst überstanden hätte, Du lieber Junge betest
gewiß recht herzlich mit uns um ihre Erhaltung. Wir ängstigen
uns sehr.

Nun bin ich Dir mein Tagebuch von gestern Nachmittag
noch schuldig – nach Tische hörte ich erst Consuls musicieren,
las ein wenig im Mode Journal und Zeitungen – in beiden fand
ich etwas mir um Deinetwillen interessantes, im ersteren eine
fürchterliche Verdammung des Länders als den allerunanständig-
sten Tanz, der je erdacht worden sei, – Du kluges Männchen,
nein, ich will ihn auch nicht mehr tanzen. In den Zeitungen
stand eine Nachricht von Aschenbrenner, daß er nehmlich vom
russischen Kaiser bei einem Gymnasium mit fünfhundert Ru-
beln Gehalt placiert sei und noch dreihundert zur Equipierung
erhalten habe. Doch dürfte er die Stadt nicht verlassen.

Nachdem gingen wir einige Stunden spatzieren und den übrigen Abend brachten wir, ich weiß selbst nicht womit, hin.
Dein treues Mädchen, oder vielmehr ihr Andenken, verließ Dich
gewiß keinen Augenblick und geleitete Dich mit tausend guten
Wünschen zu Deinem alten Oberförster hin. Man sagt ja hier,
der König habe bei dem alten Herrn logiert – Herr Ju, Herr Ja,
Herr von Thadden, ist das wahr?

Sellin, Dienstag vormittag

... Tantchen ist nicht kränker heute wie gestern, das Pulver in-
commodiert sie sehr wenig, und der alte, eklige Mosje, auf dessen Ankunft wir alle so sehnlichst warten, will noch immer
nicht herauskommen. Wenn Picht nur erst hier wäre, vielleicht
bringt der ihn doch noch auf die Wege ...

von Thadden   *Driesen, Donnerstag, den 14. Juni,*

morgens

(Auf eine Anfrage Henrines wegen des
Besuchs des Königs beim Oberförster)

Heute abend bei Tisch wurde ich wieder durch die gewöhnliche
Königsunterhaltung gefoltert, unter anderem erzählte mir der
Oberförster eine Anekdote, die ich, weil Siefchen doch gerne so
etwas hört, zu ihrer Belustigung hier beifüge. – Der König[*] hat
nehmlich noch ganz spät sich von dem Oberförster einen höl-
zernen Schemel ausbitten lassen, um ein Möbel, das ich in
Siefchens Bett postierte, daraufzustellen, weil ihm die Samt-
stühle in seiner Stube zu gut für diesen Behuf vorgekommen
sind ... [Eine sehr preußische Anekdote! Königliche Sparsam-
keit]

Sonnabend, den 16., abends

Als ich heute nachmittag aus der Forst kam, fand ich meinen
neuen valet de chambre, welcher mir die durch Dich, mein einziges Weibchen, geschriebenen Zeilen überbrachte. Ich fühlte
schon mich ihm von Herzen zugethan, da er mir mit vieler
bonhommie und einem geraden, ehrlichen Gesicht den Brief
übergab, aus welchem mir Dein Röschen in die Hände fiel,
welches ich gleichfalls und besonders, da es von dem Busen
meines theuren Weibes kam, herzlich geküßt und an mein Herz
gedrückt habe. Wir, d. h. ich und Sir George, sind nun miteinander einig geworden, ich gebe ihm sechs Thaler und Kleidung,
er spricht äußerst solide und vernünftig, versichert auch so viel
schreiben zu können, als die Wäsche und die Rechnung erfordert, und so bin ich denn ganz content.

---

* König Friedrich Wilhelm III

An meinem Schulz habe ich heute eine neue Vollkommenheit entdeckt, er spielt Violine, und nach seiner Geige haben bereits die Gossower Fräuleins und die Fräulein Sydows in Stolzenfelde wacker getanzt. Erfahren die Driesener Damen diese Eigenschaft, so stürmen sie mir gewiß das Haus und wollen immer mit mir tanzen. Nun gute Nacht, mein Weibchen, ich habe heute abend etwas zu viel Bier getrunken und bin daher mit Leibschmerzen geplagt. Gottlob, daß Du so munter bist, erhalte Dich dabei durch Mäßigkeit.

Mittwoch abends

Diesen Tag, mein allerliebstes Mädchen, hat Dein Männchen recht den Wirth gemacht. Du hättest Dich halb totgelacht, wenn Du mich gesehen hättest. Ich hatte eine große Angst, Burgsdorff (der sich zu Besuch angesagt hatte) nichts vorsetzen zu können, da mir der Koch aus der Stadt seine Hilfe verweigerte wegen eines Hochzeitsschmauses. Der angehende Herr Peth[24] machte sich also selbst ans Werk und zog sich ganz zu meinem Erstaunen gut aus der affaire ... Ich wurde bei der Arbeit von Burgsdorff überrascht. Vor Tisch gingen wir spatzieren und dann in die Laube. Burgsdorff war äußerst schwermütig, ich dachte ihn aber zu zerstreuen. Nun gings zu Tisch, wo meine beiden Bedienten in Gala aufwarteten. Zuerst erschien eine sehr gute Suppe von Rindfleisch mit Perlgraupen, alsdann Rindfleisch mit Mostrich, junge Mohrrüben und Schoten nebst Karbonade, ... Kalbsbraten mit eingemachten Stachelbeeren, ... Kuchen und Butterbrot, alles durch Johans Kunst recht sehr gut zubereitet. Dazu ward Medoc und beim dessert Ungarwein gereicht. Gelt, mein Mädchen, Dein Männchen weiß doch seine Gäste zu bewirten. Beim dessert kam der alte Oberförster, einige Gläser Wein machten den alten Herrn so froh, daß er drei

Stunden hier blieb und uns vorschwadronierte. Zuletzt war er so benebelt, daß er Thee trank, ein Getränk was er sonst nie anrührt ... Auch B. war etwas angetrunken, aber der Wein machte ihn sehr sombre*. Um 6 Uhr kam Hertzberg und nahm ebenfalls hier Thee ein. Dann fuhr Waldow mit seiner Tochter vor, er hatte sich einige Zeit bei mir aufhalten wollen, wie mir B. vorher schon sagte; allein es war zu spät, ich hatte daher nur das Glück, ihn und seine liebenswürdige Tochter auf einen Augenblick zu sehen. So glücklich sind auch nur die Bräutigams, die hübschesten Mädchen fahren bei ihnen vor.

---

* schwermütig

... Noch einmal wiederhole ich Dir jetzt meinen allerfreundlichsten Dank für Deinen gestrigen Brief, der mir auch hauptsächlich darum so viel Freude macht, weil mein Männchen mir immer so froh zu sein scheint; dies ist mir gar zu lieb, und ich will aus Vergnügen darüber heute auch einmal nicht eifersüchtig sein, will Dir Dein entrevue mit der kleinen Probsten großmüthig vergeben, will glauben, daß Du aus bloßer Freundschaft für den Vater dieser hübschen Tochter die Visite machtest, qui veut avoir la fille, doit caresser la mère, ou le père, wie sagt man? Sicher scheint mir beinah das letzte der Fall zu sein. – Musje, Bübchen, das war eins fürs Schönthun mit Lanken – Du bist und bleibst doch ein kleiner Bösewicht. – Herzlich danke ich Dir auch für Deine Theilnahme an meiner Betrübnis neulich, wie mir Dein Brief ausgeblieben war – kommts noch einmal so, so komm ich zu Dir nach Driesen, und wir lassen uns über der Gränze trauen, dabei bleibe ich, – dann sind die Post-Lümmels, wie Du sie sehr richtig benennst, doch am besten angeführt ... Eine galantere Wendung, wie Du kleiner Bösewicht wieder bei dem Rechnen machtest, ist mir kürzlich nicht vorgekommen – schade nur, daß ich Dich doch dabei widersprechen muß, gewiß verstehst Du Dich nicht einmal so ganz auf die Rechnung der Weiberherzen, wie Du meinst – wenigstens, glaube ich, würde es Dir unmöglich sein, die Zahl auszusprechen, mit der meine Liebe für Dich in dem meinen [Herzen] berechnet ist; eine Trillion verhält sich ungefehr wie 1 gegen 20 dabei.

Die neuentdeckte Kunst Deines ersten Kammerdieners hat mich sehr amüsiert, ich werde bald wieder aufs neue seinen Verlust beklagen. – Gebrauchen konnte man ihn zu allem, indes spielt er doch nicht Violine, und das kann doch unser jetziger Attaché – Peth sollte sich sein Geld immer ersparen, um die französische Kochkunst zu erlernen, – da er ein solches Diner zuzubereiten versteht.

... Heute morgen habe ich schon fleißig Zeitung gelesen. Bravo, Moreau ist begnadigt und ich etwas mit Bonaparte versöhnt. Adieu, lieber Engel, morgen von unserem lieben Gossow aus ein mehreres.

Gossow, Montag abend

... Picht kam zu Mittag wieder und blieb bis gegen Abend. In dieser Zeit hat er uns wieder viel Muth und Trost zugesprochen, Gefahr soll durchaus nicht dabei sein, aber, lieber Junge, vier Wochen, meint er, könnte Tantchen leicht noch in diesem Zustand verbleiben. O du liebster Himmel, was soll daraus werden, aus uns armen Getrennten – ich werde ganz melancholisch nachgerade ... Der jetzt abnehmende Mond soll ja den Bandwurm ganz gewiß aus dem Weg bringen, wäre er es doch heute schon. – Frau Predigern kam Nachmittag auch zur Visite, und so brachten wir einen ziemlich ennuyanten Nachmittag hin. Der Abend war dafür wegen der sonstigen Erinnerungen, die er erweckte, desto schöner. Das liebliche Wetter bewog den Consul, uns zu einer Wasserfahrt einzuladen – o heiliger See – o heiliges süßes Andenken, wie umschwebten uns die.

Wie oft wünschte ich mit jener Geliebten: „Bewimpeltes Schiffchen, o trage noch einmal zum Schoß des Geliebten mich hin". – Wir fuhren bis zum Abend herum und gingen dann bald zu Bette.

Heute früh gegen 10 Uhr fuhren wir hierher. Wir fanden eine Einladung nach Vietnitz zum Mittag vor, wir hatten uns nehmlich zum Nachmittag melden lassen. Ehe wir uns anzogen, spielte ich geschwinde meine Sonate noch einmal durch – wie froh war ich, daß ich wenigstens die Fingersätze noch ganz genau wußte, übrigens wird mein angebeteter Maitre wieder manchen Schweißtropfen beim erneuten Unterricht vergießen. –

Wäre es doch nur erst wieder so weit, wie dankbar will ich Dir jeden Tropfen von der Stirn küssen. In Vietnitz wurden wir von allen mit aller nur möglichen Herzlichkeit und Freundschaft empfangen. Deiner Erlaubnis gemäß säumte ich denn auch nicht, allen mit unserem Verhältnis bekannt zu machen – die rührende Theilnahme, die mir alle bezeigten, hat mir viel Freude gemacht. Der alte Landrath zerfloß ganz in Thränen dabei und ich mit, vor lauter Glück und Wonne.

Zu Tische war die alte Frau von Sydow von Dobberpfuhl auch da mit ihrem neveu, dem lieutenant Phrul. Wir amüsierten uns bis gegen 10 Uhr abends ganz prächtig, eher durften wir nicht fort. Wir haben uns allerlei erzählt, sind im Garten gegangen, haben den Phrul deklamieren hören, er wußte beinah die ganze Jungfrau von Orléans auswendig, haben Wolle gelaufen und Scharaden und Rätsel aufgegeben, – wobei ich denn mit meinem „Mädchen am Wege" auch keine schlechte Rolle spielte. Genug, wir waren recht froh, besonders ich, die ich recht oft die Gelegenheit hatte, von Dir zu sprechen.

Morgen früh wollen die Fräuleins es sich nicht begeben, uns noch eine Visite zu machen. Gegen Mittag fahren wir nach Bärwalde und da find ich – o der unnennbaren Freude – einen Brief von Dir.

Bärwalde, Dienstag nachmittag

... So süß und angenehm mir der Inhalt Deines Briefes ist, so weh that es meinem Herzen doch aufs neue, Dir Dein Herkommen abgeschrieben zu haben, als ich fand, daß Du Dich auch entschlossen hättest, gern nach Sellin zu kommen – hätte ich doch dies ahnden können, – o Jüngchen, dann läge ich Freitag in Deinen Armen, statt daß ich jetzt so innig betrübt bin, wäre ich schon außer mir vor Freude heute ... Du kommst aber, so bald es die Umstände Dir erlauben, gleich wenn ich es Dir schreibe, o versprich mir doch dies recht gewiß zu meinem

Trost, zu meiner Beruhigung, mein liebstes Jüngchen. Die feste Überzeugung, daß wir in vierzehn Tagen, wenn alle wieder
gesund und wir in unserm Gossow sind, doch viel, viel froher
sein werden als jetzt in diesen Tagen in Sellin – ist das einzige,
was mich jetzt tröstet.

... Als ich zu Hause kam, fand ich einen Brief von Oertzen, der mir Florios Kauf von Schwanebeck meldet. Da ich ihn Dir im Original nicht mitschicken mag aus Furcht, daß Sophiechen ihn zu lesen verlangen möchte, welches ich, obgleich er wenig oder gar nichts von Liebe enthält, doch verschiedener Äußerungen halber nicht mag, so gebe ich mir die Mühe, das Interessanteste daraus für Euch abzuschreiben. Florio, der Oberforstmeister und Pole sind zur Abschließung des Kaufvertrages vier Tage in Berlin gewesen und haben in der Sonne logiert. O. ist fast alle Nachmittage da gewesen, und hat endlich alle Abende bei ihnen soupiert. Es scheint, als wenn sich die Florioschen Eheleute jetzt besser vertrügen (so schreibt O.), und einmal hat sich F. eines sehr beleidigenden Ausdrucks gegen seine Frau bedient, wobei sie sich aber sehr gut benommen hat. Die Herren haben nehmlich immer mittags eine so ansehnliche Menge Champagner getrunken, daß sie sämtlich etwas berauscht gewesen sind, und um halb sechs Uhr, wo die Bredow gerne in die Komödie hat gehen wollen, nicht hinter dem Tisch haben wegkommen können. Die Bredow hat diesen Wunsch geäußert, worauf der Pole zu F. gesagt hat: „Komm, wir wollen nun in die Komödie, die Bredow will jetzt geruhen." Worauf F. gesagt hat: „Ach, was geht uns die Bredow an!" Sie hat aber gethan, als hörte sie diese Äußerung nicht ... Der Pole hat sich einen Tag so total besoffen, daß er in der Komödie aus der Loge gegangen, sich auf den Gang auf mehrere Stühle hingelegt und dort drei Acte, ohne überhaupt, wie er selbst gestand, noch zu wissen, daß er im Komödienhaus sei, geschlafen und sich am Ende ganz erbärmlich gespien hat. Sie haben ihn nach Hause aufs Bett gebracht, wo sie ihn aber gegen elf Uhr durch einen Leiermann, der ihm „Wer niemals einen Rausch gehabt" vorspielen hat müssen, wieder erweckt haben.

Man hat O. durch die oft wiederholte Frage geneckt, ob er Euch nicht bald besuchen würde oder vielleicht schon hier gewesen wäre. Die Br. hat ihm sogar einmal gesagt, es wäre ihr recht lieb, daß ihr Mann Sch. gekauft habe, da sie doch auch in der Neumark, wenn die Gossower Fräuleins verheiratet wären (welches doch nicht lange mehr dauern würde), nicht viel Nachbarschaft behalten haben würde. Dabei hat sie O. sehr listig angesehen, er glaubt aber nicht einmal rot geworden zu sein. – O. lebt noch immer sehr einsam, lieset wenn er sich ein Vergnügen machen will, meinen Brief, besieht und küßt Sophiechens Haare und Handschuh, welche letzteren er gestohlen hat. (Das sind seine Worte). Diesen Monat geht er auf acht Tage nach Mecklenburg.

Freitag abend

Mit meinem Schulz bin ich bis jetzt sehr zufrieden, er hat Johan seine officien so genau abgesehen, daß ich gar keine Änderung verspüre, und daß dieser noch mehr aufpaßt als Peth. Mit dem Schreiben ist es freilich schlimm, auch werde ich ihm darin noch selbst Unterricht geben, für jetzt hilft er sich mit seinem treuen Gedächtnis.

... Hertzberg erzählte, es sei ein Arrestant mit einem Transport aus Posen angekommen, ein Graf Olarell, dessen Geschichte wir uns von ihm erzählen lassen wollten. Dieser Mensch war auf dem Transportzettel als äußerst liederlich und nichtsnutzig geschildert, und jedermann war vor ihm gewarnt. Hertzberg ließ ihn zu sich holen, und er erzählte uns, sein Vater sei ein englischer Graf und wohne in Gotha, er sei zuerst Junker unter dem Regiment Kalckstein in Magdeburg gewesen, der Feldmarschall habe ihn mal leiden mögen und viel Zulage gegeben, wodurch er liederlich geworden sei. Der jetzige General Kleist habe daher seinen Vater ersucht, den Abschied für ihn nachzusuchen, nun habe er in hessische Dienste gehen sollen, sei aber dort wieder verführt worden, habe sich endlich unter dem Regiment Zastrow in Posen als Gemeiner anwerben lassen, um nicht zu seinem Vater zu müssen. Hier sei er zum falschen Münzen verführt worden, sei dabei ertappt und werde nun auf Kosten des Regiments nach Erfurth und von da nach Gotha zu seinem Vater transportiert. Der Unglückliche hatte eine bleiche, aber sehr einnehmende Gesichtsbildung und war noch ganz jung. Da ich mir dachte, wie leicht die Ursach vielleicht gewesen sein mochte, welche diesen Ärmsten vom Wege des Rechts abgeleitet und stufenweise bis zu diesem Elende heruntergebracht hatte, so verirrte sich meine Hand unwillkürlich in die Geldtasche und ich gab mit H. dem Unglücklichen etwas, wofür er sich heute vielleicht einen wohltätigen Rausch getrunken hat. Denk Dir aber das Gefühl des Vaters, dem sein Sohn in solchem Zustand ins Haus geliefert wird. Ich trank Thee bei Hertzberg, hernach aßen wir zusammen und gingen einige Augenblicke in den Dietrichschen Garten, wo es ungemein schön ist und nach dem Regen äußerst lieblich duftete. Ich rezitierte in den schönen bosquets bei mir leise den Chor: Noch weit schöner wäre der Abend, könnte Arm in Arm allein, die Geliebte bei mir sein.

In der That, Du Engel, mein Herz ist zu matt von einer Menge der süßesten Gefühle, als daß Du jetzt noch etwas Zusammenhängendes in den ersten acht Stunden erwarten darfst.

Dein lieber, süßer Brief mit der frohen Nachricht von Tantchens Besserung. Dein Portrait, der Brief von der Bredown, des maliziösen Ulks sehr witziges Tagebuch, alles das hat mich beinah ausgelassen vor Freude gemacht. Während ich Deinen Brief verschlang, ließ ich durch Schulzen den Kasten öffnen, wie ward mir, als ich Dein Gemälde erblickte, um mich nie wieder von ihm zu trennen. – Noch nie fand ich es so ähnlich; zwar dauert es mich, es ohne Rahmen erhalten zu haben, denn so hätte ich die Freude längst genießen können, es bei mir zu haben, aber nun gebe ich es auch nicht eher, als wenn ich selbst in Berlin bin, an den Tischler. Große Freude hatte ich dabei noch außerdem; als ich nehmlich Schulz fragte, ob er das Original dieses Gemäldes wohl kenne, rief er: „Ni jewohl, det sin die gnädige Frölein wie se leibt un lebt – ob man die Perschon sieht oder das Bild, det is parti egal." Ein kleiner Unterschied ist nach meiner Meinung freilich wohl, denn dies Bild küßt sich lange nicht so gut als mein Mädchen, aber dennoch laufe ich jeden Augenblick hin, um es mir zu besehen, habe es bereits aufgehangen, und gewiß bleibe ich nun um so lieber in meinem Zimmer, da ich darin immer den süßesten Stoff zur Unterhaltung von jetzt an finden werde.

Die Butter werde ich besorgen und sie mitbringen. Heute nachmittag denke ich, an Sir Ulk zu schreiben. Gottlob, daß er nicht ein Opfer seines falschen point d'honneurs geworden ist ...

Tagebuch: Der ganze Sonnabend war für mein verwöhntes Herz sehr langweilig. Wie Du fort warst, versuchte ich noch ein wenig zu schlafen, ich legte mich deshalb neben Deinem Portrait in der roten Stube aufs Sofa, kaum aber lag ich ein Stündchen, als der Pessiner* hereinkam und mich durch sein im Stillen gehabtes Späßchen, mir Dein Portrait zu verstecken, wieder aufweckte ... Montag Vormittag war ich sehr fleißig an der Landjägerin ihre Börse, die auch gewiß fertig sein soll, wenn Du kommst. Nachmittag fuhren wir nach Vietnitz, wo wir bis nach Abendbrot blieben. Sydows waren ganz allein und sehr freundlich wie gewöhnlich. Donnerstag reisen sie zurück nach Schlesien. Heute nachmittag wollen die Fräuleins noch einmal zu uns kommen. Dies war mein Tagebuch passivum** in aller kürze, jetzt kommt das futurum bis zum Sonnabend. Morgen, Mittwoch, machen wir Visite in Falkenwalde, Donnerstag werden wir vielleicht nach Bärwalde zum Wein abziehen, Freitag wird Johanesbeergelee gekocht, und Sonnabend – freue ich mich halb tot.

... Papa war Sonntag über allen Glauben gesprächig, 50 Graffundersche Geschichten kamen zum Vorschein, er grüßt Dich und hat mir einen Dukaten aus Tantchens Börse, worauf sie einen großen Werth legte, für Dich zum Andenken gegeben.

... Um Vergebung, hast Du schon den Tancred von Goethe gelesen? Vergiß nicht, das Buch von Herzberg mitzubringen.

---

* „Die Pessiner": Major Dietrich v. Bredow und seine Frau Friderike, geb. v. d. Hagen, verwandt mit „Papa"
** Gemeint ist der französische Begriff „passé". H. zeigt gern ihre geringen lateinischen Kenntnisse.

... Mir ist es unendlich lieb, daß Ulk sich so wohl in Deinem Elternhause gefällt, Dein Vater muß aber in der That auch ein unwiderstehlich einnehmender Mann sein ... Überhaupt werde ich die Zeit, Deine Verwandten kennenzulernen, nun bald gar nicht mehr fürchten, sondern mich recht dazu freuen. Daß Air Deiner M.[*] möchte zwar doch auch im ersten Augenblick gleich unserem Mylord ein kleines Zittern bei mir veranlassen, indes Du weißt, ich bin nicht blöde.

Vor Tische las ich erst Zeitungen, recht rasch, dann probierte ich mit dem Kinde die Sonaten, nähte noch etwas und ging dann im Garten, wo ich leider ungestört ein wenig fraß. Bald hernach kam Papa vom Kreistag zurück, sehr gebeugt und demütig, sein Plan für Graffunders Beförderung war nicht durchgegangen. Er erzählte uns je dennoch eine Menge uninteressanter Geschichtchen und fuhr nach sieben Uhr erst fort. Das Kind und ich begleiteten ihn des schönen Wetters wegen noch bis zum Dorfe heraus. Im Zwielichten entstahl sich mir mancher Seufzer, und tausend gute Wünsche für eine glückliche Reise für Dich wiederholte ich den ganzen Tag ... Einmal ging ich auch gestern gegen Abend in Dein verlassenes Zimmer – ich hätte eine Stunde auf Deiner Pfeife rauchen mögen und Deine Kleidungsstücke ebensoviel herzen und drücken mögen. Vom Portrait sage ich gar nichts – Deinen vorgestern abend gegebenen Kuß habe ich gewiß schon wieder abgeküßt, wie oft suche ich es heim.

28. Juli – 12. August Besuch Thaddens in Gossow

---

[*] Mutter

Seit diesem Mittag habe ich einige Stunden etwas unwohl verlebt, doch ließ ich die Schmerzen, die Lust hatten mich zu pei-
nigen, nicht aufkommen, sondern legte mich rasch ein Stündchen im Bette, deckte mich recht warm zu, und so ward ich bald
wieder ganz hergestellt. Jetzt fühle ich mich wieder sehr wohl,
doppelt wohl, da ich bei Dir bin, mein angebeteter Mann. Mein
Tagebuch kann Dir heute wenig sagen, ich war Vormittag sehr
fleißig, wirtschaftete erst mit Mütterchen unter Stichs Mobi-
lien herum und schrieb dann einen sehr langen Brief an Wilhelm, dem ich unter anderen auch auf Mütterchens Befehl aufgetragen habe, Deinen älteren Bruder recht sehr zu nötigen, mit
ihm herzukommen.

Bei Tisch habe ich schon sehr wenig gegessen, zwei Porti-
önchen Mohrrüben und zwei Stückchen Hünerbraten war wahrhaftig mein ganzes heutiges diner. Gleich nach Mittag kam
meine Krankheits-Periode, von der ich seit einer Stunde ohnge-
fehr wieder auf bin. Desto mehr habe ich Dir aber wieder von
dem heutigen Posttag zu berichten, der uns außer einen Brief
von der Konsulesse auch einen von Mons. Stich mitbrachte,
und zwar welch ein Paket – erst gewiß dreißig Bogen Tagebuch, sodann einen besonderen für Dich, der anbei erfolgt,
einen an Mütterchen, einen an Knobelsdorff, einen an Onkel
und einen an Sophiechen und mich einen zusammen, und zwar
diesen letzteren als Auszeichnung in französischer Sprache.
Gern schickte ich Dir unseren auch gleich mit, allein wir
vermuten, daß er der Bredown in Eichhorst auch viel Spaß machen wird, und also werde ich ihn Dir lieber von dort aus
womöglich mitsamt dem Tagebuch in meinem ersten Brief mit
senden, dann hast Du gewiß ein Weilchen etwas zu thun.
Verdirb Dir nur nicht die Augen dabei, dies bitte ich im voraus,
es ist mehrentheils wieder rasend geschmiert, wenigstens dem
Ansehen nach, gelesen habe ich noch nichts davon, ein sehr

mysteriöser Bogen ist dabei mit der Überschrift „Für Damen nicht zu lesen"; mich verlangt auch wahrhaftig nicht danach, ich habe von Stichs Schweinereien so schon genug, ohne noch mehr zu erfahren.

... Unser Brief soll eigentlich recht niedlich sein, er enthält die zärtlichsten Vorwürfe, daß wir so lange nicht an ihn geschrieben haben, den Befehl als Onkel, es recht bald zu thun, und die Versicherung, daß er den größten Antheil an unserem Schicksal nimmt; der Schluß ist folgendermaßen: „Enfin Votre reponse m'apprendra se qui se passe, ou Vous risquez toutes deux une querelle, qui ne finira qu'au moment ou je Vous verrez, et Vous êtes trop bon pour irriter un absent qui ne se trouve plus hereux qu' en pensant à Vous: Que Votre bonheur égale à Vos mérites c'est le seul souhait de Votre oncle – O. Stich."* – Schade, daß Sophiechen und ich erst diesen Morgen den rothen Schaafpelz gesehen haben, dieser ekliche Anblick macht einen wirklich auf lange Zeit für jeden zierlichen Eindruck von ihm unfähig ...

Knobelsdorffs scheinen mit ihrem Aufenthalt in Altwasser sehr unzufrieden zu sein. Fürs erste ist Ida[18] gleich den Tag nach ihrer Ankunft sehr krank geworden und noch nicht besser, dann quält ihnen die Hitze bei Tage sehr und des Abends ist eine so kühle Luft dort in den Bergen, daß man von 6 Uhr an nicht mehr heraus gehen kann. Außerdem hat Knobelsdorff noch ein großes Leiden, einem alten Onkel zu Gefallen muß er alle Tage des Mittags um 12 Uhr und des Abends um 7 Uhr essen. Um 9 Uhr des Abends gehen sie schon zu Bette.

Sie hat mit Röschen auch noch einen bösen Husten. In Gesellschaft sind sie noch gar nicht gewesen – sie besteht mehrentheils aus lauter Polen. Lauter Klagen ...

---

* Endlich wird Eure Antwort mir mitteilen, was sich tut, oder Ihr riskiert einen Zank, alle beide, der erst aufhören wird im Augenblick, wenn ich Euch wiedersehe, und Ihr seid zu gütig um einen Anwesenden zu ägern, der sich nie glücklicher fühlt als im Gedanken an Euch. Möge Euer Glück so groß sein wie Euer Wert, das ist der einzige Wunsch Eures Onkels – O. Stich.

Um 1 Uhr, mein süßer Geliebter, geht es fort von hier, ob-gleich das Wetter heute sehr schön ist, so traut Mütterchen dem Frieden doch nicht und nimmt das Sicherste, um nicht morgen früh naß zu werden. Papa hat sich dieser neuen Abänderung mit vieler Sanftmuth unterworfen, seit einer halben Stunde ist er schon hier, befindet sich aber sehr unwohl, die gewöhnlichen Übel, nicht schlafen, nicht essen etc., sind alle wieder da.

Zum letzten Mal, Du mein ganzes Glück, soll ich Dir also heute von hier ein freundliches Wörtchen sagen – Dein Geist wird mich ebenso liebevoll in Eichhorst und auf der Reise um-schweben als sonst.

[Es folgt die Reise nach Eichhorst, in Mecklenburg Strelitz bei Neubrandenburg gelegen, die mit zwei Übernachtungen be-wältigt wird. Sie gilt Carl Henning v. Bredow[5], dem Bruder von Florio v. Bredow und seiner Frau Friederike Christiane[6], einer Schwester des „Mütterchens".]

... Mein Portrait beneide ich im ganzen wahren Ernst um alle
die freundlichen Gesichter, die es jetzt von Dir sieht, da ich
Ärmste so lange Deinen Anblick entbehren muß; in diesem
Augenblick ist es doch beinah glücklicher wie ich – doch nein,
dies war ja nur so aus betrüblicher Eifersucht hingesagt, ich bin
ja doch immer 1000 mal glücklicher, ich fühle ja doch immer,
wie glücklich Deine Liebe und Dein Besitz macht, und von diesem beneidenswerthen Gefühl weiß ja dies leblose Wesen
nichts und bleibt kalt, wenn Du es auch noch zärtlich anlä-
chelst, indes ich bei diesem Gedanken schon für Verliebtheit
und Freude weinen möchte.

Jetzt erzähle ich Dir rasch noch etwas von der gestrigen fête
in Kottelow. Wir waren sehr überrascht, dort eine gewaltige
große Gesellschaft anzutreffen, da Oertzen uns nur immer zu
einem freundschaftlichen Mittagsmahle einlud. Nun aber waren
gewiß einige zwanzig Personen da, die uns fast alle unbekannt
waren. Da auch Du bestimmt niemanden davon kennst, so nenne ich Dir auch keinen einzigen, nur so viel, daß kein unverhei-
rateter Herr da war und die ganze Gesellschaft etwas géniert
durch die Gegenwarth des Präsidenten Dewitz war, der sonst
eine sehr große Rolle am hiesigen Hofe spielte, ein sehr kluger
Mann ist und sich ein gewaltiges air zu geben weiß.

Nach allem diesem wirst Du entnehmen, daß es mit dem
Amüsement so recht besonders nicht war, obgleich unsere neu-
en Damenbekanntschaften sehr zuvorkommend und artig gegen
uns waren, vorzüglich zwei Fräulein Dewitz, Töchter des Präsidenten; mit diesen haben wir auch fast den ganzen Nachmittag
verschwatzt, sie erkundigten sich viel nach Dir bei mir, da
Oertzen der Gesellschaft unser Verhältnis declarierte, und erzähl-
ten uns mancherlei von ihrer Pirmonter Reise, von wo sie erst
vor acht Tagen zurückgekommen waren. Bei Tische saß ich

zwischen zwei Herren von Oertzen, beides ein paar recht solide Ehemänner, deren Weiber mit am Tisch saßen. Herzlich freuten wir uns, da wir wieder hier bei unserer alten Bredow, die zuhause geblieben war, ankamen und bei meinem lieben theuren Briefe, den ich auch sogleich zu meiner Stärkung und Freude einige Male durchlas ...

Heute vormittag habe ich mit dem Kinde erst wohl eine Stunde Sonaten geübt, die wenigstens nicht ganz schlecht gingen. Hernach war Dein Mädchen fleißig bis zum Mittag. Die Bredow war bis zum Mittag ziemlich wohl, bei der Suppe aber kamen die Vorboten ihrer Krämpfe, d. h. ein entsetzliches Weinen, das auch immer beibleibt und die Gesichtsverzerrungen noch schrecklicher macht. Eine Viertelstunde hatte sie diesmal aber nur Krämpfe, hernach war sie zwar noch sehr matt und auch fiebrig. Wie dies noch enden wird, soll mich sehr wundern. Bredow schickte sogleich einen reitenden Boten zu Hofrath Schulz, der seit einer halben Stunde hier ist.

... Heute früh wurden wir sehr überrascht durch eine schmeichelhafte Einladung des Präsidenten Dewitz nach Miltzow, welches eineinhalb Meilen von hier entfernt ist. Die Einladung ist angenommen ... Ich freue mich eigentlich dazu, nicht zu der compagnie, wohl aber Miltzow zu sehen, von dessen schönen Gegenden, Anlagen und Gebäuden ich schon so viel hörte. Es soll erstaunt hoch da her gehen, alles ächt englisch. Der Präsident ist einige Male in England gewesen und soll sein Hauswesen sehr danach gebildet haben.

Vor Mittag heute habe ich ziemlich unter kleinen Anordnungen und Verzierungen meines morgenden Anzuges hingebracht, mein rosa und gestreiftes Kleid wird nicht schlechte Parade machen – gebe ich Dir morgen Ursache jaloux zu werden, so bist Du selbst schuld daran, die Leute werden meinen Anzug unwiderstehlich hübsch finden und zu meinen Füßen sinken. Wohl mir, daß mein Herz für jeden anderen als Dir, Du kleiner Hexenmeister, mit einer undurchdringlichen Mauer verpallisadiert ist.

... Jetzt, da wir nun so viel später zu Hause kommen, wende ich geschwinde heute einige Stunden dazu an, Dir mein Tagebuch nachzuholen, und so werde ich mit Freitag morgen, wo, wie ich Dir schrieb, wir nach Brandenburg fuhren, sogleich anfangen. Unsere Fahrt hin ging recht gut, aber sehr langsam, die Bredow ging mitunter zur Erholung ein wenig zu Fuß. Nachdem wir in Brandenburg im Gasthof ein kärgliches Mittagbrot eingenommen hatten, gingen wir zu den Kaufleuten. Bis 4 Uhr hatten wir unseren Handel gemacht, ich hatte auch ein bunt kattunes Kleid erstanden, wobei ich aber viel Sorgen hatte, da ich so gerne so eines wählen wollte, welches Deinen besonderen Beifall hätte, denn gefallen mögte Dir Dein Mädchen immer gar zu gern, von innen und außen – ob letzteres mir jedoch in diesem Kleid gelingen wird, bezweifle ich doch noch halb und halb, – indes mir deucht, es war das hübscheste von den vorräthigen. Von vier bis fünf Uhr machten wir einen Besuch beim Hofrath Schulz, der uns sehr darum gebeten hatte. Wir fanden bei ihm ein sehr hübsch möbliertes Haus, seine minder hübsche, aber recht artige Frau und eine schöne Tasse Thee und Kuchen. Um 8 Uhr abends kamen wir recht wohlbehalten alle wieder an, auch die Bredow war bewundernswürdig wohl. Wie wir eine Viertelstunde hier waren, kommt mit einem Mal der Bediente herein und präsentierte mich einen Pokal voll Champagner und Bredow auch einen. Bredow kam sogleich zu mir und rief Deine Gesundheit aus. In dem Augenblick erscholl ein prächtiger Tusch und gleich darauf ein zweiter, wie Bredow rief, jetzt die Gesundheit des braven Generals von Thadden. Siehe da, der galante Bredow hatte vier musici, die beurlaubt vom Halleschen Regiment waren und zu Mittag gekommen waren, den Abend hierher bestellt, um mir ein rechtes Vergnügen zu machen. Die Menschen spielten ganz superb, besonders einige Märsche und Tänze. Gott weiß, ob der Gedanke, daß es Landsleute von Dir waren und der eine, der lange bei Deines Vaters Kompanie gestanden hatte, denselben so gelobt hatte, sie mir so wohlgefällig machte; genug, ihre Musik machte mir sehr viel Vergnügen. Wir tanzten tapfer bis gegen 11 Uhr.

Sonnabend habe ich von früh bis spät sehr fleißig an mein kattunes Kleid genäht, einige Partien rabouge abgerechnet, die ich mit Bredow abends spielte, und einen kleinen Spaziergang im Garten unter den Pflaumenbäumen, beschäftigte ich mich wirklich den ganzen Tag damit, denn ich wollte es doch so gerne, ehe ich Dich wiedersehe, fertighaben, und zuhause möchte ich keine Zeit dazu finden ...

Montag vormittag bekam ich mein Kleid fertig, nachmittag machten wir mancherlei Spaziergänge im Garten, ich besuchte die Wirtschafterin, die mir mancherlei gute Lehren und Unterricht für meine künftige Wirtschaft gab, und den ganzen Abend spielte ich mit Bredow rabouge, dies macht uns viel Vergnügen, mir besonders darum, weil Bredow sich so sehr viel dabei ärgert und zuweilen ganz wütend über mein Glück ist. Gestern, Dienstag ... zu Mittag kam Hofrath Schulz. Mit diesem hatte ich nachmittags eine sehr lange Konferenz über meinen ganzen Gesundheits- und Nasenzustand, wovon ich Dir mündlich auch etwas mittheilen werde. Er hat mir noch eine große Schachtel Pillen mitgegeben, denen er große Wirkungen zuschreibt. Auch das Rezept dazu soll ich haben, um sie gleich noch einmal machen zu lassen ... Die Bredow war schon gestern Abend sehr still und blaß, wir hielten dies für eine Folge unserer heutigen Abreise, die es auch wohl leider ist, und heute morgen stellten sich denn die Krämpfe und Fieber richtig wieder ein. Was dies für ein Leiden hier im Hause ist, ist nicht zu sagen, besonders wenn man an die bevorstehenden Dinge denkt [Sie war schwanger]. Wo sollen bei dieser ewigen Kränklichkeit, Mißmuth und Verstimmung wohl Kräfte herkommen? Bis jetzt heiterte ihr der Gedanke noch zuweilen auf, in vierzehn Tagen zu uns zu kommen, der Hofrath hat mir aber gestern ganz im Vertrauen gesagt, daß hieraus gewiß nichts würde, er macht ihr nur jetzt die Hoffnung, damit sie die Trennung von uns desto mutiger erträgt. Nur immer so ganz allein zu sein, keine Freundin, keine Verwandte gar nicht in der Nähe. Er, der arme Bredow leidet wirklich auch viel dabei, so immer Krankenwärter und Tröster zu sein ist auch traurig. Doch fort von diesen jämmerlichen Bildern, – denen wir durchaus mit nichts abhelfen können, und lieber zu einer moralischen Bemerkung, die ich soeben mit vielen anderen Weisen mache, daß manches Unangenehme doch auch sein Gutes auf der Welt hat. Mir war das Hierbleiben heute so fatal, und nun hat sich eine kleine Unpässlichkeit bei mir eingestellt, die mir unterwegs heute schrecklich gewesen wäre, ich fürchtete sie sehr, und nun ist es bald glücklich überstanden. Hat Dein philosophisches Mädchen nicht recht.

Prenzlow, Donnerstag abend

Glücklich ist Dir Dein Mädchen schon um fünf Meilen näher gekommen, unsere Reise bis hier her gieng sehr gut.

Unsäglich froh macht mich der Gedanke, Dir nun immer näher zu kommen und übermorgen schon Deine Briefe und Dein Portrait zu haben, ich bin sehr vergnügt und vergaß über die bevorstehenden Freuden bald die traurigen Empfindungen, die der Abschied von unserer armen Bredow in mir erweckte.

Der Himmel wird mir dies um des Glücks willen, was er mir mit Dir schenkte, verzeihen. Wir haben die Bredow diesen Morgen um 9 Uhr in ihrer Art ziemlich wohl verlassen, wir erleichterten ihr den Abschied so viel als möglich in Bestärkung ihrer Hoffnung, bald zu uns zu kommen. Ich weiß nicht, wie es mir mit einmal so heiter ums Herz wurde, wie ich im Wagen saß und unserem Wiedersehen entgegeneilte. So ist es in der Welt, ich habe die Bredow so lieb, und doch verlasse ich sie gern um nur zu Dir, Du mein Alles, den ich mehr als alles in der Welt liebe, zu kommen.

Um 1 Uhr waren wir in Wolfshagen, hier haben wir uns anderthalb Stunden im Krug aufgehalten, um zu futtern. Wir giengen erst ein wenig im prächtigen herrschaftlichen Garten spatzieren und aßen auch hernach unser uns sehr wohl schmeckendes Mittagsbrot, bestehend aus sehr schöner saurer Milch, Ertoffeln und mitgenommener kalter Küche. Nach sechs Uhr waren wir hier, amüsierten uns erst ein Weilchen mit aus dem Fenster sehen und machten dann unsere Visite bei der Frau Wirtin und ihrer armen kranken Tochter. Nachdem haben wir das souper eingenommen und nun, mein lieber alter Seelenmann, werde ich Dir recht süße Ruhe wünschen, wir sind alle sehr müde, ich muß daher eiligst schließen.

Schwedt, Freitag abend

Morgen früh um sieben Uhr gedenken wir von hier fortzureisen, dann werden wir wohl so gegen zwölf Uhr unser Gossow erreichen, mit allen seinen Freuden für mein verliebtes Herz. Besondere Fatas haben wir heute nicht auf der Reise gehabt, wir verließen gegen neun Uhr Prenzlow, nachdem wir bis acht Uhr sehr schön daselbst geschlafen hatten. Um zwölf Uhr waren wir in Zichow, wo bis zwei Uhr gefuttert wurde, hier vertrieb ich mir die Zeit, nachdem wir unser gewöhnliches Reisemittagsbrot, d. h. Ertoffeln und kalte Küche eingenommen hatten, mit Wolle spinnen. Von da bis hier fuhren wir sehr langsam, da es heiß war, das Kind und ich lernten uns aus Langeweile einen Monolog aus der Jungfrau auswendig ... Gute Nacht, mein Einziger, morgen, morgen küsse ich Dein Portrait, und über acht Tage – o Gott des Himmels, ich werde ganz toll.

Trügt mich eine frohe Ahnung nicht, so denk' ich mein Engelsweibchen wieder in unserem lieben glücklichen Gossow, wo mein glückliches Bild vielleicht schon einige zärtliche Blicke erbeutet hat. Doch mag immerhin dieser Nebenbuhler noch acht Tage obenauf sein, Sonnabend über acht Tage erscheint doch jemand, der diesen Statthalter aussticht.

Das äußerst schöne Wetter war auch für meine Arbeit sehr heilsam, und ich habe ein ungeheueres Stück beendet. Zum erstenmal nach langer Zeit leuchtete mir Luna nach Hause und zauberte die Gegend an der Netze zu einer völligen Dekoration, wobei sich die vielen Feuer auf den Schiffen ungemein schön ausnahmen.

Die Antwort deines Briefes verspare ich bis mündlich, nur soviel diene Dir zur Nachricht, daß ich keineswegs mich so stelle, als wenn mich die Geschichte des Siebenjährigen Krieges interessierte, sondern daß dies wirklich der Fall ist. Einmal begeistern mich die Heldentaten und die Gegenwart des Geistes des großen Königs bis zum Enthusiasmus, und dann wallt auch in meinen Adern kriegerisches Blut, wovon Du vielleicht noch einmal Beweise erhalten wirst – wenn Hofrat Schulz noch öfters Federball mit Dir spielt.

Diesen Morgen war ich in der Kirche und hörte eine sehr schlechte Predigt mit möglichster Andacht an. Zu dem Liede, welches wir sangen, kamen die Strophen vor: „Gieb, daß ich ein friedlich Grab neben frommen Christen hab", welche ich travestierte in: ... neben meinem Jettchen hab.*

---

* Das friedliche Grab des Thaddenschen Paares an der Chorwand der Gossower Kirche ist jetzt wie der ganze Friedhof mit Gras überwachsen und namenlos.

1805 Nochmals ein winterliches Intermezzo in Berlin

Ab 22. Mai wieder in Driesen.
Am 13. Oktober ist die Hochzeit, das junge Paar wird
nach Schleusingen im Thüringer Wald versetzt.

Wrietzen, den 23.Januar 1805, abends

Ein Stehpult und Schreibzeug, welches ich hier auf meinem Logierzimmer vorfand, laden mich so freundlich ein, daß ich dem schönen Triebe, Dir, meine süße Liebe, nach einer so langen Pause einmal wieder zu schreiben, durchaus nicht widerstehen kann. – Meine Fahrt bis hierher gieng glücklich und rasch von statten. Bis Zeckeriker Zoll amüsierte ich mich mit Denken und Lesen, dann lud ich Louprage[*] zu mir herein, der sich für den bequemen Sitz durch eine anhaltende Unterhaltung dankbar zu bezeigen suchte, wobei er mir denn eine Menge Wundergeschichten vortrug, die ihm und dem seligen Herrn auf Reisen begegnet waren. Dabei schnitt er ganz unmäßig auf, von allen Lügen habe ich aber nur die krasseste behalten, nehmlich daß er bei Glatteis von Königsberg bis Sellin mehrere hundert Mal mit dem Pferde gefallen und einmal dabei fünfzig Schritt mit dem Pferde an der Erde fortgerutscht sei. (???) Macht ja wohl der Zeitungsschreiber? – Unter dergleichen interessanten Gesprächen langte ich hier im Schwarzen Adler wohlbehalten um 1/2 5 Uhr an und fand eine warme Stube bereits bestellt. Die Leute sind sehr höflich. Alles scheint reinlich und großstädtisch. Die Stuben sind hoch, daher rate ich Mütterchen, hier zu logieren. Soeben habe ich Thee mit Zuckerbrätzeln verzehrt und mir zum Abendbrot Hecht mit Sauce bestellt. Ist das Essen so gut als das locale, so bin ich äußerst zufrieden. Das schlimmere Ende Wegs habe ich glücklich zurückgelegt, und daher hoffe ich, auch bei dem häßlichen Wege bei guter Zeit morgen in Berlin zu sein. Ich freue mich nun auf die Residenz, weil ich die frohe Aussicht nähre, mit Dir in acht Tagen dort vier glückliche Wochen zu verleben. Komme ja so bald als möglich,

---

[*] Louprage, Diener in Gossow. Wohl noch als Bursche bei dem „seligen Herrn", Henrines Vater. Er sitzt bei der Abfahrt vorschriftsmäßig auf dem Bock.

lieber Engel, es ist mir heute ganz wunderlich ums Herz, da ich Dich nach so langem Zusammensein einmal entbehren muß. Nur durch die frohe Hofnung dieses baldigen Wiedersehens behalte ich meine gute Laune.

Mit meiner Gesundheit geht es übrigens recht sehr gut, nicht einmal habe ich unterwegs und hier gehustet, ich saß auch so schön warm und bin es hier ebenfalls. Nun gute Nacht, mein Mädchen, mögtest Du wohl sanft ruhen und Dich doch ja nicht betrüben um Deinen Dich anbetenden Mann.

Berlin, Sonnabend früh

... Äußerst glücklich, mein geliebter Engel, langte ich hier um 1/2 5 Uhr gestern Abend an und fand eine recht schöne, warme Stube und eine äußerst freundliche Aufnahme von Oertzen, der ganz noch der Alte ist. Neues habe ich hier noch wenig oder gar nicht erfahren, da ich sogar Fix noch nicht gesehen habe, der sehr herumschwärmen soll. – Man soll willens sein, mich noch als Forstmeister zu placieren. – Gott gebe hierzu seinen Segen. Von meinem Vater fand ich einen recht freundlichen Brief. Ein Dutzend Hemden sind fertig, und der alte Herr bittet mich sehr, es selbst abzuholen, er verspricht Erstattung aller Reisekosten. – Wie gütig. – Dies giebt mir die beste Hoffnung für unseren Plan – ich werde ihm schreiben, daß jetzt Eure Herkunft und meine Gesundheit mich noch an der Reise verhinderten, daß ich aber im Frühjahr gewiß kommen werde.

Sucro ist der nächlässigste Kerl unter der Sonne, er hat mir sagen lassen, er habe zwar halb und halb ein Quartier, doch gefalle es ihm nicht, und er wolle es mir am Montag zeigen. Aus allem diesem erhellet, daß der Esel sich nicht gehörig darum bekümmert hat, ich denke ihm daher heute ernstlich auf den Leib zu rücken und selbst durch alle meine Bekannten und durch die Fußboten eines auskundschaften zu lassen ...

Mit meinem Husten geht es heute recht gut; Oertzen leidet

auch daran, wir haben daher gestern Abend etwas warmen Punsch zu uns genommen, der uns auch recht gut bekommen ist ...

(Nachschrift) Haltet ja in Freienwalde oder Wrietzen Nachtquartier, in Werneuchen ist es schweinischer als je.

Die Schlabbrendorff scheint eine sehr gescheute und witzige Frau zu sein, die viel und in der Regel wahr, aber dabei ganz abscheulich vom Ehestand sprach, so daß ich sie gerne durchgehauen hätte. Die Knobelsdorff feierte hier einen stillen Triumph, daß ich diese Lection mit anhören mußte. Aber auf einmal fing die Schlabbrendorff über alte Weiber, die sich jugendlich anzögen und so gern sich mit roten Bändern schmückten, gräßlich an loszuziehen, so daß die Consulesse hochroth über und über wurde und nun das Lachen an mir war. Nach dem Abschied der Schlabbrendorff war die Consulesse überaus gnädig und sprach ein langes und breites mit mir von Euch, bedauerte auch nichts mehr, als daß sie abreisen würde, wahrscheinlich wenn Mütterchen käme, etc.

Und nun, mein angebeteter Engel, lebe wohl, minütlich denke ich an Dich und sehne mich nach Dir. Wie sehnsuchtsvoll erwarte ich den Wagen, der mir Nachricht bringt, wie es mit meinen Lieben steht, ob alle so wohl sind, wie ich es wünsche, und wann eher Ihr kommt.

Um Dir zu zeigen, mein Liebling, daß Mütterchen doch noch immer den besten Willen hat, einmal nach Berlin hinzukommen, schickt sie Dir beikommend unsern Packwagen – dies wird auch wohl alles sein, was ich Dir von unserer Zukunft sagen kann ... Von uns kann ich Dir außer der beruhigenden Nachricht, daß Mütterchen, das Kind und besonders Dein Mädchen recht wohl sind, auch nichts als Klagen schreiben.

Lotte ist noch immer krank, und unser uns vor allem zur Reise so sehr nötige Friedrich liegt noch um ein gut Theil elender, wie Brettschneider meint, auch krank. Nun denke Dir nach diesem selbst unserer Stimmung und besonders die meinige, die ich mich so sehr nach Dir sehne und jede Minute zähle bis zu der, die uns wieder vereint. Vor dem 2. März wird nun wohl hierzu gar keine Hoffnung sein – das sind von heute an gerechnet noch zehn Tage ...

Gestern abend kam Brettschneider zu unserer großen Freude auf eine halbe Stunde her. Sonntag früh um drei Uhr reist er endlich nach Berlin ab ... Lottens Übel kann er gar nicht ergründen, er hat ihr ein Brechpulver zu heute verordnet, dies scheint ihr sehr gut zu bekommen. Friedrich hat auch Medicin, und Sonnabend will er Rapport von ihm haben. Ach hülfe er doch allen bald wieder auf die Strümpfe.

Mütterchen läßt Dich noch bitten, Dich ja nicht einmal mit dem Gedanken zu quälen, daß die letzte Reise Friedrich geschadet hat, dies ist gewiß nicht der Fall, es hat längst in seinem Körper gestochen. – Der ungeduldige Jänike lauert schon seit einer halben Stunde auf meinen Brief, ich muß also schließen.

Leb wohl, mein Himmel, schreib mir ja ein paar Zeilen und denke fortdauernd so freundlich und lieblich meiner wie ich Deiner in jedem Augenblick,

Deine Henriette

Vorgestern Abend gieng ich zu Burgsdorff zum Thee. Ich fand dort den Grafen Schimmelmann, dänischen Forstjunker, und den Herrn Hugo, hannöverschen Legationssecretär, beides Hofbekanntschaften, aber äußerst interessante Menschen. Der letzte war mir besonders merkwürdig, da er durch Grapengießers Kunst vermöge Anwendung eines bis jetzt noch unbekannten englischen Mittels vom Bluthusten, Lungensucht und Halsschwindsucht geheilt ist. Zwar scheint er mir nicht völlig kuriert und befürchtet auch selbst, daß er nicht mehr lange leben werde, aber es ist schon viel, daß er für diesmal mit dem Leben davongekommen ist. Um acht Uhr fuhr ich wieder nach Hause, hatte aber viel Kitzel in der Kehle und mußte auch ein Weilchen husten.

Ich merkte daher, daß mir das Ausgehen am Abend noch immer nicht bekommt und werde es daher möglichst zu vermeiden suchen. Gestern blieb ich auch ganz zu Hause und gebrauchte Brettschneiders Medicin, wodurch ich wieder fast ganz vom Husten befreit bin. Um ein Uhr gestern mittag machte uns Oertzens Vater und der Hauptmann Wartenberg Visite. Der alte Herr war äußerst jovial und hat mir sehr wohl gefallen. Er sah Dein Portrait, wünschte mir viel Glück und nannte mich seinen petit neveu. Auch an Mütterchen trug er mir viele Empfehlungen auf.

Von dem Bilde war er ganz bezaubert und meinte, wenn das Original einen guten moralischen Charakter und ein 50.000 Reichsthaler besäße, so wäre es ganz komplett. – Ich konnte, was an der letzten Forderung fehlt, in meinem Sinn zu der ersten zulegen, denn die Vortrefflichkeit meines Mädchens übertrifft doch die Vorstellung des alten Oertzen um 40.000 Mal, und so preis ich mich unendlich glücklich in Deinem Besitz, mein Abgott.

[Der alte Oertzen will wohl die Situation der Levetzowschen

Mädchen prüfen; sein Sohn heiratet später Siefchen und sie ha-
ben eine Menge Nachkommen. Die Mitgift ist allerdings be-
trüblich gering, offenbar 10.000 Rtl.]

Um zwei Uhr kam der Oberforstmeister und Carl ganz unvermutet. Die Herren Brüder, d. h. der Oberforstmeister, der Pole
und Florio, haben sich untereinander verzürnt; und die beiden
ersteren sind sogleich hierher gereist. Florios werden in kommender Woche auch kommen. – Carl bleibt drei Wochen hier,
er ist noch wie sonst, ich ärgere mich daher sehr, daß er uns
recht oft zur Last fallen wird, denn ich kann den Bengel durchaus nicht ausstehen.

Ich aß heute in der „Sonne" und machte vorher dem Oberforstmeister Visite. Dieser tractierte mich bei Tische mit einigen Gläsern ganz herrlichen Weins. Carl aß auch da. Dieser
treibt sich mit dem Domherrn Levetzow[20] und einigen Erlan-
gern herum und bringt viel Geld durch ...

Die Herren persuadierten mich, mit ihnen ins Theater zu gehen, wo wir die Zauberflöte sahen. Die Music reizt mich noch
immer, und der fremde Papageno, der heute spielte, gefiel ziemlich.

Donnerstag abend

Wie angenehm ward ich überrascht, als ich bei meiner Zuhause-
kunft heute Abend unvermutet Deinen lieben Brief erhielt.
Gottlob, daß alle meine Lieben wohlauf sind, und besonders,
daß Du, mein treuer Engel, Dich meiner mit soviel zärtlicher
Liebe erinnerst. Lotte und Friedrich, denke ich, sollen keinen
Aufenthalt machen, und so erwarte ich Euch in kommender
Woche gewiß.

O weh, mein Mädchen, welch unglückliches Tauwetter ist eingetreten, ich zittere, daß dies Eure Reise wo nicht verzögern, doch sehr beschwerlich machen wird. O Gott wenn Ihr nur erst glücklich und wohlbehalten hier wäret!

... Um vier Uhr gieng ich zu Greuhm und spielte mit ihm Sonaten, von dort ins Theater. Man gab Fanchon. Die Musik ist sehr schön und soll bei öfteren Wiederholungen gewinnen. Gestern übertraf das Stück, so hübsch es auch ist und so allerliebst es auch gegeben wird, meine Erwartungen doch nicht. – Nach dem Theater fuhr ich nach Hause, und kaum saß ich in Ruhe, so hatte der Teufel die Greuhms schon wieder da, die mich bis Mitternacht belästigten.

Es ist wahrhaftig unleidlich, wie einen die Kerle incommodieren, und ich werde mich wahrhaftig einmal gezwungen sehen, ihnen die Tür zu weisen. Für meinen Husten fürchtete ich gestern sehr. Das feuchte Wetter, der Zug im Theater, der Tabacsqualm in meiner Schlafstube, alles bedachte ich, aber trotz alledem habe ich heute morgen wieder nur sehr wenig gehustet, und das Brettschneidersche Elixier scheint besonders dagegen zu wirken ...

Oertzen besucht täglich Gesellschaften, und Burgsdorffs müssen sich ganz in Hofluft einfassen lassen, denn ich habe sie in vielen Tagen nicht gesehen. Fix bat sich gestern von mir vier Louisdors aus, weil er einen bedeutenden Spielverlust gemacht habe; ich sah mich schon genötigt, ihm aus der Patsche zu helfen, besonders da er heiligst gelobte, in 14 Tagen wieder zu bezahlen.

Du siehst hieraus, mein Mädchen, daß ich von meinen Freunden ziemlich verlassen bin, gottlob daß ich daher die frohe Aussicht habe, mein Weibchen und mein Mütterchen und Schwesterlein hier zu sehen, wie ganz anders amüsiere ich mich in Eurer Gesellschaft als in der von Menschen, die von nichts als Großstädtereien, Hofgesellschaften und Theater reden. Zu meinen Gönnern habe ich noch nicht wallfahrten können, die ersten Tage verhinderte mich Mangel an Kleidungsstücken und jetzt das schlechte Wetter, dem ich in Uniform nicht gehörig trotzen kann. Mit heißer Sehnsucht sehe ich heute dem geliebten Packwagen und Nachrichten von meinem Engel entgegen.

Sonntag morgen, 8 Uhr

Soeben kommt Vater Jänicke an, und statt mir die frohe Nachricht von Eurer baldigen Nachkunft zu bringen, werden meine schönen Hoffnungen für eine Zeitlang wieder zerstört ... Da machte uns das Schicksal einen traurigen Querstrich. – Doch was hilft das Klagen, ich hoffe und wünsche daß der arme Friedrich sich bald bessern möge, und sobald es geht, so kommt Mütterchen gewiß zu meiner Freude und Trost ... Jänicke will gleich wieder fort, also muß ich eilen ... Die Bankobligation erfolgt anbei zurück ... Die Person, an welche sie cediert ist, muß darunter quittieren, sonst hat die Bank keinen Beleg, und es erfolgt kein Geld. Aus dieser Ursach kann ich die 30 Rtl. für Mütterchen nicht schicken, da ich, um die Miethe, Holz und die anderen Ausgaben zu bestreiten, selbst Geld borgen muß. Die Königinmutter ist wieder sehr krank und ist vielleicht schon in dieser Nacht gestorben, [25. 2. 05], das gibt wahrscheinlich dem Carneval den letzten Stoß. Das Theater wird aber höchstens nur 8 Tage geschlossen, also verliert Ihr nicht viel, und amusements, denke ich, sollen sich schon finden ...

Wenn Ihr kommt und ich vorher nicht sollte schreiben können, fahrt nur gerade vor Nummer 60 in der Friedrichstraße vor.

Mein allerliebstes Henrinchen!

Gestern nachmittag um 4 Uhr bin ich, durch Deine Engelswün-
sche sicher geleitet, frisch und gesund hier angekommen. Wetter und Weg waren sehr schön und der Nanny Rücken so weich,
daß mein d. [derrière] ohne alle Verwundungen weggekommen
ist, welches ich im Stillen doch nach einer so langen Entwöh-
nung vom Reiten befürchtete. Nicht minder gut ist diese Reise
meinem Husten bekommen, nur an dem ersten kühlen Abend
in Cartzig meldete er sich etwas, seitdem aber gar nicht wieder.
Von meiner ersten Tagesreise habe ich Dir, mein Leben, bereits
von Cartzig aus gesagt, daß sie möglichst angenehm war, so
wie sie mir ferne von meinem Augapfel sein konnte. Ich kam
erst gegen 8 Uhr in Cartzig an und fand dort alles beim alten.

... Um 4 Uhr kam ich, wie gesagt, hier an und wurde vom
Oberförster mit tausend Freuden aufgenommen, wir tranken
Caffee, und das alte Ehepaar erzählte mir dabei alle möglichen
Kleinigkeiten, die hier in der Gegend vorgefallen waren und un-
ter denen die, daß 14 Menschen in einer Scheune vom Blitz ge-
troffen, ohne getötet worden zu sein, die merkwürdigste war.
Herr Junk hatte zweimal nach mir geschickt, um die Regen-
thinschen Charten zu haben, die ich gar nicht besitze.

... Gestern abend brachte ich dann auch meine Geschenke
zum Vorschein, und Du kannst gar nicht glauben, mit welcher
Freude sie aufgenommen wurden. Die Ehnich ist zwar verreiset,
kommt aber sehr wahrscheinlich bald wieder, und ich mußte
daher den gelben Hut nolens volens auch herausrücken. Mein
Jettchen behält also ein Präsent an seiner Stelle zugute. Unter
tausend Danksagungen wanderte ich gestern abend zu Hause und
schlief darauf so schön, daß ich erst um 1/2 9 Uhr diesen Morgen erwachte ... Zu Mittag ward ich ordentlich mit dem delici-
eusesten Spargel gemästet, ich aß so viel davon, daß ich nicht

mehr mochte, also denke Dir die Qualität und sei nicht besorgt, mein Liebchen, daß ich hier keinen Spargel bekomme.

Mamsell Lottchen, welche den roten Hut gewählt hat, macht mir seitdem noch einmal so freundliche Gesichter und würde mich wohl gar vielleicht zum adorateur annehmen, wenn ich nicht bereits mit Leib und Seele versagt wäre. Der kleine hübsche Cousin [Oertzen] hat noch nichts von sich hören lassen, ich kann also Sofiechens Wißbegier nicht stillen; sollte Morgen nicht noch ein Brief anlangen, so werde ich anfangen zu fürchten, daß der Vater den Ankauf von Zollen nicht so eilig als der Sohn genommen hat.

Meine kleine, niedliche Hütte stand hier noch ganz auf dem alten Fleck, und da jedes meiner Bedürfnisse auf dem alten Platz liegt, so bin ich auch ganz eingewohnt. Hier stehen jetzt die Bäume mit Blüten und Blättern in vollem Flor, die Wiesen im Bruch grünen ganz prächtig, und ich würde weinen, wenn ich aus diesem paradiesischen Bruche wegziehe, käme ich nicht meinem Herzensparadiese um so vieles näher.

... So will ich meine heutige Correspondenz der Antwort auf Deinen Brief widmen. Zuerst muß ich Dir meine Freude über Dein fortdauerndes Wohl äußern und mein solides Mädchen wegen ihrer Enthaltsamkeit loben, die gewiß allein Ursach ist, daß Du von jedem Rückfall verschont worden bist. Wie gesund, stark und wohl werde ich nun mein Liebchen wiederfinden, und wie mager werde ich Dich wieder küssen. Übermorgen reist der Minister Voss hier durch nach Preußen. Ich werde ihm wohl mein compliment machen und einen halben Tag Arbeit opfern müssen, welches mir gar nicht angenehm ist.

Mittwoch morgen

... Heute scheint mein Lebenslauf etwas brillanter werden zu wollen durch die Durchreise Seiner Excellenz; wenigstens hat der Beamte heute schon die Straße abpatrouilliert, in meiner Wohnung wird bereits Spargel zur Erquickung des hohen Mannes in Bereitschaft gehalten und mehr dergleichen. Ich habe auf das Risiko, vom Minister nicht bemerkt zu werden, wie mir das sehr wahrscheinlich ist, dennoch einen Vormittag geopfert und werde mich in Puder und Uniform auf den Relaiswechsel hinbegeben – der Präsident Schierstett wird, wie man sagt, auch bis hierher mitkommen.

Gottlob, mein Mädchen, daß dieses Warten auf die Excellenzen vorüber ist. Von morgens um 9 Uhr bis nachmittags um 3 Uhr mußten wir Ärmsten mit hungrigem Magen warten. – Der Kriegsrath Lehmann, der sich bei soetwas gerne herandrängt, und das Amt* hatten Karpfen, Spargel, kalte Schale, Kuchen und Wein hier zu einem Bauernhaus, vor welchem der Minister Pferde wechselte, in Bereitschaft; nach dem ungeheursten und unangenehmsten Warten, während welchem ich mich mit dem Kriegsrath Lehmann, dem Landrath etc. unterhielt meldete unser Wächter, daß sich ein gewaltiger Staub erhebe. Bald erschien der hiesige Beamte auf einem Schimmel, darauf der Hegemeister des Reviers als Vorreuter und endlich Seine Excellenz in einem Wagen, worin ich mich zu fahren schämen würde. Hinter demselben fuhr in einem besonderen Wagen der Geheimde Kriegsrath Kreudt. Der Minister war sehr freundlich und artig, sprach mit jedem der Anwesenden und also auch mit mir etwas; trat darauf in die Bauernhütte und speiste, während die Pferde umgespannt wurden. Besonders freundlich war er gegen Mamsell Sydow, Schwester des Oberamtmanns, und Mamsell Lehmann. Als er weggefahren war, ging ich mit dem Landrath zum Oberförster zum Mittag, der jedoch selbst nicht gegenwärtig war, sondern hinter dem Minister, da er nicht so rasch reiten kann, bis zum nächsten Relais gefahren war.

---

* „das Amt" = die Domänenverwaltung

Meine Eine.

Es gehört zu meinen süßesten Freuden, hier Montag und Donnerstag früh wenn ich nach der Heide reite, erst Deinen Brief
von der Post zu holen. Ich jage dann, was das Pferd laufen will,
hinein, empfange Deinen Brief und hänge dann der Nanny den
Zügel auf den Hals, welche es ordentlich zu verstehen scheint,
was für eine Herzensbeschäftigung ihr Herr treibt, denn sie geht
ganz ruhig Schritt vor Schritt nach der Forst, währenddem ich
Deine Zeilen verschlinge.

Als ich heute abend zu Hause kam, fand ich beim Oberförster Herrn Kurtebauer, der mich äußerst divertiert hat; er ist
nehmlich diesen Winter in Paris als Kurier gewesen, um Napoléon zur Kaiserkrönung zu gratulieren, hat auch diese mit angesehen, nun kannst du denken wie er vortrug; nur die Schilderung vom Kaiserpaar muß ich, ehe ich sie vergesse, hier ohnge-
fähr mit seinen Worten hersetzen. – „Mein Herr von Thadden,
wenn ich nach dem passendsten Ausdruck für die Beschreibung
des Kaisers im ganzen Gebiet unserer Sprache herumsuche, so
finde ich darin keinen schicklicheren, zweckmäßigeren und tref-
fenderen, als wenn ich das Gesicht des kleinen, unansehnlichen
empereur Napoléon mit einer fahlen, hellgelben Zitrone, ihn
selbst aber in seinem Schmucke mit einem als Hochzeitsbitter
verkleideten Kinde zu vergleichen mich erdreiste. Dagegen ward
ich bestimmt mich zu überzeugen; daß wenn Regelmäßigkeit,
Bestimmtheit und Ausdruck in den Zügen einem Frauenzimmer
das Prädikat der Schönheit beizulegen imstande sind, man Madame Bonaparte immer noch ein schönes Weib zu nennen sich
entblöden dürfte, mindestens einräumen mußte, daß sie in einem Alter von 16 Jahren Männerherzen zu bezaubern imstande
gewesen sei. Was aber Sr. Heiligkeit betrifft, so war solche für
mich bei weitem die interessanteste Person. Der Ausdruck von

Ernst, Würde und ächt religiösem Sinn exprimierte sich auf diesem wahrhaft römischen Antlitz, und es schlich sich bei mir die lebhafteste Bewunderung ein über die Klugheit und Ergebung des Papstes, welcher mit keinem Zug im Gesicht den Unmut und Ungeduld verrieth, welche ein zweistündiges Harren auf den Kaiser bei der Krönung nothwendig bei ihm erregen mußte, dahingegen in der Vorzeit Kaiser Karl der Große bei seiner Krönung zu Rheims dem Papst vor der Kirchenthüre stehenden Fußes empfing und sich nie vorerwähnte Beleidigung würde zuschulden haben kommen lassen, worüber auch ganz Paris erzürnt, bestürzt und aufgebracht war ... etc."

Diese Episode schien mir interessanter, wenigstens lächerlicher als das ganze Stichsche* Tagebuch, deswegen gönnte ich ihr hier so getreu als möglich einen Platz.

---

* Thadden ist der Meinung, daß „niemand unter Gottes weiter Sonne so sehr die Kunst versteht uninteressante Briefe zu schreiben als Stich."

Alphabetisches Namensregister

von Bredow, auf Prillwitz

Caspar Mathias, 1729–1787   Asmus Wilhelm 1731–1799

[1] Adolfine, 1769–1819, das „Mütterchen", verh. mit Gerhard von Levetzow, Major, auf Sellin, Belgen und Gossow. Kinder: Henriette, geb. 1783, Wilhelm, geb. 1784, Sophie, geb. 1787.

[2] Charlotte Blandine, 1767, „Tantchen" oder „Mama", verh. mit Wieprecht von der Hagen, „Papa", Vormund der Töchter von Adolfine v. Levetzow, Feuersozietäts-Direktor in Bärwalde, (Neumark)

[3] Henning Aug., 1774–1832, der „Oberförster", Landrat u. Oberforstmeister auf Schwanebeck u. Zollen.

[4] Carl Wilhelm, 1775–1857, der „Pole", zwei Jahre auf Nordhausen. Ab 1813 remilitarisiert, Oberst in Magdeburg.

[5] Carl Henning, 1769–1822, auf Eichhorst
verh. mit Friederike Christiane, seiner Kusine

[6] Friederike Christiane, 1778–1806, verh. mit ihrem Vetter Bredow auf Eichhorst, vier Kinder. Heirat mit 15 Jahren, das erste Kind mit 16, Tod mit 28 Jahren.

[7] Christoph August v. Bredow, gen. Flörchen, Florio, 1780–1844, Sohn von Caspar v. Bredow, wird bei seinem Onkel in Prillwitz erzogen, da sein Vater früh stirbt. Er heiratet 22jährig seine Kusine Caroline Sophie, die jüngste Schwester des „Mütterchens" Adolfine B., und kauft im gleichen Jahr das Gut Falkenwalde in der Neumark, das an Gossow angrenzt. Der junge Onkel wird von den Gossower Mädchen recht abschätzig behandelt. (z. B. Brief Henrine, 1. Mai 1804). Er hat sich aber dann in Schwanebeck, das er nach dem Verkauf von Falkenwalde übernahm, als sehr fortschrittlicher Landwirt erwiesen. In Berlin lernte er den Begründer der rationellen Landwirtschaft, den großen Reformer Albrecht Thaer kennen, und wendete dessen Erkenntnisse, die Bodenkultur, die Fruchtwechselwirtschaft usw. in dem zum Mustergut gestalteten Schwanebeck an, mit großem Erfolg. Er wird in hohe Verwaltungsämter nach Berlin gewählt (als Hauptritterschaftsdirektor) und mit Orden dekoriert. Auf dem Berliner Bronzedenkmal von Albert Thaer soll er mit verewigt sein.

[8] Caroline Sophie, 1781–1864, die „kleine Frau" auf Falkenwalde, verh. mit ihrem Vetter Christoph Aug. v. Bredow, kinderlos.
Nach der Bredowschen Familienchronik: „Sie war eine feingebildete, liebenswürdige Frau, beseelt von Interesse für Kunst und Wissenschaft, die sich bis zum letzten Tage ihren regen Geist und „ihr warmes Herz bewahrt hat". (Sie starb mit 83 Jahren.)

von Burgsdorff,

[9] *Carl Friedrich Wilhelm*
genannt „Fix", ein Freund Thaddens
geboren in Tegel am 15.02.1781, gestorben in Berlin 1858

als königlich – preußischer Oberlandforstmeister der Provinz Preußen

verheiratet 1810 mit Henriette von Puttkamer

Fix ist als Forstjunker in Carzig in der Nähe von Driesen mit Taxationen beschäftigt und im Winter in Berlin

Er liebt Siefchen, Henrines kleine Schwester, jedoch halten das Mütterchen und Henrine eine Verbindung nicht für richtig. Beide sind zu jung, Fix ist zu unausgeglichen und nicht begütert. So wird Thadden der Auftrag erteilt, den Freund von der vergeblichen Werbung abzubringen. Thadden hofft, daß die Zerstreuungen Berlins Fix ablenken werden, und führt dort lange vorsichtige Gespräche mit ihm. Die Freundschaft zwischen beiden bleibt erhalten.

10 *Friedrich Wilhelm Carl*

Carl Friedrich Wilhelms Zwillingsbruder

Major a. D., verheiratet mit Sophie von Buddenbrock, erheiratet Güter im Ostpreußischen

In den Briefen wird er der „Füsilier" genannt.

11 *Ulrich Otto v. Dewitz, 1747–1808*

Mecklenburg Strelitzscher Hofjägermeister und Geheimer Ratspräsident, baut das Gut Milzow großzügig aus. (s. „Staatsdienst u. Rittergut", Gerd Heinrich, Bonvierverl.)

12 *Dussek, Johan Ladislaus*

geboren 1760 in Böhmen, gestorben 1812 in Frankreich;

führte ein abenteuerliches Wanderleben als Claviervirtuose und Komponist

In den Jahren 1803/06 befindet er sich im Gefolge des Prinzen Louis Ferdinand, den er in Kompositionstechnik unterrichtet. Er ist Gast und Freund des Prinzen, aber ohne festes Gehalt, und spielt dessen Kompositionen in Konzerten am Flügel.

(Brief Thadden 18.03.1804)

¹³*Greuhm*

Berliner Adreß-Kalender 1802:

unter „Residenturen, königlich-preußischer Gesandtschaften, Consulate": „Herr Greuhm, Leg. Sekretär, Hofrath." Gehört zum Stab des Fürsten von Wittgenstein, „Envoyé und Ministre Plénipotentiaire, Oberhofmeister der Königin Mutter zu Cassel". (Die Königin Mutter Friederike Luise von Hessen Darmstadt, zweite Gemahlin von Friedrich Wilhelm II., starb am 25. Februar 1805 – *s. Brief vom Februar 1805*). Unter den Beamten der „General-Finanz-Controlle" ist verzeichnet als „geheimer expedierender Sekretär Herr Fr. Greuhm" (= der kleine Greuhm).

¹⁴*von der Hagen, Gustav Friedrich Wieprecht*

Leutnant a. D. und Feuersocietätsdirektor des Kreises Königsberg, Vormund der Levetzowschen Töchter, genannt „Papa"

Seine Frau, genannt „Mama" oder „Tantchen" ist die Schwester der Frau von Levetzow. „Papa" nimmt sein Amt als Vaterersatz sehr ernst und bemüht sich auch um die Karriere des Bräutigams Thadden.

Er besitzt, außer dem Wohnsitz in Bärwalde, das Gut Langen im Kreis Ruppin.

Seine Frau Blandine von der Hagen, geb. von Bredow, Schwester der Frau von Levetzow-Gossow, kauft 1795 im Todesjahr des Major Levetzow das Burglehen im 7km entfernten Städtchen Bärwalde für 9.200 Rtl. Sie vrkauft es 1805, als die Nichte Henrine heiratet, für 20.300 Rtl.

Bärwalde liegt zwischen Sellin und Gossow; die Levetzows sind häufig dort.

¹⁵*Himmel, Friedrich Heinrich*

geboren 1765 in Treuenbrietzen, gestorben 1814 in Berlin; wird nach einer Ausbildung in Dresden 1795 Hofkapellmeister in Berlin.

Seine zahlreichen Kompositionen werden von Thaddens Freundeskreis gern gespielt. Darunter sind auch Lieder wie das damals bekannte „Gesellschaftslied", Text von Kotzebue (s.d.) und später die Lieder Theodor Körners. Seine Operette „Fanchon", 1804, wird von Thadden nicht günstig beurteilt (Brief Feb. 1805). – Himmel studiert auch Opern ein (Brief Thadden 01.02.1804).

„Bei einem Aufenthalt Beethovens 1796 in Berlin traf dieser sich mit Himmel. Der hatte nehmlich den Gast aufgefordert, auf dem Klavier zu phantasieren, was Beethoven auch tat. Danach war die Reihe an Himmel, der offenbar nicht gemerkt hatte, mit wem er es zu tun bekam. Himmel also griff fleißig in die Tasten und spielte, bis Beethoven ihn mit der Frage unterbrach: 'Nun, wann fangen sie einmal ordentlich an?' Himmel fuhr hoch, und beide wurden gegenseitig unartig."
Nach: Eckart Kleßmann, „Prinz Louis Ferdinand von Preußen", S.77

Himmel „besitze ein ganz artiges Talent, weiter aber nichts; sein Klavierspielen sei elegant und angenehm, allein mit dem des Prinzen Louis Ferdinand sei es gar nicht zu vergleichen", so urteilt Beethoven später. (Ebendort)

Prinz Louis Ferdinand hat Himmel seine erste veröffentlichte Komposition, ein Klavierquintett, gewidmet, das am 3. Mai 1804 aufgeführt wird.

Himmel wurde neben Iffland, dem Historiker Johan von Müller und dem Diplomaten von Brinkmann zu einem Essen eingeladen, das der Prinz zu Ehren von Schiller bei dessen Besuch in Berlin 1804 (Brief Thadden vom 04.05.1804) gab. Er zählte also zur geistigen Elite.

[16]*Jänike, "Gevatter Jänike",*
ein Bauer aus Gossow; dient als Fuhrmann; sein Urenkel züchtete noch 1945 Pferde in Gossow;

Brief 04.11.1803: „Ich unterhielt mich ganz angenehm mit

meinem Fuhrmann, der mich immer ganz getreulich „sin Söneken" nannte."

Jänike muß noch – vor den Hardenbergischen Reformen –
erbuntertänig sein.

Junk, C.G. unter v. Voß

Unter den übrigen Gutsnachbarn im Kreise Königsbergs / Neumark spielen in den Briefen Henrines von Levetzows die Knobelsdorffs in Sellin eine besondere Rolle. Daher soll hier näher
auf diese interessante Familie eingegangen werden.

von Knobelsdorff,

[17]*Carl Christoph Gottlob, 1768–1845*

in den Briefen bezeichnet als „der Landrat"; kauft im Todesjahr
Gerd von Levetzows von dessen Erben das Gut Sellin nebst anderen neumärkischen Gütern. Nach der Familienüberlieferung
wird er Vormund des Levetzowschen minderjährigen Sohnes.
Die Levetzowsche Familie bleibt in sehr engem Kontakt mit
Sellin, das früher ihr Hauptwohnsitz war. Auch als das Gossower Gutshaus ausgebaut ist, hält sich Adolfine von Levetzow
mit ihren Töchtern und ihrer Schwester Frau von der Hagen
häufig und lange in Sellin auf.

Der Haushalt dort ist großzügig, die Gastfreundschaft ausge-
dehnt (Brief Henrine 19.10.1803). Thadden warnt die stets eßlu-
stige Henrine vor den fünf Gängen der Selliner Tafel! (Brief
Thadden vom 20.04.1804).

Der „Landrat", der Besitzer von Sellin, residiert wohl auch
auf seinen anderen Gütern, sie reisen nach Schlesien (Brief Henrine vom 19.08.1804), verbringen den Winter in Berlin, reisen
im Sommer ins Bad (Brief Henrine vom 19.08.1804).Sie leben
also mehr im Stil schlesischer Magnaten als in der sparsamen

märkischen Tradition. Es ist ein späterer Brief von Frau von Knobelsdorff an Henrine aus Dresden erhalten, in dem vom dortigen Hofleben berichtet wird.

Die älteste Tochter der Knobeldorffs, [18]*Ida,* heiratet 1818 den Intendanten des Dresdner Hoftheaters von Lüttichau und spielt eine führende Rolle nicht nur in der Hofgesellschaft, sondern vor allem durch ihre Freundschaft mit großen Geistern der Zeit:

Sie korrespondiert mit Ludwig Tieck und Friedrich von Raumer, C.G. Carus („Denkwürdigkeiten" S.513 ff) verdankt ihr entscheidende Anregungen zu seinen grundlegenden Werken „Psyche, Organon der Erkenntnis" und „Physis". Richard Wagner bemerkt in seiner Biographie „Mein Leben" (List-Verlag, München, S.269): „Sie [Ida von Lüttichau] war die erste, welche gegen den Strom schwimmend auf meinem neuen Wege mir begegnete. Mich erfreute dieser Gewinn so tief, daß ich diese Oper [Der fliegende Holländer], als ich sie später veröffentlichte, ihr widmete".

Zu dieser geistigen Effizienz ist in Sellin der Grund gelegt worden.

Carus schreibt: „Beide Schwestern [Ida und die jüngere Rosalie] erhielten die ausgesuchteste Erziehung. Eine Italienerin war die erste Gouvernante Idas, welcher sie ein vortreffliches Italienisch verdankte, so einer folgenden Französin ein ebenso korrektes Französisch, dem übrigens auch ihr Englisch nicht nachstand. Musik und Malerei übte sie in großer Vollkommenheit, in der ersteren standen ihr vollendete theoretische Kenntnisse zu Gebote, sie sang früher sehr schön und spielte ebenso vollendet die Harfe wie den Flügel, auf welchem letzteren ihr auch später das Schwerste geläufig blieb".

Eine derart elitäre Erziehung ist am Anfang des 19. Jahrhunderts nur wenigen märkischen Gutshäusern möglich gewesen. Die kulturträchtige Atmosphäre Sellins hat den damals finanziell wohl recht beschränkten Gossower Alltag zweifellos vergoldet.

Carl von Knobelsdorff avancierte übrigens 1813 zum Ritterschaftsdirektor, dann zum Oberstallmeister. Er bekam den roten Adlerorden 1. Klasse mit Eichenlaub.

Neben seinem 1890 erschienenen Buch „Über die Pferdezucht in England" veröffentlicht er 1824 „Vorschläge zur Erreichung mittlerer feststehender Getreidepreise".

Es wohnt in den Jahen 1803/04 ein Verwandter des Hauses, „der Consul", *Friedrich Wilhelm Knobelsdorff*, im „Berliner Adreßkalender" bezeichnet als „Envoyé extraordinaire bei der Ottomanischen Pforte" und in Berlin als „abwesend" registriert. Er ist verheiratet mit einer Niederländerin, Freiin von Dedem, die hier als „Consulesse" auftritt. In den Jahren des Briefwechsels scheint der „Consul" eine Art Hausherrnrolle in Sellin zu spielen (Brief Henrine 14. 02. 04 und 11. 03. 04).

von Levetzow,

[19]*Wilhelm Gerhard*
der jüngere Bruder Henrinens, geboren am 13.08.1784, gestorben 1865 in Gossow

Er besucht die Ritterakademie in Brandenburg. Ab 1802 Jurastudium in Halle.

In den Briefen wird er genannt: „Ulk", „Mylord", „Sir George", „Le Bon", „Georg". Schon die Menge der Spitznamen zeigt das zärtliche Verhältnis der Geschwister, das auch im späteren Leben erhalten bleibt und sich auf den Schwager Thadden überträgt.

Wilhelm macht als Leutnant die Befreiungskriege mit, bekommt für einen Adjutantenritt das Eiserne Kreuz 2. Klasse, müht sich später mit der Bewirtschaftung von Gossow.

Kreisdeputierter und Ritterschaftsrat.

Albert, einer seiner drei Söhne wird Landespräsident von Brandenburg und langjähriger Reichstagspräsident. Nach ihm sind die Levetzowstraße und die Gossowstraße in Berlin benannt.

Adolfine, „das Mütterchen", s.u. Bredow

Das Gutshaus in Gossow ist von den Polen um 1950 abgetragen worden. Die Steine sind zum Bau einer Schule verwendet. Der letzte Besitzer, Dr. Carl Gerd von Levetzow, ist 1972 in Südafrika gestorben.

[20]*Carl v. Levetzow, ein entfernter Vetter,*
geboren 1786, 1804 Leutnant bei der Leib-Eskadron des Kürassier-Regiments von Borstel, Domherr von Magdeburg und Halberstadt, wie von Thadden (Brief vom Februar 1804) erwähnt, und offenbar ein leidenschaftlicher Spieler.

Sein Vater, Friedrich von Levetzow auf Hohenwulsch, Hauptmann, war Pächter der „ Spielhäuser" in Karlsbad und Pyrmont.

Sein Bruder, Friedrich von Levetzow, geboren 1782, gefallen bei Belle Alliance 1815, war verheiratet mit Amalie von Brösigke, die in ihrer ersten Ehe mit einem entfernten Vetter des „Domherrn", Otto von Levetzow – Hohen Mistorf, Mecklenburgischem Kammerherr und Hofmarschall, verheiratet war.

Aus dieser ersten Ehe stammt Ulrike, Goethes letzte Liebe, geboren 1804, gestorben 1895. Der „Domherr" war also ein späterer Stiefonkel von Ulrike.

Der Domherrntitel bedeutet zu dieser Zeit nur noch eine Pfründe ohne religiöse Verpflichtung.

[21]*Louis Ferdinand Prinz von Preußen*
geboren in Berlin 1772, gefallen 1806 bei Saalfeld
geistreich, musikalisch, umwittert von Heldenverehrung und

Skandalen, wohnte mit seiner Geliebten Henriette Fromme und seinem kleinen Sohn im Winter 1804 in Berlin in seinem Haus an der Weidendammbrücke.

Er wird, was auffällig ist, von Thadden nur einmal namentlich erwähnt (Brief vom 07.02.1804), im Zusammenhang mit dem von Thadden nicht besuchten, aber für dessen Freundeskreis so wichtigen großen Maskenball. Dieser Ball hat, nach E. Kleßmann „Prinz Louis Ferdinand von Preußen", München 1972, S.143 ff. folgende Hintergründe:

„Am 12. März, zwei Tage nach dem Geburtstag der Königin (Luise), war – wie jedes Jahr – auch ein Maskenspiel der Mitglieder des Hofes vorgesehen. Thema: Alexander der Große erhält die Tochter des Darius zur Frau.

Aufgeführt werden sollte das Ganze im Theater, nicht etwa in einem Palais.

Königin Luise sollte die Tochter des Darius spielen, Louis Ferdinand die Rolle Alexanders übernehmen. Dies alles war nicht ohne peinlichen Beigeschmack. Major Peter von Gualteri, der Schwager Massenbachs (Oberstleutnant von Massenbach, im preußischen Generalstab, Memoiren 1809) erfuhr davon und informierte den Oberst. Der war entsetzt. „Wie, die Königin niederknien zu den Füßen dieses Wüstlings? So wenig kennt man das Gemüt des Prinzen Louis Ferdinand? Um Gotteswillen, was für Folgen können daraus entstehen!" Massenbach aktivierte seinen ganzen Einfluß am Hof und will Erfolg gehabt haben; die Rolle des Alexanders sei dem Prinzen Heinrich, dem Bruder des Königs, übertragen worden".

Weiß Thadden nichts von diesen Hintergründen oder unterläßt er bewußt, aus Loyalität dem Königshaus gegenüber, eine Erwähnung? Das letztere ist wahrscheinlicher, denn er vermeidet auch bei anderen Gelegenheiten, den Prinzen zu erwähnen. Er berichtet, *Madame Wiesel* getroffen zu haben, deren Liebesbeziehung zu dem Prinzen stadtbekannt, mindestens bei Hofe bekannt war. Erwartet er, daß Henrine diese Beziehung kennt? Er nennt den Namen kommentarlos, aber betont (Brief Thadden vom 14.03.1804).

Es wäre zu erwarten gewesen, daß zum Mindesten die musikalischen Qualitäten des Prinzen Thaddens Interesse erregt hätten. Aber in der begeisterten Schilderung des Konzertes, das Dusseck, der musikalische Berater und Freund des Prinzen, am 18. März gab, werden verschiedene Mitglieder des Königshauses namentlich aufgeführt, nicht jedoch der Prinz, der wohl sicher anwesend war (Brief Thadden vom 18.03.1804).

[22]*Magnus von Oelsen, 1775–1848,*
ein Kurländer, der in den preußischen diplomatischen Dienst getreten war, heiratete Charlotte v. Sydow aus Stolzenfelde. Das Paar wohnte zeitweise auf dem Gossower Nachbargut Vietwitz. Oelsen hatte als Referendar in Berlin unter dem Staatsmininster v. Hardenberg (der spätere Reformator) gearbeitet und blieb dessen Schützling. Er wurde als „geheimer Staatsrat" in das preußische Finanzministerium berufen. Nach den Napoleonischen Kriegen erreichte er die Rückgabe der als Beute entführten Quadriga auf dem Brandenburger Tor in Berlin. War später als preußischer Gesandter am sächsischen Hof und in der preußischen Oberrechnungskammer tätig und wurde als „wirklicher geheimer Rat" pensioniert.

[23]*Carl von Oertzen*, geb. 1780 in Blumenow in Mecklenburg, gest. 1864
     Forstjunker und Freund von Thadden
     heiratet 1807 Sophie von Levetzow= Siefchen, „das Kind"
     Besitzer von Blumenow und Gramzow
     zahlreiche Kinder
Sein Vater besucht Thadden (Brief vom Februar 1805), er scheint eine Mitgift von 50.000 Rtl. bei den Levetzowschen Töchtern zu erwarten, was aber unrealistisch ist.

24 *Peth*

Thaddens Diener *Johann Peth* scheint trotz seiner Verbunden-
heit mit dem Junker doch später einen festen Dienerposten in
größerem Haushalt vorzuziehen. Jedenfalls geht er, nachdem er
den ungelenken Burschen Schulz, den „Papa" Hagen für Thadden besorgte, eingearbeitet hat, nach Nordhausen, einem Gossower Nachbargut im Besitz der Gerlachs.

Spekulation aber wahrscheinlich ist das folgende: Die Tochter eines Gerlachschen Dieners Peth aus Großendorf (Pommern)
kam 1914 in das Gossower Haus als Erzieherin und Zweit-
mutter der Kinder. Ich halte es für sehr möglich, daß unsere
geliebte „Idi" Peth direkt oder indirekt von Johann abstammte.
Der Name ist nicht häufig.

Die Situation der engen Verknüfung über Generationen hin-
weg wird deutlich in dem folgenden Zitat aus dem Manifest der
Kommunistischen Partei von Carl Marx:

„Die Bourgeoisie, wo sie zur Herrschaft gekommen, hat alle
feudalen, patriarchalischen, idyllischen Verhältnisse zerstört.
Sie hat die buntscheckigen Feudalbande, die den Menschen an
seinen natürlichen Vorgsetzten knüpften, unbarmherzig zerrissen und kein anderes Band zwischen Mensch und Mensch
übriggelassen, als das nackte Interesse, als die gefühllose „bare
Zahlung". Sie hat die heiligen Schauer der frommen Schwärmerei, der ritterlichen Begeisterung, der spießbürgerlichen Wehmut in dem eiskalten Wasser egoistischer Berechnung ertränkt.
Sie hat die persönliche Würde in den Tauschwert aufgelöst, und
an die Stelle der zahllosen verbrieften und wohlerworbenen
Freiheiten die eine gewissenlose Handelsfreiheit gesetzt."

Er fährt allerdings fort: „Sie hat, mit einem Wort, an die
Stelle der mit religiösen und politischen Illusionen verhüllten
Ausbeutung die offene, unverschämte, direkte dürre Ausbeutung
gesetzt."

Karl Marx, Friedrich Engels: Kommunistisches Manifest

1848. Ausgewählte Werke in 6 Bänden. Berlin (DDR) 1979, Band 1, S. 418 f.

[25] *Stich*

offenbar ein reisender Kavalier, zeitweise wohnhaft bei Bredows in Falkenwalde. Die Gossower Mädchen nennen ihn „Onkel" und seine Habe wird nach dem Verkauf von Falkenwalde in Gossow untergebracht.

Im Winter 1804 ist er in Paris und Thadden fürchtet, daß der „Freimütige" in das Moreau-Komplott gegen Napoleon verwickelt sei (Brief vom 05.03.1804).

Henrine behandelt ihn geringschätzig (Brief vom 14.08.1804): „Ich habe von Stichs Schweinereien so schon genug".

[26] *Stoll, Johan Ludwig,*

deutsch-österreichischer Dichter. Von seinen insbesondere dramatischen Schriften sind zu nennen: das Lustspiel „Ernst und Scherz" (1804), nach französischem Vorbilde; „Amor's Bildsäule", Gesellschaftsspiel (1808); „Die Schneckencomödie", ein Taschenbuch auf das Jahr 1810.

[27] *Hans Joachim Albrecht v. Tresckow, 1743–1814*

auf Schmarfendorf, verheiratet mit Luise v. Marwitz

Kap. a. D. vom Reg. Götze

> „Tresckow hat sieben Söhne.
> Sie heißen Carl der Schöne,
> Friedrich der gute Reiter,
> Albrecht der tapfere Streiter,
> Heinrich der Feger (= der Unruhige),
> Louis der Jäger,
> der Deutsch-Verderber Ferdinand,
> Wilhelm schließt das schöne Band."

Nachfahren dieser Familie waren die Brüder Henning und Gerd v. Tresckow, die beide im Zusammenhang mit der Widerstandsbewegung gegen den Nationalsozialismus nach dem 20. Juli 1944 den Tod fanden. Der Generalstabschef, Henning von Tresckow, war einer der führenden Köpfe der militärischen Opposition.

[28]*Johan Friedrich Unger*
Pächter des Kalenderwesens der Akademie der Wissenschaften, Professor der Holzschneidekunst und akademischer Buchdrucker. (Adressbuch 1802, S. 63/64), (Brief vom 24.03.1804)

[29]*Otto Carl Friedrich von Voß*
„Vice-Präsident der Minister bei dem Gen. Ober. Finanz-, Kriegs- und Domänen-Direktorio" (Adreßkalender 1806), hatte auch die Forstkammer (d.h. die Verwaltung der Staatsforsten) unter sich.

Die Forstkammer gliederte sich in vier Teile, deren erstem der von Thadden oft erwähnte Ober-Forstrath E. F. C. Junk vorstand. (Brief vom 9.2 1804)
1. Forstkartenkammer
2. Geheime Forst Calculatur
3. Geheime Registratur
4. Geheime Kanzelley

Unter „Kammer-Referendarien" werden 1806 angeführt:
Jagdjunker C. W. von Burgsdorff = Fix
Jagdjunker C. E. von Oertzen = Thaddens Freund, 1807 verheiratet mit „Siefchen"

[30]*Johan Gottfried Woltmann*
Professor der Philosophie
Adreßbuch 1806 (24.03.1804)

31 *Johan Daniel Woldermann*

Geheimer Oberrevisionsrath und Direktor des Kammergerichts.

Kochstraße 67.

Direktor des Criminalsenats.

(21.4.1804)

32 *Bernhard Anselm Weber*

geboren in Mannheim 1766, gestorben in Berlin 1821,

wurde nach einer Ausbildung in Wien und Mannheim Kapellmeister in Berlin 1792. Thadden nennt ihn Musik-Direktor (Brief Thadden 2.5.1804), rühmt seinen kostbaren englischen Flügel und seine Opern-Ouvertüren. Weber setzte sich wie auch Himmel für die deutsche Musik im Gegensatz zur italienischen ein und komponierte Symphonien (Brief vom 26.1.1804) und Lieder für Schillers Dramen, so „Mit dem Pfeil, dem Bogen".

33 *Ernst Wilhelm Witte*

Schwiegersohn von Geheimrat Woldermann

kauft 1804 das Gossow benachbarte Gut Falkenwalde (Brief Thadden 21.4.1804, Henrine 1.5.1804).

Er war ein begabter Maler, eines seiner Bilder stellt die Familie Witte im Falkenwalder Saal vor; es gab Landschaften, italienische und märkische, und Porträts von ihm. Er wird 1816 wegen seiner Verdienste in den Befreiungskriegen geadelt. Das Gut Falkenwalde bleibt bis 1945 im Besitz der Familie in der weiblichen Linie.

Quelle: Gotha Adelige Häuser A Bd. II 1955